Denkmal
Hessischer Kultur auf der Spur

Hadwiga Fertsch-Röver
Gerhard Kraus (Hg.)

Denkmal

Hessischer Kultur auf der Spur
hr-Aktion »Mein Denkmal«

Eichborn.

Die Deutsche Bibliothek — CIP-Einheitsaufnahme

Denkmal : hessischer Kultur auf der Spur / Hadwiga Fertsch-Röver /
Gerhard Kraus (Hrsg.). – Frankfurt am Main : Eichborn, 1997
ISBN 3-8218-0524-2

Umschlaggestaltung: Christina Hucke
Fotos: Landesamt für Denkmalpflege Hessen, Wiesbaden
Gesamtherstellung: Fuldaer Verlagsanstalt, Fulda
ISBN 3-8218-0524-2

Verlagsverzeichnis schickt gern:
Eichborn Verlag, Kaiserstraße 66, D-60329 Frankfurt am Main
http://www.eichborn.de

Inhalt

Gottfried Kiesow

Vorwort

Die hr-Aktion »Mein Denkmal« hat eine ungewöhnlich große und inhaltsreiche Diskussion mit hessischen Bürgern zum Denkmalschutz ausgelöst. Die zahlreichen Hörerzuschriften lassen eine erstaunlich positive Haltung zum Denkmalschutz erkennen. Durchweg sind es Wünsche nach mehr Denkmalschutz, zum einen getragen von der Sorge um die Erhaltung bestimmter Kulturdenkmäler in der näheren Umgebung der betreffenden Einsender, zum anderen geht es um den Schutz bisher nicht eingetragener Objekte. Erfreulich ist es dabei festzustellen, daß der Denkmalbegriff von der Bevölkerung offensichtlich nicht mehr allein an den Stardenkmälern der »Sonntagsdenkmalpflege« – also an Burgen, Schlössern und herausragenden Kirchen – festgemacht wird, sondern auch weniger anspruchsvolle Spuren von Kunst und Geschichte umfaßt, wie sie unseren engeren Lebensraum alltäglich prägen. Die Verankerung der Kulturdenkmäler im Bewußtsein der Bevölkerung ist die wichtigste Voraussetzung für deren Erhaltung. In absolutistisch herrschenden Staatssystemen wie dem Dritten Reich und der DDR wurden vor allem die Bauten mit der ganzen Autorität des Staates geschützt, die zur jeweiligen Ideologie paßten. Eine intensive Aufklärung über den Denkmalbegriff und eine Werbung für die Aufgaben des Denkmalschutzes waren dabei weder erwünscht noch erforderlich, ganz im Gegenteil zur Demokratie, in der nur die Denkmäler erhalten werden können, deren Bedeutung einer möglichst breiten Öffentlichkeit bewußt ist. Hierfür ist die hr-Aktion »Mein Denkmal« eine große Hilfe, erst recht, wenn sie mit ihren Fachbeiträgen nun auch in Buchform erscheint, um über den naturgemäß leider flüchtigen Moment der Sendung hinaus die gewonnenen Erkenntnisse festzuhalten. Die Beträge beschäftigen sich auch intensiv mit dem Denkmalbegriff, also mit der Frage, nach welchen Kriterien die künstlerischen und geschichtlichen Zeugnisse vergangener Generationen gesetzlich geschützt werden sollen.

Unstrittig sind alle Bauten, die besonders alt, glanzvoll und berühmt sind und die von den Autoren Reinhard Bentmann und Dieter Griesbach-Maisant höchst anschaulich vorgestellt werden. Niemand – auch der hartnäckigste Realpolitiker nicht – zweifelt an der Denkmalwürdigkeit dieser herausragenden Gruppe. Die Problematik liegt hier allein in der Nutzung und Finanzierung der Instandsetzungs- und Erhaltungskosten. Unabhängig vom rein kunstgeschichtlichen Rang lassen sich auch alle die Bauten vermitteln, die mit einem glanzvollen Namen wie Goethe verbunden sind, wie der Beitrag von Hans Sarkowicz nachweist. Wie dankbar muß man heute noch dem großen Dichter sein, daß er seinen Fuß über so viele Türschwellen gesetzt und uns damit ein unschlagbares Argument für die Eintragung in das Denkmalbuch geliefert hat, auch da, wo die künstlerische Bedeutung allein nicht ausgereicht hätte. Denn vergessen wird häufig, daß es dem Denkmalschutz nicht nur um das Schöne und Edle geht, sondern um alle Zeugnisse unserer ebenso reichen, wie leider auch sehr wechselvollen Geschichte. Denn diese wird in ihren steinernen Hinterlassenschaften so anschaulich und im wörtlichen Sinn des Wortes »begreifbar«, wie es keine noch so gute Chronik vermitteln kann. Doch Geschichte hört nie auf, ist nicht gleichzusetzen mit Vergangenheit. Was wir heute bewirken, ist morgen Geschichte, und die hat leider Höhen und Tiefen. An letztere wollen aber viele Bürger nicht erinnert werden. Dies liegt zum einen an der menschlichen Natur, die in der Erinnerung das Negative verblassen und das Positive verklären läßt, zum anderen aber bezüglich des Dritten Reiches mit seinen unfaßbaren Greueltaten an einem kollektiv schlechten Gewissen, das immer noch zum Verdrängen statt zur Aufarbeitung neigt. Am Beispiel der ehemaligen Synagoge von Heubach im Beitrag von Eva Ludwig wird dies in erschreckender Weise deutlich, vor allem in der primitiven Argumentation eines Befragten, es lebe ja niemand mehr in ihrem Dorf, der noch Juden gekannt habe, also brauche man auch die Synagoge nicht zu erhalten. So gesehen brauchte man Bauten immer nur so lange zu konservieren, wie noch Zeitzeugen leben, die die Erbauer kannten. Wer hat denn wohl in Winkel noch Goethe persönlich gesehen oder gesprochen?

Diese Ausklammerung der deutschen Bürger jüdischen Glaubens aus unserer Geschichte ist es, die mich zutiefst erschrocken macht, zumal wenn es auch noch durch zuständige Kommunalpolitiker geschieht, die zwischen dem Verschwinden ihrer Nachbarn und dem Holocaust noch heute keine Verbindung sehen. Was wäre deutsche Kultur und Geschichte ohne unsere jüdischen Dichter, Maler, Architekten, Komponisten, aber auch Mäzene, denen wir viele herausragende Kultureinrichtungen verdanken! Sie sind in diesen Höhen, aber auch im entsetzlichen Abgrund des Holocaust untrennbar Teil unser aller Geschichte, der auch die Bürger von Heubach in ihrer Forderung nach Abbruch der ehemaligen Synagoge zur Entlastung ihres schlechten Gewissens nicht entrinnen können. Die Synagoge muß unbedingt dort stehen bleiben und instand gesetzt werden, weil nur sie allein noch die Heubacher zum Nachdenken veranlassen kann, warum denn wohl die jüdischen Nachbarn, mit denen sie so friedlich zusammengelebt haben wollen, über Nacht für immer verschwunden sind.

Verdrängung von Schuld ist es aber auch, wenn nicht nur die baulichen Zeugnisse der Opfer, sondern auch die der Täter möglichst spurlos beseitigt werden sollen. Dabei haben Städtebau und Architektur schon immer am deutlichsten die wahren Verhältnisse in der menschlichen Gesellschaft gespiegelt. Sollen wir kommenden Generationen dieses Spiegelbild versagen, in dem das Unmenschliche des Dritten Reiches so unübersehbar zum Ausdruck kommt? Die Beiträge von Dieter Bartetzko und Ruth Führer machen diese Problematik deutlich. Schon kommen wir mit unserem Anliegen für eine die erste Hälfte unseres Jahrhunderts besonders prägende Architekturgattung zu spät: Für das Barackenlager, das in seiner schlimmsten Nutzung als KZ für die ideologisch Ausgegrenzten meist zur letzten Station ihrer Leiden wurde, für die anderen, die Schweigenden oder die Anhänger und Mitläufer des Regimes, zum Aufenthaltsort in vielen Stationen ihres Lebens, vom Arbeitsdienst über den Kommiß zur Gefangenschaft und zum Auffanglager nach der Entlassung, für Frauen, Kinder und Alte zum Flüchtlingslager.

Nein, auf den ersten Blick scheint sie nicht sehr positiv, die architektonische Bilanz für die erste Hälfte unseres Jahrhunderts. Das wird einem klar, wenn man sich in Erinnerung ruft, daß das Tausendjährige Reich ganze 12 Jahre währte, uns jedoch die ebenfalls kurze, aber ganz andersartige Zeitspanne zwischen 1918 und 1933 wenige, aber hochqualitätvolle Bauten hinterlassen hat, die zur Grundlage des Wiederaufbaues nach 1945 wurden. Wie kommt es dann, daß diese beiden Phasen unserer baukünstlerischen Entwicklung als Kulturdenkmäler so schwer zu vermitteln sind? Die Schwierigkeiten werden von Christoph Mohr für die Siedlungen der May-

Ära in Frankfurt verdeutlicht. Man weiß nicht, worüber man sich mehr ärgern soll, über die Ignoranz der meisten Kommunalpolitiker, von denen doch die der SPD eigentlich in diesen Bauten einen wichtigen Teil ihrer eigenen Geschichte hätten entdecken können, oder über die dumpfen Vorurteile der Bürokraten in den kommunalen Siedlungsgesellschaften. Frankfurt hat in seiner langen, mehr vom Geld als von der Kunst bestimmten Geschichte nur einmal international bedeutende Bauten geschaffen, nämlich in den zwanziger Jahren, ohne Zweifel ein Beitrag zum Weltkulturerbe, ebenbürtig dem Bauhaus in Dessau, das in die Liste der Unesco eingetragen ist. Hat je ein Kommunalpolitiker Frankfurts einen Antrag für die Siedlungen von Ernst May gestellt? In Japan und den USA ist deren herausragender Denkmalwert bekannter als in Frankfurt. Liegt es daran, daß jene Weimarer Republik bei allen politischen Strömungen so eigenartig unbeliebt ist, weil man ihren ungelösten wirtschaftlichen und sozialen Problemen die Schuld an Hitlers Machtergreifung gibt? Dann müßten sich aber doch die baulichen Zeugen der fünfziger Jahre größter Beliebtheit erfreuen, weil sie einer Zeit angehören, in der der Weg aus der Talsohle zu neuem Ansehen und Wohlstand gefunden wurde.

Statt dessen gibt es kaum ein öffentliches Interesse dafür, ja bereits die ersten Verluste, wie Michael Neumann, Christa Schell und Rudolf Schmitz in ihren Beiträgen ausführen. Hierfür ist wohl der allzu kurze zeitliche Abstand der Grund, der den Unterschied zur Architektur der Gegenwart nicht auf den ersten Blick erkennen läßt, aber auch die große Masse der Bauten aus der Zeit zwischen 1950 und etwa 1965, aus der man die besonderen Leistungen jener Zeit herausfinden muß. Wie sehr sich die Sehgewohnheiten mit fortschreitender Zeit ändern, habe ich an mir selbst beobachtet. Während des Studiums 1951-56 blickten wir angehenden Kunsthistoriker mit Verachtung auf die damals entstehenden Bauten, fanden sie langweilig, ja primitiv, einzelne herausragende Leistungen, wie zum Beispiel das Theater in Münster, ausgenommen. Mit den Jahren habe ich staunend wahrgenommen, wie mein Auge immer neue Schönheiten in den Bauten der fünfziger Jahre registrierte, in der Schlichtheit einer Armutszeit, der Feinheit schlanker Rundstützen und Flugdächer, der Eleganz geschwungener Treppengeländer. Deshalb gilt es jetzt, die besten Zeugnisse der fünfziger Jahre vor dem Abbruch oder der Entstellung zu schützen, denn sie sind vorwiegend in öffentlichen Bauten wie Schulen, Rathäusern, Versicherungen oder Banken zu finden, die in besonderem Maße dem Veränderungsdruck unterliegen.

Der Abstand von 30 Jahren in der Denkmalpflege – schon seit langem die Zeitgrenze für eine Unterschutzstellung – ermöglicht eine zuverlässige Wertung im Vergleich zu dem, was danach entstand. Manchmal brauchten Kunstwissenschaft und Denkmalpflege leider auch einen längeren Zeitraum, bis sie sich der Zeugnisse, zum Beispiel der Gründerzeit, annahmen. Diese hätten eigentlich schon in den dreißiger Jahren geschützt werden müssen, dann wäre es nicht zu den schlimmen Verlusten z.B. im Frankfurter Westend gekommen. Wenn heute noch, nach dem Bericht von Martin Maria Schwarz, in Fritzlar und Homberg die Bauten des Historismus vernachlässigt werden, so liegt es auch hier am fehlenden Bewußtsein für deren Denkmalwert, der nur am – zugegebenermaßen – eindrucksvollen Fachwerkhausbestand festgemacht wird.

Unser Jahrhundert wie auch das davor ist vor allem von der Technik und Industrialisierung geprägt, man könnte deshalb meinen, daß sich deren Spuren besonderer Wertschätzung erfreuen. Der Beitrag von Peter Schirmbeck macht das Gegenteil deutlich. Die Industriedenkmäler sind wenig bekannt, stehen sie doch hinter verschlossenen Werkstoren und sind einem immer schneller werdenden Veränderungsprozeß unterworfen, bis sie plötzlich durch eine Stillegung überflüssig werden. Ihre Umnutzung bereitet die größten Schwierigkeiten, zumal der Verlust der Produktionsanlagen und die Konzentration auf die architektonischen Hüllen den Denkmalwert entscheidend schmälern. Doch hätten jene imponierenden Hallen der Henschelwerke in Kassel durchaus erhalten und in den Universitätsneubau einbezogen werden können, wenn die Professoren gerade auch der Fachrichtungen Architektur und Ingenieurswesen Interesse daran gezeigt und der Denkmalpflege beim Ringen mit den Auflagen des Brandschutzes geholfen hätten. Die DDR war bei der Vereinigung Deutschlands – überspitzt formuliert – ein einziges Industriemuseum. In den sieben Jahren danach ist das meiste verschwunden, konnten nur wenige exemplarische Objekte erhalten und einer neuen Nutzung zugeführt werden. Wenn Christoph Scheffer von geretteten Denkmälern der Technik, wie der Tankstelle in Darmstadt und dem Alten Bahnhof in Gemünden, berichten kann, so ist dieser Erfolg auf die Privatinitiative der Eigentümer – also deren Bewußtsein für die Denkmalwürdigkeit – zurückzuführen. Das gibt es aber auch im öffentlichen Bereich, wie Barbara M. Henke für die Wasserindustrie ausführt. Es sind die Mitarbeiter der Stadtwerke, die Wassertürme, Anlagen der Wassergewinnung und der Abwasserreinigung auch dann liebevoll pflegen, wenn sie ihre Funktion verloren haben, und dies aus einem Traditionsbewußtsein ihres Berufes heraus, das anderen Fachbereichen zum Vorbild dienen sollte.

Die Archäologische Denkmalpflege hat es im Vergleich zur Baudenkmalpflege deutlich schwerer, denn ihre am stärksten von der Zerstörung bedrohten Objekte liegen verborgen im Boden, können also im öffentlichen Bewußtsein der Bevölkerung und politischen Entscheidungsträger gar nicht bekannt sein. Deshalb werden auch nicht die notwendigen Haushaltsmittel bereitgestellt, um sie rechtzeitig vor den vielen Eingriffen in den Boden zu erforschen, zu bewahren oder wenigstens zu bergen. Zwar gelangen Fritz Rudolf Herrmann mit seinen beharrlichen Forschungen im Bereich des Glaubergs sensationelle Erfolge, die ein breites öffentliches Interesse weckten, ob sich dadurch aber die personelle und finanzielle Situation bessert, um unter anderem bereits bekannte Fundstellen zu inventarisieren und Raubgräbern mit ihren modernen Suchgeräten zuvorzukommen, muß leider fraglich bleiben. Das Schattendasein der Gartendenkmalpflege beklagt zu Recht Perdita Fitzgerald. Zwar erfreuen sich historische Gartenanlagen in der Bevölkerung großer Beliebtheit, doch werden sie wie andere öffentliche Grünanlagen behandelt und können nur selten ihre besondere, historisch geprägte Schönheit entfalten. Dazu kommen dann fehlende Mittel für die aufwendige Pflege und die Konflikte mit dem Naturschutz, der sich einer deutlich größeren politischen Unterstützung als die Denkmalpflege erfreut und häufig nicht bereit ist, den Kunstwert anzuerkennen. Geht es dann darum, die letzten Baumruinen einer einst stattlichen Allee leider opfern zu müssen, um rechtzeitig für kommende Generationen eine neue pflanzen zu können, sind Asthöhlen für Schleiereulen wichtiger als Kulturdenkmäler. Der Irrtum vieler einseitig ökologisch ausgerichteter Naturschützer, wir hätten es in Hessen mit einer Natur- und nicht mit einer Kulturlandschaft zu tun, wird auch den Traum von Florian Schwinn nach Bewahrung des Rheingaues kaum Wirklichkeit werden lassen. Schon sind die Zerstörungen – etwa durch die Hochhäuser in Geisenheim und die bebauten Weingärten in der vordersten Uferzone des Rheines – soweit fortgeschritten, daß es zweifelhaft ist, ob die Unesco-Kommission für das Weltkulturerbe darüber hinwegsieht. Hätte sich der Naturschutz vor zwanzig Jahren mit dem Denkmalschutz verbündet, wäre manche Verunstaltung dieser großartigen Kulturlandschaft zu verhindern gewesen. Gemessen an Burgund, der Toskana oder auch Mainfranken wird der Rheingau nicht gut abschneiden. In Großbritannien sind Natur- und Denkmalschutz seit 1895 im National Trust vereint. Die Erfolge erlebt man eindrucksvoll in Cornwall, im Lake Distrikt oder Schottland. Bei uns dagegen marschiert man völlig getrennt in verschiedene Richtungen und unterliegt – jeder auf seine Weise. Ein Ergebnis der rein ökologisch und damit kulturfeindlich ausgerichteten Politik ist dann die zunehmende Verunstaltung der Landschaft durch Windkraftanlagen. Schreitet sie noch weiter fort, besteht die Hoffnung, daß auch die Natur- und Landschaftsschützer aufwachen, um sich endlich mit den Denkmalschützern zu verbünden.

Die eindrucksvollen Beiträge dieses Buches beweisen die zentrale Bedeutung, die eine möglichst tiefe Verankerung der Denkmäler im Bewußtsein möglichst breiter Kreise der Bevölkerung hat. Sie ist die beste Voraussetzung für den Denkmalschutz, was nicht bedeutet, daß dieser bisher ungeliebte, unbeachtete oder verkannte Zeugnisse leichtfertig aufgeben soll. Im Gegenteil, er muß um diese besonders kämpfen, jedoch nicht allein mit Hilfe des Gesetzes, sondern mehr noch mit der Überzeugungskraft einsichtiger Argumente, mit der Vorstellungskraft des erfahrenen Fachmanns dazu, was dem Bürger bei einem Verlust für seine engere Heimat an Werten verloren ginge und welch schöne Prinzessin aus dem jetzt noch ungeliebten Aschenputtel werden könnte.

Baudenkmäler lassen sich relativ leicht bewahren, wenn sie noch ihre ursprüngliche Nutzung haben und keinem Eigentumswechsel ausgesetzt sind. Viele Eigentümer haben zu ihren historischen Bauten eine enge emotionale Bindung, da diese von der Mutter auf den Sohn, vom Vater auf die Tochter vererbt wurden und man mit Recht stolz auf diese Familientradition ist. Die wundersam allen Störungen dieses Zeitalters entgangenen Fachwerkstädte Hessens – vorwiegend in wirtschaftsschwachen Gebieten gelegen – verdanken diesem Bürgerstolz ihre Schönheit. Welche Folgen ein plötzlicher Abbruch der Eigentums- und damit Nutzungstradition hat, kann man an den neuen Bundesländern studieren. Hier hat auch die Rückgabe an die Erben der einstigen Eigentümer nicht immer einen positiven Effekt, weil manche im Baudenkmal nur noch eine möglichst einträglich zu vermarktende Immobilie sehen. Dazu kommt das Problem der Nutzung, das schwierigste Problem der Denkmalpflege überhaupt – und nicht, wie man glauben möchte, das der Finanzierung. In den vierzig Jahren meiner Tätigkeit als Denkmalpfleger wurden die Kosten für die Sanierung eines Baudenkmals stets aufgebracht, wenn es gelungen war, eine sinnvolle Nutzung zu finden. Doch muß sich diese nach dem Bauwerk richten und nicht umgekehrt. Aus einem ehemaligen Luxushotel ein Bürogebäude zu machen, wie beim Palasthotel Fürstenhof in Frankfurt, bedeutet am Ende die Beschränkung auf die Fassaden, worauf letztendlich auch die Umnutzung eines Schlosses zum Luxushotel hinauslaufen müßte, weil anders als mit einer totalen Auskernung die Anforderungen an sanitären Komfort und Brandsicherheit nicht zu erfüllen sind. Widmet man denkmalgeschützte Bürgerhäuser zu Warenhäusern oder Supermärkten um, bleibt auch nur die historische Kulisse erhalten. So schreitet man in mancher Stadt durch historisch anmutende Straßen, bis man beim Betreten von Passagen oder großflächigen Geschäften unversehens in die Konsumwelt der Gegenwart gestoßen wird. Walt Disney und Fürst Potemkin sind eine unheilige Allianz eingegangen. Will man dies verhindern, muß man überlegen, welche zeitgemäße und wirtschaftliche Nutzung sich mit der Erhaltung der historischen Bausubstanz, ihrer inneren Raumaufteilung, der Decken, Treppen und Schmuckelemente verbinden läßt. Bei gutem Willen ist dies fast immer zu erreichen, wie Beispiele dieses Buches – etwa der Alte Bahnhof in Gemünden, aber auch das Einfamilienhaus in der Höhensiedlung von Frankfurt – beweisen. Bei gutem Willen wird in Schenklensfeld ein jüdisches, vom Abbruch bedrohtes Schulhaus zu Wohnungen und einer kleinen Gedenkstätte umgenutzt und auch das Problem der Finanzierung gelöst. Bei einer Ablehnung des Denkmals findet man angeblich für die Synagoge in Heubach keine Verwendung, obwohl doch das Land Hessen als derzeitiger Eigentümer ungleich stärker als in Schenklensfeld zur finanziellen Hilfe bereit ist.

Es liegt also an den Bürgern selbst, wieviel historische Werte für ein harmonisches Ortsbild kommenden Generationen überliefert werden. Leider ist es so wie bei der Einstellung zu nahestehenden Menschen: Man entdeckt die Liebe zu ihnen erst so richtig, wenn der Tod sie hinweggerafft hat. Hätten die Garnisonkirche in Potsdam, die Frauenkirche in Dresden und die Schlösser in Berlin und Potsdam den Krieg überstanden, wären aber in schlechtem Zustand, gäbe es kaum so intensive Initiativen zu ihrer Rettung wie heute zu einem rekonstruierenden Wiederaufbau. Muß es so sein, daß der Mensch immer nur das besonders schätzt, was er bereits verloren hat, weil ihm erst dann dessen Schönheit bewußt wird? Ich will es für das an Einzelbauten und Stadtdenkmalen noch reiche Hessen nicht annehmen. Die vom Konzept, von der Ausführung und dem Hörerecho so außerordentlich erfolgreiche Sendereihe wie auch dieses Buch bestärken mich in meinem

Optimismus. Lieber Hessischer Rundfunk, der Du den Denkmalschutz während meiner ganzen Amtszeit so nachhaltig unterstützt hast, bitte setze die Sendereihe fort. Deine Hörer werden es Dir jetzt ebenso danken, wie kommende Generationen, denen Du hilfst, den Lebensraum interessant und vielfältig zu gestalten!

Prof. Dr. Gottfried Kiesow ist Präsident der Deutschen Stiftung Denkmalschutz.

Ruth Führer

Vom Sockel gestürzt, auf ewig vergessen?

Politische Denkmäler und Mahnmale

»Man stürzte seine Statuen und Bildnisse, da sich vor allem das Volk der Leiden erinnerte, die ihm unter seiner Regierung widerfahren waren.«[1]

So schildert der Augenzeuge und Historiker Cassius Dio das Ende des römischen Kaisers Caligula im Jahre 41 u. Z. Caligulas Onkel und Nachfolger Claudius sorgte außerdem dafür, daß alle öffentlichen Inschriften ausgemeißelt wurden, die an den Ermordeten erinnerten. Darüber hinaus wurde sein Porträt auf allen Münzen, derer man habhaft werden konnte, ausgeschlagen, sein Name aus den Akten getilgt.

Es war nicht die erste Auslöschung eines Herrschergedächtnisses, und es wird nicht die letzte bleiben: immer wieder in der Geschichte setzen sich neue Machthaber in dieser destruktiven Form mit ihren Vorgängern auseinander. Die Moderne hat dafür einen eigenen Begriff geprägt: die *damnatio memoriae.* Eine strengere Auffassung von Staatstreue oder Gerechtigkeit, eine andere Religion oder Gesellschaftsordnung soll durchgesetzt werden, eine neue Dynastie will ihren Herrschaftsanspruch legitimieren – und immer gehört das Verdammungsurteil über alles Vorangegangene dazu. Wie könnte dieses Urteil sinnfälliger vollstreckt werden als im Sturz gerade jener Monumente, mit denen die jetzt Verdammten einst ihrer Hoffnung Ausdruck verliehen, über das materielle Erlöschen, über den Tod hinaus weiterzuexistieren? Denn nichts anderes ist ja das Denkmal im engen Sinne: ein »in der Öffentlichkeit errichtetes und für die Dauer bestimmtes Werk, das an Personen oder Ereignisse erinnern und aus dieser Erinnerung einen Anspruch seiner Urheber, eine Lehre oder einen Appell an die Gesellschaft ableiten und historisch begründen soll«.[2]

So wie das Denkmal also darauf abzielt, Ruhm und Gedächtnis dessen, dem es gewidmet ist, für alle Zeiten einer Nachwelt zu überliefern, die die Werte seiner Urheber teilt – so riskiert es immer auch, in den Orkus des Vergessens verbannt zu werden, wenn diese Werte sich verändern.

Zuletzt war das in Deutschland nach der Wende von 1989 zu sehen – massenhaft wanderten da im Osten Deutschlands die Marx-Büsten und Thälmann-Standbilder samt den übrigen Insignien kommunistischer Heldenverehrung bis hin zu Straßenschildern auf den Trümmerhaufen der Geschichte. Krönungspunkt dieser spontanen Akte symbolischer Politik war jener Augenblick im Herbst 1991, als der Granitkopf Lenins am Himmel über Berlin schwebte – der Schein unsterblicher Entrückung paarte sich mit der Wirklichkeit der Demontage.

Eine neue Gesellschaftsordnung triumphierte über die alte, und damit nicht genug: auch die Erinnerung an die vergangene sollte ausgelöscht werden. Doch wissen wir mittlerweile aus der Psychoanalyse Sigmund Freuds, daß das Verdrängte wiederkehrt. Eine Erkenntnis, aus der auch die Denkmalpflege gelernt hat. Wenn nur das trauernde Akzeptieren der vollständigen – individuellen oder kollektiven – Biographie, das ihre schwärzesten Momente einschließt, vor der Wiederkehr der Gespenster bewahren kann, dann muß auch den symbolischen Verkörperungen dieser Nachtseite, ihren Denkmälern, Raum gewahrt bleiben. Eine Auffassung, die freilich angesichts der starken Kräfte der Verdrängung nie unumstritten war und sein wird.

Der letzte große Denkmalsturz, der auch Hessen erreichte, war ein doppelter, markiert durch die Daten 1933 und 1945. Wie der Nationalsozialismus entschlossen war, mit dem Leben der europäischen Juden zugleich ihre symbolische Existenz und jegliche Erinnerung an sie auszulöschen, so unterlag er selber nach 1945 einem freilich immer weniger wirksamen Verdrängungsprozeß, der sich auch im Umgang mit NS-Denkmälern manifestierte. Zugleich stellte der millionenfache Mord an den europäischen Juden die Frage nach dem historischen Gedenken, wie die aktuelle Diskussion um das Berliner Holocaust-Denkmal zeigt, noch einmal ganz neu. Doch auch abseits der großen politischen Verwerfungen und bundesweit geführten Debatten entzünden sich auf lokaler Ebene Streitfälle, bei denen es vorder-

Abbruch des Aschrott-Brunnens in Kassel 1939

gründig um Denkmäler, in Wirklichkeit aber um einen Hegemoniekonflikt geht: Welches Geschichtsbild soll für das vereinte Deutschland gelten?

Beispiel eins: Der Aschrott-Brunnen

Im Jahr 1908 entwarf der Architekt Karl Roth eine »barocke Spielerei« für den Ehrenhof des Kasseler Rathauses: einen Sandstein-Obelisk auf vier kleinen vergoldeten Kugeln, aus dem vier Schafsköpfe Wasser spien. Im Volksmund hatte der Brunnen seinen Spitznamen schnell weg: »Zitronenpresse«

oder »Schafskopfbrunnen« wurde er getauft. Offiziell allerdings hieß er nach seinem Stifter: Sigmund Aschrott, Geheimer Kommerzienrat, Industrieller, Stadtplaner und Mäzen. Mit dem »Aschrott-Brunnen« setzte er sich, ganz im Stil des bürgerlichen 19. Jahrhunderts, selbst ein Denkmal: Der Brunnen sollte die Erinnerung an den sterblichen Spender und an seine Verdienste um die Stadt auch nach seinem Tode wachhalten.

Drei Jahrzehnte später spielten die Verdienste Aschrotts keine Rolle mehr. Eine Rolle spielte nur noch seine Religion, die im Nazijargon plötzlich zu »Rassenzugehörigkeit« mutiert war. Aschrott war Jude – und »sein« Brunnen den braunen Machthabern ein Dorn im Auge. In der Nacht zum 9. April 1939 wurde er erheblich beschädigt – Täter: »unbekannt« – und noch vor Hitlers umjubeltem Besuch in Kassel am Reichskriegertag bis auf den Sockel demontiert: ein symbolischer Akt der Gedächtnisauslöschung, der den realen Genozid begleitete. Bis in die achtziger Jahre erinnerte nur noch der leere Sockel an den ehemaligen Brunnen. Bis hier ein anderes Denkmal entstand, von dem noch die Rede sein wird.

Den Nazis blieb übrigens wenig Zeit, ihren eigenen barbarischen Leistungen ausgiebig Denkmäler zu setzen; zu sehr waren alle Kräfte und Ressourcen in die Kriegsmaschinerie eingespannt. Und wenn sie es taten, dann zuerst in den Hauptstädten ihrer Bewegung, in München, Nürnberg und natürlich Berlin. Was auch im hessischen Raum dagewesen sein muß an Porträts oder Hitlerbüsten, verschwand in den Wirren am Ende des Krieges ebenso schnell von der Oberfläche wie die Hakenkreuzfahnen. Zusätzlich verbot der Alliierte Kontrollrat am 13. Mai 1946 in einer Anweisung über »die Entfernung deutscher Krieger- und Nazidenkmäler und Museen«(...) »das Planen, Entwerfen, Errichten, Aufstellen, Postieren oder das sonstige Zurschaustellen von Denkmälern, Statuen, Gebäuden, Straßenschildern, Sinnbildern, Tafeln oder Abzeichen, die geeignet sind, die deutsche militärische Tradition zu bewahren und lebendig zu erhalten, den Militarismus wiederzuerwecken, an die Nazipartei zu erinnern oder kriegerische Ereignisse zu verherrlichen«.[3]

Ausdrücklich ausgenommen wurden von dieser Regelung allerdings »Denkmäler, die nur zur Erinnerung an verstorbene Mitglieder gewöhnlicher Militärorganisationen errichtet wurden«. Eingeschlossen waren darin auch Monumente, die an die Gefallenen früherer Kriege erinnern sollten. Sie gerieten erst viel später tendenziell in den Verdacht, an den Wurzeln des deutschen Militarismus und des Nationalsozialismus zu stehen.

Beispiel zwei: Das Dillenburger Denkmal für den deutsch-französischen Krieg von 1870/71

1968 wurde im nordhessischen Dillenburg das Denkmal für die 19 im deutsch-französischen Krieg von 1870/71 gefallenen Soldaten aus dem »Amt Dillenburg« zerlegt und weggeschafft. Seit 1874 hatte der gelbe Sandstein-Obelisk mit dem gußeisernen preußischen Adler auf der Spitze auf dem Wilhelmsplatz gestanden – Bürger, Gemeinden und Vereine hatten die Kosten, 1395 Reichstaler, durch Spenden zusammengebracht. 3 000 Menschen versammelten sich bei der Einweihung der »neue(n) Zierde« am 10. Mai zu einem »in allen Teilen wohlgelungen(en)« Fest. Heldengedenken, Siegesfreude und patriotische Begeisterung für das neugegründete Reich und seinen Kaiser waren die Gefühle der Stunde. Das wenige Jahre zuvor erst von Preußen annektierte Dillenburg sonnte sich im Bewußtsein der – zugleich mit dem Frankreich-Krieg – endlich errungenen nationalen Identität. Deren fatalster Ausprägung durch den Nationalsozialismus wäre das Denkmal 70 Jahre später ironischerweise beinah zum Opfer gefallen. Der verordneten »Metallspende« Ende Oktober 1944 entgingen die gußeisernen Teile des Denkmals – Namenstafeln, Adler, Kaiserbildnisse und Verzierungen – gerade noch; der Zaun darum herum wurde eingeschmolzen.

Die Niederlegung 1968 dann war nicht etwa ein Akt der Bilderstürmerei. Sie war im Zusammenhang mit der notwendigen Erneuerung der Kanalisation unvermeidlich geworden. Dennoch scheint das, was folgt, symptomatisch für das nicht zuletzt durch die Studentenbewegung aufgerüttelte Geschichtsbewußtsein der Zeit. Einstimmig beschließt der Gemeinderat 1970 eine zentrale Gedenkstätte für die Toten Dillenburgs. In dieses Mahnmal werden die vom niedergelegten Denkmal abgenommenen Tafeln mit den Namen der Gefallenen des deutsch-französischen Krieges integriert. Das gleiche geschieht mit den Tafeln des Kriegerdenkmals aus dem Ersten Weltkrieg, das bis dahin am Alten Amtsgericht gestanden hatte und nun – aus Baufälligkeitsgründen, wie es heißt – ebenfalls abgebaut wird. Auch an die Toten des Nationalsozialismus erinnert das zentrale Mahnmal – und zwar ausdrücklich an die der ganzen zwölf Jahre. Durch diese Datierung – 1933 bis 1945 – werden unausgesprochen auch die Opfer der Gewaltherrschaft, nicht nur die des Krieges, mit hineingeholt ins Gedenken. Das Motto allerdings, »Der Mensch sei dem Menschen ein Heiliges«, begräbt Täter und Opfer unter ein und demselben Leichentuch und läßt Fragen nach den Ursachen gar nicht aufkommen.

Fünfzehn Jahre später diskutiert man übrigens in Kassel, den leeren Sockel des Aschrott-Brunnens vor Augen, ob hier nicht ebenfalls der Opfer und Täter gemeinsam gedacht werden könne. Unter dem Motto »Die Stadt gedenkt ihrer Stifter« gibt es Überlegungen, Sigmund Aschrott gemeinsam mit u.a. der Rüstungsfabrikantendynastie Henschel ein Denkmal zu setzen. Daß – und wie – man davon Abstand nimmt, wird eine neue Runde in der Typologie des Holocaust-Denkmals einläuten. Dazu später mehr. Zurück nach Dillenburg. Weist das zentrale Mahnmal mit seinem Motto zurück in die Nachkriegszeit, wo solches Ausweichen ins Allgemein-Menschliche die Regel war, so ist doch die geschärfte Empfindlichkeit für nationale oder gar chauvinistische Töne, die an ihm auch ablesbar wird, symptomatisch für das Geschichtsbewußtsein der Nach-Achtundsechziger-Zeit. Niemand wäre zwar auf die Idee gekommen, das 1870/71er Denkmal eigens niederzulegen, auch wenn es sich dabei ikonographisch zweifellos um eine Siegessäule handelt. Das wäre zu offensichtlich einer jener Verdrängungsakte gewesen, von denen man sich doch gerade – im Zug der Auseinandersetzung mit dem Nationalsozialismus – distanzieren wollte. Doch wo es sich nun schon einmal per Sachzwang ergab, ergriff man offensichtlich dankbar und erleichtert die Gelegenheit, den imperialen Gestus des »Ehrenmals« in einem »Mahnmal« aufzulösen und damit jeglichen Verdacht auszuräumen, man trauere nicht um die Opfer, sondern feiere einen militärischen Triumph.

25 Jahre später hat sich nun ein lokalpolitischer Streit darum entsponnen, ob das Denkmal, das mittlerweile im städtischen Bauhof vor sich hin rottet, im Zuge der Altstadtsanierung wieder aufgestellt werden soll. Diesmal ist von einem Konsens der Demokraten keine Rede. Während die CDU dafür plädiert, sind SPD und Grüne strikt dagegen. Von ihrer Seite wird zunächst denkmalpflegerisch argumentiert: schließlich war das Gefallenendenkmal ein Zusatzbaukörper, der erst 150 Jahre nach der Ersterrichtung des dreieckigen Platzes durch die nassauische Fürstenfamilie aufgestellt wurde und die Linienführung und Proportionen der ursprünglichen Bebauung empfindlich stört.

Den Befürwortern hingegen ist offensichtlich weniger an der denkmalpflegerischen Wiederherstellung eines Gesamtensembles gelegen. Schließlich erweisen sie sich den ästhetischen Argumenten der Gegenseite als zugänglich und gestehen zu, daß das Denkmal mit seinen sieben Metern Höhe für den kleinen Platz überdimensioniert sei. Dennoch sähen sie es gern wieder aufgestellt. Wenn es sein muß, eben anderswo – zumal, solange die Wiederaufstellung im Rahmen der Altstadtsanierung stattfände, Landesgelder dafür flüssig gemacht werden könnten.

Für sie steht hier explizit ein Wandel geschichtspolitischer Positionen zur Diskussion, bei dem das Pendel diesmal in die konservative Richtung ausschlägt. Das Denkmal wird dabei, wiederum symptomatisch, zum Kristallisationspunkt divergierender Geschichtsauffassungen.

Ein gesellschaftlich weit verbreiteter Konsens sah seit den siebziger Jahren im deutsch-französischen Feldzug von 1870/71 und der anschließenden Reichsgründung eine Station auf dem deutschen Sonderweg, der zuletzt in den Nationalsozialismus führte. Es wirkt wie ein später Reflex auf diese Auffassung, wenn im Dillenburger Streit von 1996/97 auf eine entsprechende Kontinuität in der Nutzung des Denkmals verwiesen wird: Immer wieder war es Anlaufstelle für militaristisch-patriotische Versammlungen, bis zuletzt im Dritten Reich öffentliche Aufmärsche grundsätzlich hier endeten.

Die konservative Revision des Geschichtsbildes hingegen, die seit dem Historikerstreit um sich greift, zielt, geleitet vom Wunsch nach einem »unbelasteteren Verhältnis zur Vergangenheit« darauf, den Nationalsozialismus nicht mehr als Bestandteil eines deutschen Sonderwegs zu begreifen, sondern als schrecklichen Unfall. Im Zuge dieser »Normalisierung« erscheint die deutsche Geschichte als eine unter vielen, ebenfalls schuldgeprägten Nationalgeschichten. »Wir müssen dazu kommen, damit vernünftig umzugehen, so wie jede andere Nation mit schlimmen und guten Zeiten auch entsprechend umgeht«, sagt der Dillenburger CDU-Stadtverordnete Sven-Michael Wolf und versteht sich dabei als Anwalt kommender Generationen, die mit Schuld oder Verantwortung nicht belastet werden sollen.

Die Aufstellung eines Denkmals ist ein Zeichen, ein Akt symbolischer Politik. Seine Bedeutung ist kontextabhängig. 1997, in Dillenburg, wäre die Wiedererrichtung des Ehrenmals ein Zeichen für das Erstarken jener Kräfte, die »endlich einen Schlußstrich ziehen« wollen unter die nationalsozialistische Vergangenheit. Mit der Wiederbelebung der Diskussion scheint die Dillenburger CDU sich auf jene Marschroute zu besinnen, die der Konservative Michael Stürmer 1987 im Historikerstreit vorgab: »Die Zukunft gewinnt, wer die Erinnerung füllt, die Begriffe prägt und die Vergangenheit deutet.«[4]

Im Augenblick liegt, da die CDU im Dillenburger Stadtrat nicht über die erforderliche Mehrheit verfügt, ihr Verlangen auf Eis und das Denkmal weiterhin auf dem Bauhof. Noch einmal kommt seinen Gegnern der Genosse

Sachzwang zu Hilfe: die paar zehntausend Mark, die die Wiederaufstellung verschlingen würde, hat der gebeutelte Stadtsäckel zur Zeit nicht übrig.

Läßt sich am Dillenburger Streit symptomatisch die Konkurrenz zweier Geschichtsauffassungen ablesen, so steht anderswo, nicht weniger symptomatisch für unsere Zeit, historisches Bewußtsein gegen historische Gleichgültigkeit.

Beispiel drei: Das Denkmal für die Gefallenen des Ersten Weltkriegs in Lorsch

Die *damnatio memoriae* ist nur deshalb so wirkungsvoll, weil jede Ära doch auf ihr Gegenteil hofft: nämlich auf die – im Denkmal Stein gewordene – Ewigkeit. Diese Hoffnung trügt nicht immer. Jede Epoche, bemüht um die Legitimation ihres Tuns, schafft sich rückwärts blickend ihre eigene Geschichte – oft im Bruch mit dem Vorangegangenen, genauso häufig in der bewußten Anknüpfung an Vergangenheit. Solche Kontinuitätskonstruktionen haben ihre bevorzugten Orte. Zu ihnen gehört die Benediktinerabtei Lorsch, die sich mit der sogenannten Königshalle (angeblich eigens erbaut vor einem Besuch Karls des Großen) und der Grablege Ludwigs des Deutschen ganz besonders als Ort nationaler Schwärmerei eignete: Instrumentalisiert wurde sie von Bismarck, der sich mit seiner Reichsidee auf Karl berief, ebenso wie von Hitler, der in diesem fränkischen Bau unbedingt germanisches Erbe entdecken wollte. Dazwischen wünschte sich, Anfang der zwanziger Jahre, die Gemeinde ein Ehrenmal für ihre Gefallenen des Ersten Weltkriegs. Sie tat dies im Bewußtsein, daß die gewünschte, ausgesprochen prominente Stelle – mitten zwischen »Königshalle« und romanischem Kirchenrest – »von besonderer kulturhistorischer Bedeutung« sei, »wie sie keine zweite Gemeinde oder Stadt aufzuweisen hat«. Nach Verhandlungen mit dem zuständigen Ministerium der Finanzen, Abt. Domänen und Forsten, und nach einer langwierigen archäologischen Bestandsaufnahme durch Friedrich Behn wurde das Denkmal am 2. August 1931, begleitet von revanchistischen Reden, enthüllt. Der Denkmaltyp, ein Sarkophag, taucht bereits im Klassizismus auf, knüpft aber hier konkret an den Sarg Ludwigs des Deutschen in der nahen Basilika an. In der sachlichen Formensprache der zwanziger Jahre gehalten, ruht er auf einem Sockel, in dessen Stirnseite ein Kreuz eingemeißelt ist. Beidseitig ist er von drei Stufen flankiert, auf deren seitlicher Quaderbegrenzung wohl bei Feierlichkeiten Feuerschalen standen. In den Deckel des Sarkophags ist ein Kreuz eingeschliffen, vorn trägt er die Inschrift »Ihren im Weltkrieg 1914 bis 1918 gefallenen Söhnen/die dankbare Gemeinde Lorsch«. Seitlich sind die Namen der 152 gefallenen Soldaten der Stadt eingraviert.

Der Stein, ein seltener rötlicher Quarzit, stammt aus dem Odenwald; er paßt sich farblich in das umgebende Gebäudeensemble ein. Überhaupt ist die Gedenkstätte beinah unauffällig in den Bereich zwischen »Königs-« oder Torhalle und Basilika hineinkomponiert – Resultat der Überlegungen des Vereins für Lorscher Heimatpflege, »daß seiner kulturhistorischen Bedeutung und Weihe wegen allein der Platz hinter der fränkischen Torhalle (Michelskapelle) für die Errichtung dieses Denkmals in Frage kommen kann und darf; es gibt in Lorsch keinen zweckdienlicheren und ehrwürdigeren Platz hierfür.«[5]

Der jüngste Streit um den Sarkophag entzündete sich nicht etwa am Gehalt des Denkmals oder an seiner Geschichte. Dazu hätten Lorscher Bürger mit einer gewissen Empfindlichkeit für patriotisch-heroische Töne auf dem Platz direkt vor ihrem Stadthaus noch bessere Gelegenheit: Hier rühmt ein Denkmal in frisch vergoldeten Lettern die Soldaten der Stadt, die beim Frankreichfeldzug von 1870/71 »den Heldentod fürs Vaterland starben«.

Der Sarkophag wurde im wörtlichen Sinn zum Stein des Anstoßes, als eine rege Theatergemeinschaft vor zwei Jahren auf die Idee kam, die Freifläche vor der Basilika als Bühne zu nutzen. Das Denkmal stand ihr dabei im Wege, man zog, unwillig, auf ein Areal hinter der Klosteranlage um. Die Stadt, die schon aus Geschäftssinn Interesse an möglichst attraktiven Veranstaltungen haben muß, die die Besucher der als »Weltkulturerbe« firmierenden Benediktinerabtei über einen kurzen Tagesausflug hinaus in Lorsch halten könnten, schlug sich auf die Seite der Theatermacher und plädierte für einen Abbau des Denkmals. Doch die zunächst vorgebrachten Argumente beeindruckten die Denkmalpfleger nicht. Divergierenden Geschichtsauffassungen, wie sie sich im Dillenburger Streit beispielhaft zeigen, lassen sie – zur Erbitterung mancher Partizipanten – freien Raum. Über sie kann nicht per Dekret entschieden werden. Doch als Gralshüter der steingewordenen geschichtlichen Überlieferung, als die sich Denkmalpfleger heute empfinden, reagieren sie allergisch auf eine Unbekümmertheit, die historische Zeugnisse beiseite schiebt mit dem Argument, sie störten bei Wichtigerem.

Die Stadt suchte nach stärkeren Gründen und verwies darauf, daß, anders als früher, offizielle Gedenkfeiern nicht mehr am Kriegerdenkmal, sondern auf dem Friedhof abgehalten würden. Ein Argument, dem sich die Denkmalschützer schon eher zugänglich zeigten. Aber noch etwas anderes könnte den Ausschlag für eine baldige Regelung im Sinn der Stadt geben.

Obwohl das Kriegerdenkmal für die Gefallenen des Ersten Weltkrieges kein integrativer Bestandteil der Klosteranlage ist, halten es wegen seiner unauffälligen Eingepaßtheit ins Ensemble viele Besucher für ein historisches Monument aus der Klosterzeit. Viele entdecken erst bei näherem Hinsehen ihren Irrtum. So verfälscht das Denkmal den Blick auf die eigentliche Klosteranlage. Das wäre auch ein Argument für eine Versetzung.

Als noch stärker könnte sich der Vorrang anderer denkmalpflegerischer Überlegungen erweisen. Wenn nämlich das Kriegerdenkmal von seinem bisherigen Standort entfernt würde, wäre der Platz frei für eine Neugestaltung des gesamten zentralen Klosterbereiches. Sie könnte, auf der Grundlage jüngst gewonnener archäologischer Erkenntnisse, treuer an die ehemalige Gestalt der Abtei anknüpfen. Auch die Denkmalpflege hat dabei das Publikum im Auge: schließlich muß auch ein Weltkulturerbe im Kampf der Standorte mithalten können, und eine wie auch immer virtuelle Wiederherstellung der weitgehend zerstörten Klosteranlage wäre hier gewiß ein Plus.

Beispiel vier: Der Kasseler Aschrott-Brunnen von Horst Hoheisel

Der Nationalsozialismus brachte, wie schon angedeutet, nicht nur eine zweifache *damnatio memoriae* im Abstand von nur zwölf Jahren mit sich. Er stellte auch eine epochale Herausforderung an die *memoria*, an das Gedenken selbst dar: Wie könnte ein Denkmal für sechs Millionen ermordete Juden aussehen, was für ein Mahnmal könnte an das epochale deutsche Verbrechen erinnern? Auf diese Herausforderung antworteten in den ersten Nachkriegsjahrzehnten Denkmäler, die, bei unzweifelhaft gutem Willen, eher Verdrängung als schmerzhafte Erinnerung beförderten. Zwar konnte von Triumphgesten wie mancherorts nach 1871 oder überhaupt von positivem Gefallenenkult keine Rede sein. Das Gefallenendenkmal wich weitgehend dem Mahnmal, das an die unschuldigen Opfer erinnerte. Zugleich wurde das Gedenken aus dem Stadtbild auf den Friedhof verdrängt. Doch die Trauerarbeit drückte sich in Klischees von Erinnerung, flachem Pathos und öffentlichem Kunstgewerbe aus; christliche Symbolik vereinnahmte jüdische Tote. Zwischen den tatsächlichen Opfern der Gewaltherrschaft und

Der Kasseler Aschrott-Brunnen von Horst Hoheisel

denen, die sich als Opfer ihres Scheiterns empfanden, wurde nicht sichtbar unterschieden, statt dessen jeder Unterschied nivelliert.

Erst in jüngster Zeit wird einer größeren Öffentlichkeit, vor allem durch die Debatte um das Holocaust-Denkmal in Berlin, bewußt, daß des millionenfachen Mordes an den europäischen Juden auf besondere Weise gedacht werden muß. Diese Neuorientierung hat vor allem zwei Gründe: den gewachsenen zeitlichen Abstand – die Enkel diskutieren notwendigerweise unvoreingenommener als die Generation der Täter und Mitläufer – und die Wiedervereinigung Deutschlands, in deren Angesicht historische Verantwortung sich noch einmal neu buchstabieren muß. Aus dem Abstand vielleicht erst wird begreifbar, daß hier zum ersten Mal ein Volk die Aufgabe auf sich nimmt, Denkmäler nicht für seine Kriegshelden zu erstellen, sondern für die von ihm selbst ermordeten Opfer. Ein solches Denkmal stiftet, tradierter Denkmalfunktion zuwider, keine positive Identität, sondern eine negative – es erinnert an eine Schuld. Sich an diese Schuld erinnern zu lassen, sie in die eigene Identität aufzunehmen, ist nur über die Anerkennung eines gebrochenen Nationalbewußtseins möglich, nicht über eine »Normalisierung«, die der Abschwächung durch Verweis auf fremde Schuld gleichkommt. Noch in anderer Hinsicht hat es ein Denkmal für die Opfer des Holocaust mit dem Problem der Negativität zu tun. Der Holocaust ist das unvorstellbare Verbrechen schlechthin – folglich müßte auch das Denkmal, das an ihn erinnert, etwas Unvorstellbares darstellen. Jede konkrete Gestalt aber gibt etwas Konkretes zum Denken vor. Hätte nicht also ein Denkmal für den Holocaust auf Darstellung ganz zu verzichten, also ein Antidenkmal zu sein?

Der Kasseler Künstler Horst Hoheisel hat 1987 mit seinem Denkmal für den von den Nazis demontierten Aschrott-Brunnen auf diese Fragen in einleuchtender Weise geantwortet. Er schuf eine Hohlform jener »barocken Spielerei« von Karl Roth, die zu einem so ernsten geschichtlichen Symbol wurde, und versenkte sie verkehrt herum am Ort ihrer ursprünglichen Aufstellung. So nimmt der Betrachter heute zunächst nur eine sternförmige Vertiefung in der Ebene des Rathausplatzes wahr. Dann geht der Blick in die Tiefe, der Brunnen zieht ihn förmlich an – und konzentriert den Blick auf die Geschichte des Ortes, die er sich selbst dazu denken muß. Hätte man das seit 1939 leere Sockelfragment einfach weiterbestehen lassen, wäre damit nichts anderes als Gleichgültigkeit signalisiert worden. Ein gemeinsames Denkmal für alle Kasseler Stifter ausgerechnet an diesem Ort hätte die äußerst prekäre symbolische Beziehung zwischen Opfern (der jüdischen Familie Aschrott) und der Rüstungsindustrie (in Gestalt der Familie Henschel) verdrängt. Ein schlichter Wiederaufbau aber hätte, so Hoheisel, »allzuleicht die geschichtliche Wahrheit vergessen lassen, denn der Gegenstand, den wir betrauern müßten, wäre ja wieder da. Warum dann Trauer, warum dann Schuld?«[6]

Hoheisels Lösung verweist darauf, daß hier etwas zerstört wurde – und auf die Gefahr des Vergessens, gegen die der umgekehrte Obelisk gleichsam einen Stachel in die Erde treibt. Hoheisel faßt Rekonstruktion und Destruktion in eins, zeigt, was war und was unwiederbringlich verloren ist. So wird die »verlorene Form« des Aschrott-Brunnens, fern von allem Pathos, zum Symbol des Holocaust. Da sie sich in der Wahrnehmung des Betrachters nicht an die Stelle des zu Erinnernden setzt, mutet sie ihm die Anstrengung zu, sich in der Imagination mit der Deutung von Vergangenheit auseinanderzusetzen. Und wer weiß – vielleicht hat ein solches »abwesendes«, dafür die Gedanken des Betrachters in Bewegung haltendes, sich in ihnen mit Widerhaken einnistendes Denkmal nicht weniger Chancen, den Wechsel der historischen Gezeiten zu überstehen, als eines aus Stein oder Bronze, das, wie man gesehen hat, einfach vom Sockel gestürzt werden kann.

Dr. Ruth Führer ist Journalistin und lebt in Frankfurt am Main.

Anmerkungen

1 Cassius Dio, 59, 30, 1a.
2 In: Hans-Ernst Mittig, Volker Plagemann (Hg.), *Denkmäler im 19. Jahrhundert. Deutung und Kritik*, München 1971, S. 7.
3 Zit. nach: Meinhold Lurz, *Kriegerdenkmäler in Deutschland,* Heidelberg 1987, S. 123.
4 Zit. nach: Peter Reichel, *Politik mit der Erinnerung. Gedächtnisorte im Streit um die nationalsozialistische Vergangenheit,* München/Wien 1995.
5 Zit. nach Gutachten Dieter Griesbach-Maisant, Landesamt für Denkmalpflege Hessen, Wiesbaden 1994.
6 In: *Der Aschrottbrunnen oder Die verlorene Form. Ausgewählte Kasseler Publikationen,* Kassel 1987.

Fritz-Rudolf Herrmann

Keltenfürsten und Römermacht

Frühe Spuren hessischer Kultur

Der aufsehenerregende Fund der lebensgroßen Statue eines frühkeltischen Fürsten setzte im Juni 1996 nicht nur die archäologische Fachwelt in Erstaunen. Das einzigartige Steinbild aus dem 5. Jahrhundert v. Chr. wurde bei Ausgrabungen der Abteilung Archäologische und Paläontologische Denkmalpflege des Landesamtes für Denkmalpflege Hessen am Glauberg gefunden, einer von der Vorzeit bis in das Mittelalter befestigten Höhensiedlung 32 km nordöstlich von Frankfurt, am Rande der Wetterau.

Der Fund lenkt den Blick auf die Archäologische Denkmalpflege, die für Funde aus den schriftlosen oder schriftarmen Zeiten der Menschheitsgeschichte verantwortlich ist. Dies bedeutet in Hessen einen Zeitraum von über einer Million Jahren. Er reicht vom ersten Auftreten des Menschen bis an die Schwelle des Hochmittelalters, etwa das Jahr 1000. Für noch jüngere Zeiten tragen Mittelalterarchäologie und Stadtarchäologie wesentlich zur Kenntnis unserer Geschichte bei.

Im Boden verborgene und erhaltene Funde sind das Aufgabengebiet der Paläontologischen Denkmalpflege. Sie ist verantwortlich für die erd- und lebensgeschichtlichen Zeugnisse, Fossilien, die zum größten Teil aus vormenschlicher Zeit stammen und Naturschöpfungen sind. Der Zeitraum, der durch die Paläontologie betreut wird, beträgt etwa eine halbe Milliarde Jahre. Die ältesten fossilführenden Gesteine Hessens sind wenig jünger als 500 Millionen Jahre.

Wesentlichste Aufgabe der Archäologischen und Paläontologischen Denkmalpflege ist es, diese Denkmäler zu schützen und zu bewahren. Denn sie sind die einzigen Urkunden, die uns über die Entstehung des Lebens und unserer Umwelt, über unser Herkommen und unsere Entwicklung Auskunft geben können. Normalerweise sind es unscheinbare Funde und Spuren im Boden, doch jeder Fund ist wichtig als unwiederbringliches Zeugnis, das, einmal zerstört, für immer verloren ist. Selten hat man es mit einem Fundstück wie dem Keltenfürsten vom Glauberg zu tun, bei dem man mit Recht von einem Jahrhundertfund sprechen kann.

Die vollplastische Figur besteht aus vermutlich einheimischem, rötlichem Sandstein. Sie ist 1,86 Meter hoch und wiegt rund 230 kg. Bis auf die Füße, die abgebrochen sind, ist sie vollständig. Es ist anzunehmen, daß sie ursprünglich auf einem mächtigen Steinsockel stand. Dargestellt ist ein Krieger, der mit einem Kompositpanzer aus Leinen oder Leder bekleidet ist. Mit seiner linken Hand hält er einen ovalen Schild, der offensichtlich aus Holz gefertigt war und eiserne Randbeschläge hat. An seiner rechten Seite trägt er ein Schwert. Die rechte Hand ruht auf der Brust. Als Schmuck oder Würdeabzeichen trägt er einen Halsring mit drei knospenförmigen Zierstücken, einen Armring am rechten Handgelenk und einen Fingerring am Ringfinger der rechten Hand sowie drei übereinandersitzende Ringe am linken Oberarm. Das Gesicht ist stilisiert mit ausgeprägtem Kinn wiedergegeben. Am auffälligsten ist die Kopfbedeckung, eine sogenannte Blattkrone. Sie besteht aus einer blätterverzierten Haube mit zwei seitlichen, fischblasen- oder blattförmigen Ansätzen. Es ist möglich, daß ihre Form auf Mistelblätter zurückgeht.

Die Beine sind nackt, und es fällt der Gegensatz zwischen der sehr naturalistisch ausgearbeiteten kräftigen Beinpartie und dem eher schmächtigen Oberkörper mit nach vorne angesetzten Armen auf. Sicher geht diese Uneinheitlichkeit nicht auf ein geringes künstlerisches Vermögen des keltischen Bildhauers zurück. Es müssen statische Gründe gewesen sein, die ein Zurücktreten des Oberkörpers forderten, damit die vollplastische Statue frei stehen konnte.

Noch nicht bekannt ist, ob die Statue ursprünglich bemalt war. Etwaige Spuren davon sind – vor der vollständigen Reinigung – noch nicht zu sehen, aber die Wahrscheinlichkeit spricht dafür. Denn die Vorbilder solcher Statuen im keltischen Gebiet nördlich der Alpen kamen aus dem Mittelmeerraum, und die antiken Skulpturen und Plastiken waren, soweit wir wissen, sämtlich bemalt. Dies könnte also auch für die Glauberger Figur zutreffen.

Von ganz besonderer Bedeutung ist die Fundstelle der Statue. Sie war im

Keltische Fürstenstatue vom Glauberg

Graben eines Heiligen Bezirkes zu Füßen eines frühkeltischen Fürstengrabhügels aus dem 5. Jahrhundert v. Chr. sorgfältig niedergelegt. Wie dieser Bezirk im einzelnen aussah, muß bei der Fortsetzung der Ausgrabungen geklärt werden. Bis jetzt kennen wir die westliche Begrenzung durch einen Grabenansatz, an dessen Beginn zwei Bestattungen lagen. In Höhe der Einmündung eines weiteren Grabenstückes waren drei große Pfosten in den Graben gesetzt, und an dieser hervorgehobenen Stelle fand sich, in dem durch Erosion schon großenteils wieder verfüllten Graben, die auf dem

Rücken liegende Steinfigur. Weitere Strukturen in diesem Bereich sind ein kleiner Vierpfostenbau mit zwei Innenpfosten, vielleicht ein hölzerner Tempel; außerhalb lag eine Viereckgrabenanlage von etwa 12 Metern Seitenlänge, in der nichts gefunden wurde.

Der ganze Bereich gehört eng mit dem Fürstengrabhügel zusammen, in dessen Kreisgraben der Grabenansatz einmündet. Dieser Hügel am Südhang des Glauberges, nur 300 Meter von der Befestigung auf dem Bergplateau entfernt, war durch Erosion, Ackerbau und Flurbereinigung vollständig verflacht. Er wurde erst im Jahre 1987 durch die Mitglieder des Heimatvereins Glauburg, Dr. Alois Chlopczik (†) und Wilhelm Diebitsch, aus der Luft wiederentdeckt und dann von Werner Erk weiterverfolgt. Er hat einen Durchmesser von 48 Metern und ist von einem zehn Meter breiten, bis zu knapp vier Meter tiefen Kreisgraben umgeben. Seine ursprüngliche Höhe mag fünf bis sechs Meter betragen haben. Er ist Teil eines monumentalen, landschaftsbeherrschenden Grabmals, dessen gesamte Ausdehnung noch gar nicht erfaßt ist.

Von Südosten her führte eine über zehn Meter breite, von fast sieben Meter breiten und ungefähr drei Meter tiefen Gräben begleitete Prozessionsstraße von 350 Meter Länge auf den Hügel zu. An ihrem Beginn biegen die Gräben nach Westen und Osten hin um. Im Westen ist der Graben etwa 900 Meter weit zu verfolgen, im Osten über 400 Meter weit. Da die Gräben im Ackerland völlig verschleift und oberirdisch nicht mehr sichtbar sind, ist eine geomagnetische Prospektion im Gange, mit der die Existenz weiterer Teile festgestellt werden soll.

Noch wissen wir nichts über die Bedeutung des ausgedehnten Geländes, das durch diese Gräben am Süd- und Südwestfuß des Glauberges umschlossen wird. Die Einbeziehung des Grabhügels und des Heiligen Bezirkes neben ihm, der vielleicht einem Ahnen-oder Heroenkult gedient hat, könnte dafür sprechen, daß hier in frühkeltischer Zeit ein großes zentrales Heiligtum gelegen hat. Solche zentralen Heiligtümer sind aus antiken Quellen für keltische Stämme späterer Jahrhunderte überliefert.

Die Ausgrabung des Grabhügels in den Jahren 1994/95 erbrachte zwei reich ausgestattete Fürstengräber. Im Nordwestteil des Hügels lag Fürstengrab 1 mit Körperüberresten eines Kriegers, Schwert, zwei Lanzen, Pfeilen(?) und Schild. Er war in einer 2,50 Meter tief eingegrabenen hölzernen Grabkammer. Fürstengrab 2, nur etwa 1,50 Meter tief, lag im Südosten ganz am Rande des Hügels, in der Mitte der Lücke des Kreisgrabens, wo die

Prozessionsstraße auf den Hügel trifft. Auch in ihm war, ausgewiesen durch die Beigabe eines Schwertes, ein Krieger beigesetzt, der jedoch brandbestattet worden war. Leichenbrand und Beigaben waren in einem hölzernen Behältnis geborgen.

Beide Gräber, die unversehrt und nicht schon von antiken Plünderern ausgeraubt waren, wurden in Blockbergungen gehoben und in die Archäologische Restaurierungswerkstatt des Landesamtes für Denkmalpflege Hessen in Wiesbaden gebracht. Dies war notwendig, weil schon bald letzte Reste organischer Materialien wie Gewebe, Geflecht, Holz, Leder und auch Vogelfedern erkennbar wurden. Sie hatten sich an den Beigaben aus Bronze und Eisen erhalten und wären im Gelände nicht mit der erforderlichen Sorgfalt zu bergen gewesen. Die weitere Ausgrabung findet momentan unter Laborbedingungen statt. Erst ein Teil der Funde ist freigelegt, weitere vorerst durch Röntgenaufnahmen bekannt.

Unter den Beigaben aus Gold und Bronze sind einmalige Zeugnisse frühkeltischen Kunsthandwerks des 5. Jahrhunderts v. Chr. Der tote Fürst in Grab 1 trug, neben Arm- und Fingerring aus Gold, einen reichverzierten goldenen Halsring mit drei knospenförmigen Zierstücken. Der Ringkörper ist aus einzelnen stilisierten Menschenköpfen mit großen Augen gebildet, in den Zwickeln der Zierzone stehen zwei kleine Menschenfiguren mit übertrieben großen Köpfen. Dies erinnert an die keltische Vorstellung vom Kopf als Zentrum des Lebens.

Ein weiteres besonderes Fundstück ist eine keltische Röhrenkanne aus Bronze. Es gibt nur wenige vergleichbare Funde aus anderen Fürstengräbern. Ebenso ungewöhnlich ist eine bronzene keltische Schnabelkanne aus Grab 1. Sie ist eine von nur sechs bekannten Kannen, die nach etruskischen Vorbildern von einheimischen Handwerkern eigenständig geschaffen wurden. Neben reichen eingeritzten Verzierungen am Kannenkörper und am Schnabel ist vor allem der plastische Schmuck auf dem Kannenrand bemerkenswert. Darunter besonders eine Figurengruppe mit männlicher Mittelfigur zwischen zwei rückblickenden Sphingen. Der jugendliche Mann ist im Schneidersitz dargestellt und damit das älteste Beispiel einer bis jetzt erst aus dem 3./2. Jahrhundert v. Chr. bekannten Sitzhaltung keltischer Götter oder Heroen. Er ist mit einem Kompositpanzer bekleidet.

Sowohl die Rüstung mit einem solchen Panzer wie auch die kurze Haartracht mit Buckellöckchen weisen auf Vorbilder hin, die im Mittelmeergebiet im späten 6. und dem frühen 5. Jahrhundert v. Chr. entstanden. Die schnelle Übernahme dieser Moden durch Fürsten, also die führende Schicht ganz im Norden der frühkeltischen Welt, macht deutlich, daß ein viel engerer Kontakt zu den Hochkulturen in Griechenland und Etrurien bestand, als bisher angenommen werden konnte.

Ins Auge fällt, wie sehr die Ausstattung des toten Fürsten in Grab 1 der des steinernen Fürsten ähnelt. Dem Toten sind als Waffen unter anderem Schild und Schwert beigegeben. Er trägt als Schmuck und Würdeabzeichen einen goldenen Halsring mit drei knospenförmigen Zierstücken, am rechten Handgelenk einen goldenen Armring und am rechten Ringfinger einen goldenen Fingerring. Außerdem besitzt er drei weitere Bronzeringe, wenn auch in anderer Fundlage.

Dies alles kann zu der Vermutung führen, daß wir in der Figur das Abbild dieses toten Fürsten vor uns haben. Sicher ist dies aber nicht. Denn im Umfeld der vollständigen Statue in der Grabenfüllung wurden Bruchstücke einer zweiten, ganz gleich oder ähnlich gestalteten Statue gefunden. So erscheint es möglich, daß die Statue das Idealbild eines frühkeltischen Fürsten des 5. Jahrhunderts darstellt. Der Tote in Grab 1 wäre dann nach diesem Idealbild ausgestattet worden.

Für den Glauberg bedeuten die neuen Funde die Gewißheit, daß auf ihm im 5. Jahrhundert v. Chr. ein frühkeltischer Fürstensitz lag. Bisher waren solche Fürstensitze aus dem 6. und 5. Jahrhundert v. Chr. nur aus Südwestdeutschland und Ostfrankreich bekannt. Einige tausend Menschen mögen auf ihm oder in der unmittelbaren Umgebung gelebt haben. Seine weit überregionale Bedeutung in dieser Zeit war aus den bisherigen Forschungsergebnissen nicht zu erkennen.

Worauf der Reichtum der Fürsten vom Glauberg beruht hat, wissen wir nicht im einzelnen. Eine Grundlage war sicher das Salz, das im nahen Bad Nauheim in ausgedehnten Salinenanlagen gewonnen wurde. Auch in diesen keltischen Salinen finden derzeit wieder Ausgrabungen statt, sie werden weitere Erkenntnisse bringen.

Der Bereich, über den die Keltenfürsten vom Glauberg im 5. Jahrhundert v. Chr. herrschten, läßt sich nach dem bisherigen Stand der Forschung nicht genauer angeben. Nach Anhaltspunkten aus naturwissenschaftlichen Untersuchungen könnte es sich um ein großes Gebiet gehandelt haben, das sich mindestens 70 km um den Berg ausdehnte. Seine Stellung als bedeutender, zentraler Ort in der frühkeltischen Welt wird jedenfalls durch die neuen Funde hinlänglich bewiesen.

In eine ganz andere Zeit und ein ganz anderes historisches Umfeld führen uns neue Entdeckungen zur römischen Geschichte Hessens. Unser Bild ist hier geprägt von den sichtbaren und restaurierten Denkmälern jener Zeit. Der Limes, die römische Reichsgrenze, ist als Wall und Graben mit Wachtürmen und Kastellen in Taunus, Wetterau und Odenwald über weite Strecken noch zu verfolgen. Die Saalburg im Taunus als einziges vollständig wiederaufgebautes Kastell der römischen Welt hat seit nunmehr einhundert Jahren Generationen von Besuchern mit dem Aussehen eines römischen Militärlagers vertraut gemacht. Restaurierte Grundmauern von Badeanlagen und Gutshöfen zeigen uns römische Baukunst und Lebensweise.

Doch all diese Zeugnisse bieten nur einen Ausschnitt der über vier Jahrhunderte dauernden römischen Geschichte des hessischen Raumes. Sie betreffen nur die Zeit zwischen der Errichtung der Grenze um das Jahr 90 n. Chr. bis zum Fall des Limes im Jahr 259/6 n. Chr. Vorher und nachher, seit der Eroberung Galliens durch Caesar im Jahre 51 v. Chr. bis zum Jahr 406/07 n. Chr., bildete der Rhein die Grenze des römischen Reiches. Und es fehlte in der Zeit des Kaisers Augustus, also in den Jahrzehnten um Christi Geburt, nicht an Versuchen, das germanische Land östlich des Rheins bis zur Elbe zu erobern und dem Reich einzugliedern.

Auf verschiedenen Vormarschwegen, von Xanten aus die Lippe aufwärts und, in Hessen, vom Legionslager Mainz aus durch die Wetterau, wurden seit dem Jahre 11 v. Chr. Feldzüge unternommen, die mit der Niederlage des Varus in der sogenannten Schlacht im Teutoburger Wald im Jahre 9 n. Chr. vorerst ihr Ende fanden. In Hessen wurden Stützpunkte dieser Zeit zum Beispiel aus Bad Nauheim und Rödgen in der Wetterau durch Ausgrabungen bekannt.

Durch antike Schriftsteller wissen wir von einem Lager »bei den Chatten östlich des Rheins« und einem anderen »auf dem Berge Taunus«, die aber beide noch nicht in ihrer Lage bestimmt werden konnten.

Somit kannte man römische Militäranlagen, wenn auch ganz verschiedene, was die Zeit ihrer Erbauung und die Dauer ihres Bestehens angeht, nur aus dem Gebiet, das auch später vom Limes umschlossen war. Ohne Zweifel gab es weitere Kastelle entlang der Marschroute zur Elbe, wohl im Abstand jeweils eines Tagesmarsches von etwa zwölf Kilometern. Doch die Suche entlang des naturgegebenen Weges der hessischen Senkenlandschaft brachte bisher kein Ergebnis. In anderer Richtung suchte man nicht. Der Weg vom Truppenplatz Mainz aus durch die Wetterau schien so selbstverständlich und war nachgewiesen. Man kam nicht auf den Gedanken, daß noch andere Vormarschwege vorhanden sein könnten.

So kam es völlig unerwartet, daß der Luftbildarchäologe Otto Braasch 1986 im Lahntal zwischen Gießen und Wetzlar bei Dorlar Spuren entdeckte, die von einem großen römischen Lager herrühren konnten. Ausgrabungen durch die Römisch-Germanische Kommission in Frankfurt am Main bestätigten 1991 und 1992 diese Vermutung. Das etwa 21 Hektar große Lager, das Platz für eineinhalb Legionen, rund 8 000 Mann bot, war im ersten Jahrzehnt n. Chr. errichtet worden und bestand wahrscheinlich nur wenige Wochen. Diese Vermutung ergibt sich, weil es keine feste Wehrmauer und keine dauerhaften Innenbauten hatte und Funde fast ganz fehlen. Seine historische Bedeutung mußte zunächst unklar bleiben. Es konnte zum Beispiel von einer römischen Einzelaktion abseits der Hauptwege stammen und im Zusammenhang mit einer Belagerung des nahe gelegenen Dünsberges stehen, der von Germanen besetzt war.

Daß aber das Lahntal bei den römischen Feldzügen eine besondere, bislang ungeahnte Bedeutung hatte, zeigte sich schon kurz darauf durch die Entdeckung eines weiteren römischen Militärlagers gleichen Alters bei Waldgirmes. Es liegt, wie das bei Dorlar, in der Gemeinde Lahnau und ist nur zwei Kilometer von diesem entfernt. Im Gegensatz dazu handelt es sich aber um ein länger besetztes, fest ausgebautes Kastell. Wie auch am Glauberg kamen die ersten Hinweise, die zur Entdeckung führten, von einer ehrenamtlichen Mitarbeiterin der Archäologischen Denkmalpflege. Gerda Weller machte bei Feldbegehungen 1990 die ersten Funde. Die Ausweisung der Fläche als Gewerbegebiet und damit die bevorstehende Zerstörung veranlaßten Ausgrabungen, die seit 1993 von der Römisch-Germanischen Kommission und dem Landesamt für Denkmalpflege Hessen mit dem Ziel der vollständigen Aufdeckung dieses für das Land einmaligen Platzes durchgeführt werden.

Die Lage nahe dem Fluß erstaunt nicht. Bei der Unwegsamkeit des Geländes spielte der Wasserweg in der Antike und noch im Mittelalter eine viel größere Rolle, als man gemeinhin annimmt. Gerade für schwere Lasten, wie den Nachschub des Heeres, bot sich der Flußtransport an. So ist es kein Wunder, daß auch die Lahn als natürlicher Weg vom Rhein in germanisches Gebiet in die römischen Planungen einbezogen war.

Das Kastell war rund 7,7 Hektar groß und konnte eine Besatzung von 2 000 bis 2 500 Mann aufnehmen. Es war vollständig aus Holz erbaut und

Der Blick auf die Grabungsfläche in Lahnau-Waldgirmes mit dem Osttor des römischen Militärlagers aus der Zeit des Kaisers Augustus zeigt als helle Spuren die Pfostengräbchen und Pfostengruben der hölzernen Standpfosten, mit denen die Wehrmauer und der Torbau errichtet waren. Als breite helle Verfärbungen zeichnen sich die verfüllten Lagergräben ab.

umwehrt mit einer 3,20 Meter breiten sogenannten Holz-Erde-Mauer aus in Gräbchen gesetzten Pfosten, zwischen denen hinter Bohlen Erde eingestampft war. Davor lagen zwei Spitzgräben. Die Tore, von denen eines, das Osttor, ausgegraben ist, waren durch zwei Türme besonders geschützt. Von der Innenbebauung ist noch wenig bekannt. Sie verlief jedenfalls regelmäßig zwischen rechtwinklig sich kreuzenden breiten Straßen, in deren Mitte Kanäle ausgelegt waren. Ein Töpferofen und weitere Öfen zeugen von handwerklicher Tätigkeit. Ansonsten ist mit allen in einem Militärlager notwendigen Gebäuden zu rechnen, wie Verwaltungsbauten, Mannschaftsunterkünften, Werkstätten, Getreidespeichern und Lazarett.

Unter dem Fundmaterial fällt der ungewöhnlich hohe Anteil germanischer Keramik auf. Dies spricht für einen engen Kontakt der einheimischen Bevölkerung mit der Besatzung des Kastells. Ob dieser sich auf die Versorgung der Truppe beschränkte oder ob germanische Hilfstruppen einen Teil der Mannschaft bildeten, läßt sich noch nicht sagen. Der außergewöhnliche Fund von Bruchstücken einer lebensgroßen vergoldeten Bronzestatue, sicher ein Bild des Kaisers, zeigt neben anderen Funden, daß das Kastell für längere Dauer eingerichtet war. Es hat jedoch höchstens bis zur Varusschlacht 9 n. Chr. bestanden, nach der sämtliche römischen Truppen hinter den Rhein zurückgezogen wurden.

Die weiteren Ausgrabungen lassen wichtige Ergebnisse für die römische Eroberungspolitik, das Zusammenleben von germanischer Bevölkerung und römischer Besatzungsarmee sowie die kulturelle und politische Situation im mittelhessischen Raum in der Zeit um Christi Geburt erwarten, wie sie nur durch die Archäologie zu gewinnen sind.

Dr. Fritz-Rudolf Herrmann ist Landesarchäologe beim Landesamt für Denkmalpflege Wiesbaden und lebt in Wiesbaden.

Dieter Griesbach-Maisant

Glanzstücke hessischer Denkmalpflege

Karolingische und romanische Architektur

Einsam und verlassen steht der ruinöse Bau am Rande des Odenwalddörfchens Steinbach bei Michelstadt. Seine weitestgehend unverputzten Mauern zeigen Risse, Narben und Schrunden eines langen Lebens, zeugen von den Veränderungen und Zerstörungen vieler Jahrhunderte. Und doch haben wir mit diesem nutzlos gewordenen, nicht gerade als schön zu bezeichnenden Gebäude eines der bedeutendsten Kulturdenkmäler Hessens, wenn nicht sogar Deutschlands, vor uns. Es handelt sich um die Einhards-Basilika, benannt nach dem Mönch Einhard, dem vertrauten Berater Kaiser Karls des Großen und Kaiser Ludwigs des Frommen, der sie wohl zwischen 823-26 n.Chr. erbaute. Diese Kirche ist eines der wenigen noch im Bau bestehenden Zeugnisse fränkischer Siedlungs- und Reichspolitik, die sich bereits unter den Merowingern, verstärkt aber unter den Karolingern auf das Gebiet des heutigen Bundeslandes Hessen konzentrierte.

Unter den Merowingern wurde diese Konzentration in der Anlage zahlreicher Königshöfe, sogenannter *curtes*, deutlich, wobei es sich um befestigte Wirtschaftshöfe gehandelt haben wird. Nachgewiesen sind sie z.B. für Fulda, Fritzlar und Wiesbaden; erhalten ist allerdings nichts von diesen frühen Bauten. Unter den Karolingern wurden Kaiserpfalzen errichtet, so in Frankfurt und Trebur, und vor allem Klöster, von denen, in erster Linie auf Betreiben des angelsächsischen Mönches Winfried Bonifatius, die Missionierung der heidnischen Sachsen und Thüringer ihren Ausgang nahm. Zu den frühesten Gründungen zählen die Klöster Fritzlar, Fulda, Hersfeld und Lorsch. Die drei letztgenannten waren als Reichsklöster unmittelbar dem

Kaiser unterstellt, was ihnen rasch zu größter Blüte verhalf. Fulda erlangte seine weitreichende Bedeutung durch die Grablege des hl. Bonifatius, die noch heute in veränderter Form in der westlichen Krypta des barocken Fuldaer Domes zu besichtigen ist. Lorsch wurde durch die Grablege Ludwigs des Deutschen in der sogenannten *ecclesia varia,* der bunten Kirche, berühmt, von der allerdings nichts mehr existiert.

Im folgenden wird zunächst die Rede sein von karolingischer und ottonischer Baukunst, die stilgeschichtlich zur vorromanischen Epoche zählt (ca. 750—1040 n. Chr.). Anschließend rückt die salische und staufische Baukunst in den Blick, welche die eigentliche Romanik ausmacht (ca. 1040—1250 n. Chr.).

Karolingische Baukunst

Die zentrale Lage des heute hessischen Gebietes im fränkischen Reich als Vorposten gegenüber den heidnischen Stämmen mag die erstaunliche Zahl von immerhin zehn karolingischen Bauten erklären, die hier wie in keinem anderen Gebiet Deutschlands in großen Teilen erhalten sind. Die fast ausschließlich sakral genutzten Gebäude haben möglicherweise überdauert, weil die nachfolgenden ottonischen und salischen Kaiser den politischen Schwerpunkt in andere Regionen verlagerten und die im wesentlichen sakralen Bauten vorbehaltene massive Bauweise eine Umnutzung in späteren Jahrhunderten erlaubte.

Die karolingischen Bauten Hessens sind: Die Torhalle der ehemaligen Benediktiner-Reichsabtei Lorsch (um 795-800), die Krypta des ehemaligen Benediktinerklosters Schlüchtern (um 800), die alte Dorfkirche in Bad König (um 800), die Totenkirche St. Michael der ehemaligen Benediktinerabtei Fulda (820-22), die Kirche des ehemaligen Benediktinerklosters Rasdorf (820-30), die anfangs genannte Einhards-Basilika in Steinbach, die Einhards-Basilika der ehemaligen Benediktinerabtei Seligenstadt (831-40), die Kirche St. Justinus in Frankfurt-Höchst (um 825-50), die Kirche des ehemaligen Benediktinerklosters in Petersberg bei Fulda (geweiht 836) und die Kapelle der ehemaligen Kaiserpfalz Trebur (825-50). Diese zehn Objekte zählen zu den ältesten und wertvollsten Baudenkmälern, mit denen sich die hessische Denkmalpflege seit Jahrzehnten intensiv auseinandersetzt.

Der Grundriß karolingischer Kirchen entwickelte sich vom einfachen, rechteckigen Schiff mit eingezogenem Rechteckchor, wie man es an mehreren Orten ergraben hat und an der Dorfkirche von Bad König noch sehen kann, zum basilikalen Schema nach dem Vorbild der frühchristlichen Kirchen Roms. Erstes bekanntes Beispiel hierfür war die unter Abt Sturmius errichtete Klosterkirche in Fulda, eine gegen 770 vollendete dreischiffige Basilika mit breitem Mittelschiff, schmalen Seitenschiffen und halbrunder Apsis im Osten. Die Weiterentwicklung dieses frühen Grundrißschemas zeigte sich an der nach ihrem Baumeister benannten Ratgar-Basilika von 791-98, bei der im Anschluß an den bestehenden Sturmius-Bau ein weitgehend entsprechender westlicher Teil mit Chor über dem Bonifatiusgrab aufgeführt wurde. Es entstand die erste Doppelchoranlage nördlich der Alpen. Die Ratgar-Basilika besaß im Westen ein weit ausladendes Querschiff, worin sich ebenfalls die Orientierung an den frühchristlichen Kirchen Roms ausdrückte, denn diese Grundrißform entsprach dem Vorbild Alt-St.-Peters mit dem westlich gelegenen Petrusgrab.

Für eine weitere Entwicklungsstufe steht die Einhards-Basilika in Steinbach: Die Ostpartie, der Altarraum, ist nun dreiteilig gestaltet, d.h. beiderseits eines querrechteckigen Chores mit Hauptapsis sind quadratische Seitenchöre mit Nebenapsiden so angeordnet, daß sie wie Querschiffarme wirken. Die Entwicklung dieses Grundrisses stand in unmittelbarem Zusammenhang mit dem zunehmenden Reliquienkult und der damit wachsenden Zahl von Nebenaltären, denen ein angemessener Ort zugewiesen werden mußte.

Neben der Basilika gab es den Zentralbau, wie er in karolingischer Zeit beispielhaft mit der Grabeskirche St. Michael in Fulda entstand. Unmittelbares Vorbild dieses Bautyps dürfte die Anastasis-Rotunde der Grabeskirche in Jerusalem (326-335) gewesen sein. Im frühen Mittelalter wurden auch Taufkapellen sowie Palast- und Burgkapellen als Zentralbauten erstellt. Erhalten und berühmt ist die polygonale Pfalzkapelle Karls des Großen in Aachen, deren Vorbild San Vitale in Ravenna war.

In karolingischen Kirchen trennten in der Regel Säulenarkaden das Mittelschiff von den Seitenschiffen, so in St. Justinus in Höchst. Die aufgehenden Wände waren weitgehend ungegliedert, nur durchbrochen von meist rundbogigen Lichtöffnungen. Krypten, also Räume vor allem unter dem Ostbereich der Kirchen, gab es bereits in der Frühform der Stollenkrypta, bestehend aus tonnengewölbten Gängen wie in Steinbach, wo wahrscheinlich die Reliquien der Heiligen Marcellinus und Petrus wie auch die Sarkophage von Einhard und seiner Gemahlin Imma aufgestellt werden sollten.

Einhardsbasilika in Steinbach

Oder auch wie in der ehemaligen Klosterkirche auf dem Petersberg bei Fulda (Gemeinde Petersberg), wo die Gebeine der hl. Lioba ihren Standort in der Krypta fanden. Daß es bereits vereinzelt die weiterentwickelte Form der Hallenkrypta mit Stützen im frühen 9. Jahrhundert gab, geht aus einer Beschreibung des Fuldaer Mönches Candidus über eine nachträglich eingebaute Krypta in der erwähnten Ratgar-Basilika hervor.

Während Türme an karolingischen Bauten generell fehlten, war die Ausscheidung bzw. Errichtung von Westvorhallen häufig und eine genuin fränkische Schöpfung. Beispiele lassen sich für die Kirchen in Lorsch, Steinbach sowie Petersberg nachweisen. Welche Funktion diese Vorhallen hatten, ist nicht endgültig geklärt. Waren sie mit einer Empore ausgestattet, wird angenommen, daß sie als Sitz des Territorialherren bzw. des Kaisers gegenüber dem Allerheiligsten dienten, womit der konfliktreichen Einheit von Kirche und Staat symbolisch Ausdruck verliehen werden sollte.

Von einer außerordentlich hohen Qualität der Steinbearbeitung zeugen die heute noch erhaltenen karolingischen Kapitelle der Michaelskirche in Fulda, der Kirchen in Rasdorf und Frankfurt-Höchst sowie der sogenannten Torhalle in Lorsch. Ihre Gestaltung verweist deutlich auf das Vorbild der römischen Antike, das möglicherweise über die Kapitelle der Aachener Pfalzkapelle vermittelt wurde. So läßt sich an ihnen das politische Programm Karls des Großen, die »Renovatio Imperii Romani«, die angestrebte Erneuerung des Römischen Reiches auf der Grundlage des Christentums, unmißverständlich ablesen. Die an der Torhalle in Lorsch aus weißem Kalkstein herausgearbeiteten Kompositkapitelle zwischen den Bogenöffnungen des Erdgeschosses sind wohl die schönsten Steinmetzarbeiten karolingischer Kunst in Deutschland. Die Akanthusblätter sind naturalistisch und mit höchster Präzision geschaffen, was eine geradezu virtuose Beherrschung der Steinmetztechnik voraussetzt. Ob dies von heimischen Kräften geleistet werden konnte, ist zu bezweifeln, und so ist es durchaus möglich, daß es römische Werkleute waren, die, noch vertraut mit der antiken Steinmetzkunst, der sogenannten karolingischen Renaissance auch baukünstlerisch zu ihrer Blüte verhalfen.

Die »Lorscher Torhalle« kann als ein Höhepunkt dieser Blüte gewertet werden. 1797 bereits auf Abbruch verkauft, wurde sie auf Intervention des Architekten Georg Moller durch Großherzog Ludwig I. von Hessen-Darmstadt erworben und für die Nachwelt gerettet – eine frühe, denkmalpflegerische Großtat! Seit 1993 ist dieses Bauwerk in die Unesco-Liste des Weltkultur- und Naturerbes eingetragen. Es ist somit auf internationaler Ebene als Kulturgut von »außergewöhnlichem, universellem Wert« anerkannt und durch die Welterbekonvention geschützt. Auf der Liste des schützenswerten Erbes, die seit 1972 systematisch von einem Fachgremium aus Denkmalpflegern und Politikern erstellt wird, befinden sich zur Zeit über 700 Stätten in über 100 Ländern. Die Lorscher Torhalle und die übrigen baulichen Reste des ehemaligen Benediktinerklosters wurden als erstes hessisches Kulturdenkmal in die UNESCO-Liste aufgenommen, wenig später folgte, als Weltnaturerbe, die paläontologisch bedeutende Grube Messel bei Darmstadt. Mit der Einschreibung soll ein größerer Schutz der betroffenen Stätten erreicht werden, gestützt durch die Freigabe staatlicher Finanzmittel und durch ein zunehmendes Bewußtsein von deren Wert auf regionaler, nationaler und internationaler Ebene.

Trotz jahrzehntelanger Forschung birgt die »Torhalle« bis heute ihre Geheimnisse, vor allem das Rätsel ihrer Funktion ist noch immer ungelöst. Völlig frei stand der zweistöckige Bau mit der sich in jeweils drei Bögen öffnenden Erdgeschoßhalle in der Mitte eines großen Atriums vor der Klosterkirche. Daß es sich nicht um einen Portalbau der Klosteranlage gehandelt haben kann, wie ursprünglich vermutet wurde, geht aus der Tatsache hervor, daß ein Klostertor weiter westlich in seinen Grundmauern ergraben wurde und damit gesichert ist. Insofern ist der Begriff »Torhalle« nicht korrekt. Ohne dies letztendlich beweisen zu können, ging die bisherige Forschung davon aus, daß der Bau unmittelbar mit der Person Karls des Großen in Zusammenhang stand. Man nahm an, daß er als eine Art Triumphtor nach dem Sieg über die Langobarden im Jahr 773 oder aus Anlaß der Kaiserkrönung Karls im Jahre 800 errichtet wurde. Eine jüngste These behauptet, das Gebäude sei ein Bibliotheksbau gewesen, wobei sich die Argumentation zum einen auf die bauliche Situation, zum andern auf das Konzept der Innenraumdekoration stützt. Denn im Obergeschoß dieses herausragenden Kulturdenkmals haben sich unter mehrfachen Übermalungen Reste karolingischer Wandmalerei gefunden, die eine Scheinarchitektur vortäuschen, wie sie auch in antiken Bibliotheken entdeckt wurde. Erhaltene karolingische Wandmalerei ist äußerst selten, sie findet sich in Hessen nur noch in Resten unterhalb der Deckenbalkenlage der Einhards-Basilika in Steinbach und, mit figürlichen Darstellungen, in der Krypta in Petersberg bei Fulda.

Die Basilika in Steinbach und die »Torhalle« in Lorsch sind heute Eigentum des Landes Hessen und unterstehen der Verwaltung Hessischer Schlösser und Gärten in Bad Homburg. Diese Behörde betreut in Abstimmung mit dem Landesamt für Denkmalpflege und im Falle Lorschs auch im Einvernehmen mit der Stadtgemeinde Lorsch die baulichen Erhaltungs- und Restaurierungsmaßnahmen. In Lorsch sind Restauratoren seit Jahren in einzelnen Kampagnen mit der Untersuchung, Sicherung und Konservierung der erhaltenen karolingischen Wandmalereien betraut, die sich durch eine besondere Maltechnik auszeichnen, z.B. durch Sprenkelungen der Quaderflächen, und hierin das Fortwirken der kaiserzeitlich-römischen Tradition in der Karolingerzeit bezeugen. Außerdem wird derzeit für die gesamte Anlage ein neues Konzept zur Nutzung und Präsentation erarbeitet. Dabei stellt sich die Frage, wie man das in wesentlichen Teilen untergegangene

Kloster im heutigen Gelände für den Besucher anschaulich machen kann. So wird überlegt, den erhaltenen mittelalterlichen Kirchenrest zu seiner statischen Sicherung um eine moderne Rekonstruktion der verlorenen Seitenschiffe zu erweitern. In dem so vergrößerten ehemaligen Kirchenraum, der noch in unserem Jahrhundert als Tabakschuppen diente, könnten dann die noch zahlreich erhaltenen Architekturdetails museal präsentiert werden.

Auch ist zu klären, was mit dem Gefallenenehrenmal des Ersten Weltkrieges geschehen soll, das in den zwanziger Jahren von der Gemeinde Lorsch geschickt zwischen Torhalle und Kirchenrest plaziert wurde. Eine Nutzung dieses sensiblen Außenbereiches für sommerliche Theateraufführungen mit ihren negativen Folgen konnte bisher erfolgreich von der Denkmalpflege verhindert werden. Somit wurden die historisch wertvollen Gebäude bislang nicht durch für Theateraufführungen notwendig werdende Einbauten für Tribünen, Überdachungen, Bühne oder Lautsprecher beschädigt, und das bedeutende, historisch überlieferten Erscheinungsbildes des Klosters bleibt erhalten.

Die Einhards-Basilika ist eines der am gründlichsten erforschten Baudenkmäler Hessens. Seit letztem Jahr liegt eine beeindruckende zweibändige Monographie vor, herausgegeben vom Landesamt für Denkmalpflege unter Mitwirkung der Einhards-Arbeitsgemeinschaft e.V. Einer der Autoren, Thomas Ludwig, betreut als Mitarbeiter der Schlösserverwaltung auch die konservatorischen Maßnahmen an der ehemaligen Kirche. Nach der schwerwiegenden, aber statisch notwendigen Entscheidung des Landesamtes für Denkmalpflege, 1972/73 die verlorenen Seitenschiffe zur Stützung der hohen Hauptschiffwände in schlichten, nicht rekonstruierenden Formen wiederaufzuführen, sieht sich die Denkmalpflege heute vor neue Probleme gestellt. Nachdem bereits in jüngster Zeit die sich vom Untergrund lösenden Reste der karolingischen Wandmalereien durch Hinterspritzen des Putzes gefestigt wurden, steht nun eine dringend notwendige Sanierung des aus den Jahren 1168 und 1182 stammenden Dachstuhles an. Dafür muß in absehbarer Zeit ein Schutzdach über dem gesamten Bauwerk errichtet werden, um dann die aus Biberschwanzziegeln bestehende Dachkante entfernen zu können. Danach müssen die vor allem durch Feuchtigkeit geschädigten Balken des Dachstuhls sowie die aus dem 16. Jahrhundert stammenden Dachlatten durch neue Hölzer ersetzt bzw. ergänzt werden, um das gesamte Dachwerk neu zu sichern. Erst nach Abschluß dieser Zimmerarbeiten kann das Schutzdach wieder entfernt werden.

Ottonische Baukunst

Obgleich das heute hessische Gebiet nach der Aufteilung des fränkischen Reiches im Jahr 843 zum Mittelpunkt des östlichen Teiles wurde, kam es in der Folge zu einer Stagnation im kulturellen Bereich, die durch die Verlagerung der Reichspolitik unter den ottonischen und salischen Kaisern andauerte. Während vor allem im Bereich der heutigen Bundesländer Niedersachsen und Sachsen-Anhalt bedeutende ottonische Kaiserpfalzen und monumentale Kirchenbauten entstanden, blieb das Bauwesen in unserem Gebiet bescheidener und mehr den lokalen weltlichen und geistlichen Machthabern überlassen. Zwei größere ottonische Bauten sind im wesentlichen erhalten: die ehemalige Klosterkirche St. Andreas in Fulda-Neuenberg und die Stiftskirche in Oberkaufungen. Von einigen weiteren Bauten sind zumindest die Grundrisse erforscht. Die ottonische Architektur folgte den Prinzipien der karolingischen Baumeister. Eine Neuerung jedoch war die »ausgeschiedene Vierung«. Diese wird gebildet durch die Durchdringung von Mittel- und Querschiff in einem zentralen Raum, der nach allen vier Seiten durch Bogenstellungen ausgegrenzt wird. Das architektonische Element der »ausgeschiedenen Vierung« sollte für die künftige Entwicklung romanischer Architektur von eminenter Bedeutung werden.

Die Hallenkrypta war spätestens ab der Jahrtausendwende als Raumtyp ausgereift, wie es noch eindrucksvoll in Neuenberg zu erleben ist. Dagegen kam die hochwertige Kapitellplastik der Zeit Karls des Großen überhaupt nicht mehr zur Ausführung. An ihre Stelle traten schlichte Würfelkapitelle, wie man sie ebenfalls in Neuenberg finden kann. In der Krypta dieses ehemaligen Reformklosters sind auch noch die qualitätvollen, unmittelbar nach Bauabschluß im Jahr 1023 entstandenen Ausmalungen erhalten. Die Malereien wurden in Seccotechnik, d.h. auf trockenem Putz, mit einem kaseinhaltigen Bindemittel ausgeführt und zeigen zwischen breiten Ornamentbändern Medaillons mit Christus, Königen und Heiligen sowie Szenen aus dem Alten Testament und eine Prozession von 22 Engeln. Sie wurden seit dem 17. Jahrhundert mehrfach monochrom überstrichen. Erst 1930-32 legte sie der Darmstädter Kunstmaler Kienzle frei und restaurierte sie. Wegen der dabei verwendeten Lasur- und Wachsüberzüge, die rapide vergrauten, war nur zwanzig Jahre später erneut eine Restaurierung notwendig, die wiederum Kienzle durchführte. Nun wurden größere Bereiche übermalt, Konturen nachgezogen und Figuren vervollständigt. Auf die Wachsschicht wurde zusätzlich ein Kaseinüberzug aufgetragen, eine aus heutiger Sicht eher

Hallenkrypta in Fulda-Neuenberg

kritisch zu beurteilende Maßnahme. Denn auch dieser Überzug verdunkelte im Laufe der Jahrzehnte so stark, daß stellenweise kaum mehr etwas von den Malereien zu erkennen war. Darüber hinaus gefährdete er die Substanz der darunter liegenden, mittelalterlichen Malerei. Dies ergaben naturwissenschaftliche Untersuchungen Anfang der neunziger Jahre, die aufgrund sichtbarer Schäden vom Erzbischöflichen Bauamt in Fulda und vom Landesamt für Denkmalpflege in Auftrag gegeben worden waren. Angesichts der zwingenden Notwendigkeit, etwas gegen den drohenden Verlust der wertvollen Wandmalereien tun zu müssen, versucht die im Frühjahr 1994 begonnene und noch andauernde Restaurierung, die früheren Maßnahmen rückgängig zu machen. Mittels kleiner gedrehter Wattestäbchen, die mit verschiedenen Lösungsmitteln getränkt sind, werden die schädigenden Überzüge zentimeterweise entfernt, ohne dabei die Originalsubstanz in Mitleidenschaft zu ziehen. Von der 60 qm großen Arbeitsfläche wurde inzwischen ungefähr die Hälfte von den Übermalungen befreit, für den Rest werden noch zirka eineinhalb Jahre Arbeitszeit veranschlagt. Der Zustand der ottonischen Seccomalerei erweist sich als sehr unterschiedlich. Stellenweise ist sie komplett erhalten, in manchen Bereichen ist sie jedoch erheblich gestört. Spätestens nach der vollständigen Freilegung muß über das weitere Vorgehen beraten werden, wobei ein wesentliches Entscheidungskriterium der anzustrebende Gesamtraumeindruck der Krypta sein dürfte.

Salische Baukunst

Die salische Baukunst des 11. und frühen 12. Jahrhunderts gilt als der eigentliche Beginn der Romanik. Seit den Anfängen unter den Karolingern hatte sich nördlich der Alpen nun, nach einer Zeit experimentierenden Suchens und vielfältiger Ausformungen, der Baustil verfestigt. Er war zu seiner endgültigen Form, zu Gesetzmäßigkeit und einer gewissen Strenge gelangt. Auf heute hessischem Gebiet wurde unter den salischen Herrschern relativ wenig gebaut; neben kleineren Kirchenbauten ist jedoch die zwischen 1038 und 1114 entstandene Stiftskirche in Bad Hersfeld exemplarisch hervorzuheben. Die heutige Stiftsruine ist in ihren Ausmaßen die größte mittelalterliche Kirche Hessens, in ihrer Monumentalität und ihren gestreckten Proportionen wird das Charakteristische hochromanischer Baukunst sinnfällig. Im Grundriß zeigt sie ein weit ausladendes Querschiff, jedoch keine ausgeschiedene Vierung, wie sie für salische Großbauten bereits die Regel war. Dafür sind nun auch in Hersfeld Außen- und Innenwände stärker gegliedert, sei es durch Pilaster oder auch durch Blendbögen an den Innenwänden von Chor, Krypta und Westvorhalle. Bedeutung erlangte nun auch die Doppelturmfassade im Westen, die gegen 1100 errichtet wurde. Für die Einwölbung der Seitenschiffe fanden am Ende des 11. Jahrhunderts einfache Formen der modernen Wölbetechnik mittels Steinmaterial Verwendung. Diese Methode bot aus Feuerschutzgründen gegenüber den bisher üblichen flachen Holzbalkendecken erheblich mehr Schutz vor Feuer.

Staufische Baukunst

Die Blütezeit romanischer Kunst und Architektur fällt in die Regierungszeit der staufischen Kaiser (1138-1254), denen es noch einmal gelang, die Zentralgewalt im deutschen Reich zu festigen. Mit Hilfe von Ministerialen versuchten sie, in der Wetterau und am Untermain ein großes Reichsterritorium zu schaffen. Es kam zur Gründung der Reichsstädte Wetzlar, Friedberg und Gelnhausen und zur Anlage von Burgen wie Runkel, Münzenberg, Büdingen und Gelnhausen. Erst jetzt, in der staufischen Epoche, die eine Vielzahl von Baudenkmälern hinterlassen hat, wurden auch Profanbauten bedeutsam, die in der Qualität ihrer Bauornamentik den Sakralbauten nicht nachstanden. An erster Stelle ist hier die Kaiserpfalz in Gelnhausen zu nennen, die für Friedrich Barbarossa zwischen 1170 und 1195 unter Leitung des Ministerialen Hartmann von Büdingen erbaut wurde. Auch die Burg dieses Gefolgsmannes, die ehemalige Wasserburg Büdingen ist von herausragender Größe, Gestalt und Ausschmückung. Daneben sei die geschickt in die Landschaft plazierte Burg Münzenberg erwähnt, welche die Entwicklung zur Höhenburg vorwegnahm und wie keine andere hessische Burg den kaiserlichen Herrschaftsanspruch demonstriert.

Die Kirche blieb aber auch in der Zeit der Staufer die wichtigste Auftraggeberin der Baukunst. Vor allem die neu gegründeten Reformorden der Cluniazenser, Zisterzienser, Prämonstratenser und Augustiner-Chorherren brauchten eigene Gotteshäuser und Wohnanlagen, und sie führten manche stilistische Neuerung ein. Doch lebte zunächst die relative Strenge und Schmucklosigkeit salischer Bauten in der ersten Hälfte des 12. Jahrhunderts fort. Beispielhaft ist die 1150 vollendete Augustinerklosterkirche Schiffenberg südöstlich von Gießen, die aufgrund ihrer Doppelchörigkeit, ihrer sparsamen Bauornamentik und ihrer Monumentalität der Stiftskirche von Bad Hersfeld außerordentlich nahesteht.

Eine neue Entwicklung zeigt sich in der fast gleichzeitig errichteten Prämonstratenserklosterkirche in Niddatal-Ilbenstadt, die den Beginn der staufischen Epoche in der Baukunst Hessens markiert. Die wesentlichen Neuerungen bestehen in der konsequenten Anwendung des »quadratischen Schematismus« und betreffen darüber hinaus die Gliederung der Langhausstützen und Arkadenbögen sowie die Bauornamentik. »Quadratischer Schematismus« bedeutet, daß dem gesamten Grundriß das Vierungsquadrat zugrunde liegt, das exakt die Länge des Mittelschiffs und die Größe des Querschiffs bestimmt. Ebenso unterliegt der Aufriß bestimmten Proportionsgesetzen.

Die Weiterentwicklung der Formensprache ist auch an den Stützen der Mittelschiffarkaden ablesbar: Säulen wechseln mit Pfeilern, und allen Stützen ist zudem eine gliedernde Halbsäule vorgelegt. Diese beiden Gestaltungsprinzipien, der Stützenwechsel und die Ausbildung des Bündelpfeilers, die sich in unserem Gebiet zum erstenmal in Ilbenstadt andeuten, sollten wesentlich zur Weiterentwicklung romanischer Architektur beitragen. Beide Prinzipien waren wichtige Voraussetzungen für das Einwölben von Basiliken und kamen den Bestrebungen entgegen, die Schwere der Pfeiler und Mauern mittels eines Gliederungssystems aufzulösen.

Die dritte Neuerung besteht in der Wiederaufnahme der Steinmetztradition Italiens, zu sehen in Ilbenstadt an den qualitätvollen Kompositkapitellen der westlichen Vorhalle und an den Kämpfern der Arkadenpfeiler. Die Rankenfriese und figürlichen Darstellungen wurden von oberitalienischen Steinmetzen geschaffen.

Der Außenbau beeindruckt durch die monumentale westliche Doppelturmfassade, die mit der des Fritzlarer Domes zu den schönsten staufischen Anlagen dieser Art in Hessen zählt. Anders als ihre Vorgänger in Dietkirchen und Hersfeld sind die Türme außerordentlich plastisch durch Lisenen, Bogenfriese und Schallarkaden gegliedert. Als Ziermotiv tritt der Schachbrettfries auf, ein in der Folge beliebtes romanisches Bauornament.

Um 1140/50 wagte man es, die Klosterkirche der Benediktinerinnen von Lippoldsberg nahe Bad Karlshafen, eine Basilika nach dem Vorbild der Dome zu Speyer und Mainz, vollständig einzuwölben. Sie wurde zum Vorbild für zahlreiche Dorfkirchen vor allem in der Grafschaft Waldeck, wo zwischen 1170 und 1200 so viele romanische Gewölbebauten entstanden wie in keinem anderen Gebiet des heutigen Bundeslandes Hessens.

Die Wölbetechnik wurde auch von den aus Burgund kommenden Mönchen des Zisterzienserordens verbreitet. Mit Eberbach im Rheingau (ab 1136) und seinem Tochterkloster Arnsburg in der Wetterau (gegen 1200) entstanden im hessischen Raum zwei bedeutende Abteien dieses Reformordens, die nach dem europaweit verbreiteten strengen zisterziensischen Klosterschema angelegt wurden. In Eberbach, dem noch direkt von Clairvaux aus gegründeten Kloster, begann man die Kirche nach burgundischem Vorbild, also mit Tonnengewölben, zu errichten, nach einer längeren Bauunterbrechung setzte man den Bau jedoch mit neuer Zielsetzung fort und wölbte ihn, nun nach dem Vorbild des Mainzer Domes, mit Kreuzgratgewölben. Dabei kam auch das für die spätromanische Baukunst charakteristische

»gebundene System« zur Anwendung, was bedeutet, daß jedem der großen, baldachinartigen Mittelschiffgewölbe jeweils zwei kleinere Seitenschiffgewölbe entsprechen. In dem gemäß den Ordensregeln schlichten, schmucklosen Eberbacher Kirchenraum ist in den abgefangenen, in die Wand zurückgeführten Gewölbediensten ein neues, von den Zisterziensern eingeführtes Architekturelement zu sehen.

Die Eberbacher Gesamtanlage, die von Gottfried Kiesow, dem ehemaligen Landeskonservator Hessens, als Kulturdenkmal von europäischem Rang gewürdigt wurde, ist in ihrer Gebäudedisposition durchweg romanischen Ursprungs, die Klausur- und sonstigen Funktionsgebäude wurden zu großen Teilen jedoch durch Umbauten des späten 13. und 14. Jahrhunderts im gotischen Stil überformt.

Kloster Eberbach ist ein besonders intensiv betreutes Objekt der Denkmalpflege. Es ging aus nassauischem bzw. preußischem Besitz in das Eigentum des Landes Hessen über und wird nach langen Jahren der Vernachlässigung seit 1983 systematisch und umfassend saniert. Die Koordinierung der in mehrere Bauabschnitte untergliederten Sanierung liegt beim Staatsbauamt Wiesbaden, beteiligt sind das Landesamt für Denkmalpflege sowie der Nutzer, die Hessische Staatsweingüterverwaltung in Eltville. In regelmäßig einberufenen Sitzungen einer eigens gebildeten Arbeitsgruppe, bestehend aus Vertretern der verschiedenen Fachbereiche, werden sämtliche Maßnahmen an der gewaltigen Klosteranlage diskutiert und abgestimmt.

Abgesehen von den Problemen, die die komplizierte Sanierung und Restaurierung selbst betreffen, stellt sich vor allem die Frage nach der sinnvollen Nutzung des ehemaligen Klosters. Hier müssen alle Beteiligten große Sensibilität beweisen, da es gilt, den bis heute erfahrbaren besonderen Charakter dieses Ortes, die klösterliche Stille und Strenge zu bewahren. Die Abgeschiedenheit Eberbachs, nahezu authentisch zu erleben in den Wintermonaten, und die Vollständigkeit der Anlage muß sich geradezu angeboten haben, Umberto Ecos Roman *Der Name der Rose* zu großen Teilen im Winter 1985/86 hier zu verfilmen.

Eine Nutzung durch große Veranstaltungen wie die seit zehn Jahren stattfindenden Konzerte des Rheingau-Musik-Festivals bleibt deshalb immer problematisch. Durch Tausende von Konzertbesuchern und Touristen ist nicht nur die wertvolle Bausubstanz gefährdet. Auch die unmittelbare, wunderschöne Umgebung der Anlage ist in Gefahr, da es die beengte Tallage des Klosters nicht erlaubt, ausreichend Parkplätze für die bei Großveranstaltungen regelmäßig anrollende Autolawine zu schaffen.

Die spätstaufische Phase und damit das Ende der romanischen Epoche wird in Hessen im wesentlichen von zwei monumentalen Kirchenbauten markiert: von der z.Zt. »in restauro« befindlichen Marienkirche in Gelnhausen und vom Dom zu Limburg, der erst vor wenigen Jahren in seiner ursprünglichen Farbigkeit durch die Denkmalpflege wiederhergestellt wurde. Beide Bauwerke zeichnen sich durch ihre stadtbildprägende, reich bewegte Silhouette aus, die dadurch zustande kommt, daß zu den üblichen Westtürmen nun auch Vierungs- und Chorflankentürme hinzutreten. Die Baukörper sind zudem außen reich gegliedert, und auch im Innern ist der Wandaufbau differenziert gestaltet. Hinzu kommt eine qualitätvolle Bauornamentik, die in den Konsolen im Chor der Marienkirche einen Höhepunkt erreicht. Der Einfluß französischer Gotik macht sich bereits bemerkbar, obwohl diese von den deutschen Baumeistern ansonsten nur zögernd und in Einzelelementen aufgenommen wurde. So entstand am Ende der Epoche mit diesen beiden Bauten der Sonderstil staufischer Spätromanik, der einen Übergang zur Gotik vermittelte, im Kern jedoch an den gefundenen Gestaltungsprinzipien festhielt.

Die Bauten der karolingischen und romanischen Epoche zählen zu den Glanzstücken hessischer Architektur und Denkmalpflege. Diesen herausragenden Kulturdenkmälern gilt es besonderen Schutz angedeihen und im Umgang mit ihnen größte Sorgfalt walten zu lassen. Die Grundsätze der Denkmalpflege müssen hier in höchstem Maße Anwendung finden, d.h. bei jeder baulichen Maßnahme ist das Konservieren, das Bewahren der originalen Substanz die oberste Maxime.

Wichtig ist auch, die Frage der Nutzung sorgsam zu bedenken. Denn so lebensnotwendig eine Nutzung für ein Gebäude in der Regel ist, so kann doch eine falsche Nutzung ein Bauwerk erheblich gefährden, im schlimmsten Falle gar zerstören. Gerade die hier behandelten Bauten zeigen, daß es aus denkmalpflegerischer Sicht sinnvoller sein kann, sie ungenutzt stehen zu lassen und als wertvolle, unersetzliche Einzelstücke, als rare Zeugnisse längst vergangener Epochen zu schützen und zu bewahren.

Dr. Dieter Griesbach-Maisant, Kunsthistoriker, ist wissenschaftlicher Mitarbeiter beim Landesamt für Denkmalpflege Wiesbaden und lebt in Wiesbaden.

Literatur

Wolfgang Einsingbach, *Kloster Eberbach,* 3. völlig neu bearb. Aufl., München/Berlin 1996.
Gottfried Kiesow, *Romanik in Hessen,* Stuttgart 1984.
Thomas Ludwig, Otto Müller, Irmgard Widdra-Spiess, *Die Einhards-Basilika in Steinbach bei Michelstadt im Odenwald,* 2 Bde., Mainz 1996.
Kerstin Merkel, »Die Antikenrezeption der sogenannten Lorscher Torhalle«, in: *Kunst in Hessen und am Mittelrhein,* 32/33, 1993, S. 23-42.

Reinhard Bentmann

Burgen, Schlösser und Ruinen

Hessens schönste Groschengräber

Längst sind die Minnelieder und das Schwertklirren der Burgenepoche verklungen. Nicht länger heben Panzerknechte in der Wachstube am Burgtor ihre Humpen und greifen den Mägden an die Schürzenbänder. Von den stolzen Burgherrschaften blieben meist nur verwischte Spuren in der Ortschronik oder verwitterte Namen auf einem Wandgrabmal in der ehemaligen Patronatskirche. Auch vom höfischen Glanz der Barockschlösser blieb nur noch die kunsthistorische Bewertung, museale Bewahrung oder touristische Verwertung am Rande oder als Endpunkt der Karawanenstraßen des Fremdenverkehrs. Auferstehung feiern die prunkvollen Treppenhäuser und mit olympischen Gottheiten ausgemalten Festsäle nur noch temporär, wenn etwa der hessische Ministerpräsident in Schloß Biebrich hohe Gäste zu Kammermusik, staatstragender Rhetorik und Lachshäppchen empfängt.

Die Burgen der Feudalzeit, die sich inzwischen zum erheblichen Teil in malerische Ruinen verwandelt haben, die Schlösser und Gärten des Absolutismus, die zu denkmalpflegerischen Fürsorgefällen und Legitimationsobjekten der Staatsbauämter wurden, gingen meist schon vor Jahrhundertfrist und länger aus der Verantwortlichkeit hochmögender Familien oder erloschener Dynastien in die Obhut der öffentlichen Hand über. Sie wurden zur Dauerbelastung der staatlichen Finanzverwaltung, zu ständig fortgeschriebenen Posten im Landeshaushalt, zu heißgeliebten Sorgenkindern und vom Rotstift der amtlichen Einsparfunktionäre in ihrem Bestand bedrohten Groschengräbern. Kurz: Sie belasten die öffentliche Ökonomie nicht weniger als zur Zeit ihrer Entstehung, als sie als militärische und politische Manifeste oder zur Demonstration feudaler Repräsentanz aus der Baugrube wuchsen.

Dennoch rührt heute niemand ernsthaft an ihrem Bestand, und in Hessen kümmern sich besonders dafür geschaffene Institutionen wie die Verwaltung der Staatlichen Schlösser und Gärten in Bad Homburg oder der gastronomisch genutzten Burgen und Schlösser in Wiesbaden um die Herrschaftssitze in Landesbesitz, und die staatliche Denkmalpflege berät und fördert die privaten und kommunalen Burgen- und Schloßeigentümer. Millionen werden alljährlich dafür aufgewendet – dennoch wird die Erhaltung der Burgen und Schlösser nicht grundsätzlich hinterfragt, halten sie doch offensichtlich beträchtliche Identifikationswerte für den öffentlichen Bewußtseinshaushalt bereit, wo sentimentale Geschichtsträumerei und die unvergänglichen Mythen von Raubrittern, Haudegen, Märchenkönigen, auch königlichen Narren bilanziert werden.

Burgen, Schlösser, Ruinen: Aktiva im Bewußtseinshaushalt

»Wie die Schwalbe nistet die Phantasie gern in alten Mauern.« (Johann Jakob Mohr 1885)

Worin wurzelt die ungebrochene Attraktivität des Burgenzaubers? Weshalb haben sie als touristische Versatzstücke in Erlebnislandschaften wie als Orientierungsmarken im Seelenleben gerade der Deutschen nach wie vor einen solchen Wert? Woher der modische Trend der zahllosen sommerlichen Mittelaltermärkte, Ritterspektakel und Schauturniere, dem die Burgen als Ereignisbühnen und Kulissen dienen? Nach dem fragwürdigen Siegeszug der Moderne scheint der Zauber vermeintlicher Ursprünglichkeit ein echtes Bedürfnis zu sein. Die Burgen bedienen dieses Bedürfnis idealtypisch. Wie nur wenige andere deutsche Regionen ist Hessen geprägt von den architektonischen Zeichen seiner Vergangenheit, den Burgen, teils zur Ruine geworden und dadurch mit der Naturlandschaft versöhnt. In unserer Gefühlswelt und vor allem in unserem Geschichtsbewußtsein besetzen die Burgen ein zentrales Feld. Mit ihnen verbinden sich Kindheitserinnerungen an Ritterspielzeug, Burgenbausätze, Walt-Disney-Filme, an Schulwandertage und erste Fechtversuche mit Stöcken und Holzschwertern, aber auch Jünglingsträume von Ritterlichkeit und Männerphantasien von historischer und nationaler Identität. Solcherart ins Bewußtsein gerückt wurden die Burgen vor allem von der Romantik mit ihrer programmatischen Rückbesinnung auf die verlorene nationale Einheit der Deutschen, die man im Kaiserreich des Mittelalters verwirklicht glaubte. Im ganzen 19. Jahrhundert machte sich an den Burgen als den markanten Spuren jenes verklärten Mittelalters mit dem Anwachsen nationaler und nationalistischer Ideen ein konkretes politisches und ideologisches Moment fest.

Sie setzten nationale Orientierungspunkte – von der Burg Hohenzollern über den Stolzenfels und die Feste Coburg bis zur Wartburg oder zur Marienburg. Die Anfänge der burschenschaftlichen Studentenbewegung verknüpfen sich nach den Befreiungskriegen mit den Namen von Burgen: Wartburg, Coburg, Rudelsburg. Preußisches, später deutsches Wesen schien sinnlich greifbar im Burgenzauber der Vergangenheit. Eine Nation, die nur zu oft in ihrer Geschichte die Folgen politischer Ohnmacht tragen mußte, sah in den ragenden Zeichen wehrhafter Herrschaft ein Symbol ihrer eigenen Hoffnungen. Darüber geriet in Vergessenheit, welche Rolle die Burgen in der historischen Realität gespielt hatten, welch fatale politische Ikonographie man evozierte, als man – vorzugsweise am Rhein – ab der Mitte des 19. Jahrhunderts in einer wahren Bauwut Dutzende von Burgen und Burgruinen restaurierte oder total rekonstruierte, schöner und perfekter und »romantischer«, als sie jemals gewesen waren.

Die Rolle der Burgen ist ja durchaus doppeldeutig. Im ursprünglichen Wortsinne sind Burgen Orte der »Geborgenheit«, Zuflucht für eine bedrohte, umsitzende Bevölkerung von Burgmannen und Bürgern, Schutz einer Landschaft. Mit der Herausbildung, schließlich der Pervertierung des Feudalismus im 11. bis 14. Jahrhundert kehrte sich die Wehrhaftigkeit der Burgen gegen die Bevölkerung, die sie einst hatten schützen sollen.

Der geschichtlich Sensibilisierte wird in den Burgen unschwer die Monumente einer Epoche erkennen, in der die Welt unheil war und die Gesellschaft heillos. In den steinernen Zeugen der Macht manifestierten sich politische Unmündigkeit und Ausbeutung der Ohnmächtigen, die Stein für Stein in harten Hand- und Spanndiensten hatten auf die Höhen wuchten müssen. Die mächtigen Mauerringe und Stadtburgen schirmten und schützten die Stadt und ihre Bürger vor dem damals noch weitgehend unsicheren und rechtlosen freien Land und garantierten damit eine Sphäre relativer persönlicher Sicherheit und Freiheit innerhalb des Rechtsrahmens der Stadt.

In unbezwingbarer Höhenlage aber erlaubten die Ritternester auch die Erhebung willkürlicher Steuern, Wegmauten und Zölle. Die Fron- und Trutzburgen sicherten die aus den Untertanen herauszuwirtschaftenden Erträge. Angesichts dieser Bauten ist es fast trivial, von »Herrschaftsarchitektur« zu sprechen.

Inzwischen aber wurden die meisten Burgen zu Ruinen, zu Steinbrüchen, zu Baustofflagern für Neubauten. Ihre militärische Funktion erlosch mit dem Aufkommen weittragender Artillerie.

Die meisten Burgen sind heute zweckentfremdet, und nur zum geringsten Teil sitzen in ihnen heute noch diejenigen, die einst von Geburt oder über angeeignete Macht die Burgherrschaft ausübten. Die Burgen haben sich ausgesöhnt mit uns und mit der Landschaft. Sie wurden zu ästhetischen Monumenten ihrer selbst. Sich den Burgen so anzunähern, sie in ideologiefreier Schaulust als Erlebnisfelder und ästhetische Ereignisse zu konsumieren, ist so legitim wie unverfänglich.

Burggeschichte – Burggeschichten

Man taucht beim Betreten einer Burg nicht nur ein in den Brunnen der Geschichte, sondern in einen unversieglichen Strom von Geschichten, Burggeschichten. Die Geschichte der Burgen erzählt sich als eine unendliche Folge solcher einzelner Geschichten – in Hessen, am Mittelrhein und anderswo in Deutschland.

Exemplarisch ist die »unendliche Geschichte« der rheinischen Burgen. Sie mag beginnen mit dem Burgbann unter Otto dem Großen 940, dem Aufblühen des rheinischen Weinbaus und Weinhandels im Hochmittelalter, dessen Kaufmannswege zu Wasser und zu Lande unter anderem von den rheinischen Burgen geschützt wurden, und sich fortsetzen mit dem Burgen-Bauboom unter den Staufern, unter deren Regiment sich die Zahl der burgengesicherten Zollstätten am Rhein von 19 im 12. Jahrhundert auf fast 40 im 13. Jahrhundert erhöhte.

Ein Highlight der Burgenepoche war im Jahre des Herrn 1255/56 die ein Jahr und 14 Wochen dauernde, vergebliche Belagerung von Burg Rheinfels bei Sankt Goar mit nicht weniger als 8 000 Mann Fußvolk, 1 000 Rittern und 50 Schiffen auf dem Rhein.

Die Geschichte mag schließen mit dem Ende der Burgenherrlichkeit im Truchseß'schen Krieg, dessen Finale im Jahr 1583 die Stürmung und Sprengung der Godesburg bei Bonn bildete.

Das allerletzte Kapitel, ein Ende »nach dem Ende«, war dann im Unglücksjahr 1689 die Zerstörung durch die Franzosen, der unter anderem die stolzen Rheinburgen Ehrenfels, Reichenstein, Sooneck, Fürstenberg, Stahleck, Schönburg, Stolzenfels und Rheineck zum Opfer fielen.

Es sollte aber nur etwas mehr als 150 Jahre dauern, bis es zur Wiederauferstehung der Rheinburgen im Zeichen des Historismus und preußischer Staatsallegorie kam. Preußens Könige und Prinzen entdeckten den Rhein und seine romantischen Herrschaftszeichen. Einer der ersten prominenten Burgenliebhaber war der Preußenkönig Friedrich Wilhelm IV., der sich von seinem Staatsarchitekten Schinkel 1842 als Triumph der Neogotik den Stolzenfels bei Koblenz wiederaufbauen ließ. 1845 gab es hier ein wahrhaft fürstliches Konzert mit Queen Victoria als Ehrengast und mit Franz Liszt und Jenny Lind als Superstars jener Zeit. Der Wiederaufbau von Burg Sooneck erfolgte parallel. Dies ließ den Preußenprinzen Friedrich Ludwig nicht ruhen, der sich die Wiederauferstehung von Burg Rheinstein angelegen sein ließ und damit bei einer Reihe weiterer Preußenprinzen eine Wiederaufbauwelle rheinischer Burgen auslöste.

Das durch die Gründerzeit finanziell und in seinem Selbstbewußtsein erstarkte Bürgertum wollte nicht zurückstehen. 1899 kaufte eine frühe, burgenkundlich orientierte »Bürgerinitiative« unter dem Forscher Bodo Ebhardt für ganze 1000 Mark die Marksburg mit ihrem unverwechselbaren »Butterfaßturm«. Sie hat sich mit einer inzwischen auf 15 000 burgenkundliche Publikationen angeschwollenen Bibliothek als Forschungsstätte zu einer wahren burgengeschichtlichen »Experten-Hochburg« entwickelt.

Durch Denkmalpflege an den Bettelstab?

Hessen verfügt über rund ein halbes tausend Burgen und Schlösser – kein Wunder, wenn man bedenkt, wie stark das heutige hessische Territorium in alten Zeiten in kleine und kleinste Herrschaften aufgesplittert war. In den Besitz dieser rund 500 Bauten und baulichen Gesamtanlagen von oft mehreren Hektar Umfang teilen sich das Land Hessen, die Städte und Gemeinden, Privatleute und gemeinnützige Organisationen wie Burg- und Geschichtsvereine oder Stiftungen. Allein das Land Hessen muß für seinen Anteil – darunter so große Brocken wie das Kasseler Schloß- und Gartenreich mit Karlsaue, Orangerie, Wilhelmshöhe, Kunstruine Löwenburg und der weltberühmten Herkules-Kaskade – an bloßer Bauunterhaltung jährlich einen zweistelligen Millionenbetrag aufwenden. Die Schlösser-Fachverwaltung in Bad Homburg betreut neben Klöstern, Römerkastellen, Ortsbefestigungen, neben dem historischen Hafenbecken in Karlshafen und dem historischen Galgen in Beerfelden als rechtsgeschichtlichem Denkmal Dutzende von Schlössern, Burgen und Ruinen, dazu 12 umfangreiche Parks und Gärten mit großen Gewässerflächen, die sechs Gärtnereibetriebe rund ums Jahr in Atem halten. Fast vier Millionen Besucher werden jährlich gezählt, eine Viertelmillion wird jährlich durch die acht Schloßmuseen geführt. Neun Hotels, Gaststätten und Restaurants sorgen für das leibliche Wohl. Rechnet man die Verpflichtungen der übrigen Schloß- und Burgherren dazu, so erreicht man leicht dreistellige Millionenbeträge pro Jahr.

Im Zeichen verknappter öffentlicher Gelder werden solche Leistungen in Zukunft spürbar zurückgeschraubt werden müssen, mit verheerenden Folgen nicht nur für die notleidenden Baudenkmäler, deren Verfall sich ja nicht am öffentlichen Kassenstand orientiert und die, wenn sie einmal untergegangen sind, nicht mehr nachwachsen können.

Schon vor zehn Jahren konnte ein auf Initiative der hessischen Denkmalpfleger angedachtes Soforthilfeprogramm zur Abwendung des galoppierenden, umweltbedingten »Steinsterbens«, damals ausgelegt auf vorläufig nur rund hundert besonders bedürftiger Patienten mit einem auf mehrere Jahre verteilten Bedarf von 50 Millionen DM, nicht einmal ansatzweise angeschoben werden, obwohl damals die Kassenlage noch erheblich günstiger war. Die Kosten der deutschen Vereinigung haben dann nach 1989 das Notprogramm »Steinzerfall« endgültig sterben lassen.

Schon sind eine Reihe von Schlössern und Burgen durch unterlassene Bauunterhaltung irreparabel geschädigt, einige Burgruinen eingestürzt oder wegen baulicher Labilität für den Publikumsverkehr gesperrt, ein Armutszeugnis für Hessen, das ja nach wie vor zu den »reicheren« Bundesländern zählt. Insbesondere Hessens Burgruinen rauben den Denkmalpflege-Profis und Geschichtsfreunden den Schlaf, denn zumindest als Mietobjekte kann man sie höchstens Berbern und Naturburschen offerieren, und ein Ausbau, der sich wirtschaftlich »rechnet«, würde sie entstellen. Zahlreiche hessische Burgen haben im Aggregatzustand der Ruine überdauert.

Das zwingt – als berufliche Kür – den Denkmalpflegern die Rolle von »Ruinenbaumeistern« auf, denn es gilt einen gleichsam intermediären, einen metastabilen Zustand zu konservieren und womöglich zu verewigen, der den meisten Bauaufsichtsbeamten und Prüfstatikern graue Haare verursacht. Ein die Ruine auf Dauer sichernder Wiederaufbau kann nur in Sonderfällen zugestanden werden. Selbst großflächige Notüberdachungen von Mauerresten und Turmstümpfen verbieten sich in der Regel, weil man dadurch die vertraute Silhouette verändern und Geschichtsspuren auslöschen würde, zu denen der ruinöse Zustand gehört.

Was ist zu tun? Gnadenlose Konzentration nur auf die erste Garnitur, während der breite Rest verfällt, wie im SED-Staat über 40 Jahre lang praktiziert? Ein öffentlicher Denkmalgroschen wie seinerzeit das »Notopfer Berlin« auf den Postsendungen, also eine neue Steuer, ein Solidaropfer für besonders gefährdete Denkmälergruppen wie leerstehende Landkirchen, Herrensitze, Fachwerkscheunen, Burgruinen? Die Problemfälle unter den Burgen abbauen, die numerierten Steine in Kisten verpacken und sie nach USA oder Japan verkaufen für eine fragwürdige Auferstehung, für eine »archäologische Rekonstruktion« nach dem Muster der Dresdner Frauenkirche? Können wir uns einen solchen Aderlaß an kollektiver historischer Erinnerung wirklich leisten? Sollte es für eine Kulturnation wie Deutschland, die immer noch auf der wirtschaftlichen Sonnenseite steht, nicht mehr zu verkraften sein, das zugewachsene steinerne Erbe zu sichern und an die Nachkommen weiterzugeben? Gottfried Kiesow hat mit seiner privaten Stiftung Denkmalschutz einen Weg aus dem Dilemma gewiesen. Immerhin hat diese Stiftung mit deutlichem Schwerpunkt auf den neuen Bundesländern und auf den Denkmälergruppen der Burgen, Schlösser, Herrenhäuser, Ruinen und Kirchen bis 1996 die erstaunliche Fördersumme von 260 Millionen DM bereitstellen können. Aber genügt dies im Wettlauf mit der Zeit? Kann diese grandiose private Bürgerinitiative mit ihren Tausenden von Stiftern, darunter viele anrührend bescheidene und anonyme Spender, den Politikern das bequeme Alibi für kollektive Untätigkeit liefern? Hilft es uns auf Dauer spürbar weiter, wenn Tilla von der Goltz, Geschäftsführerin der Deutschen Bürgervereinigung und Hausherrin der Marksburg, immerhin der meistbesuchten Burg am Rhein mit noch rund 170 000 zahlenden Gästen pro Jahr, angesichts ständig rückläufiger Besucherzahlen neue Vermarktungsstrategien empfiehlt, etwa die sehr erfolgreichen Licht- und Tonspektakel der Loire-Schlösser (son et lumière)? Kann dies das Ei des Kolumbus sein – die Burgen und Schlösser als Betätigungsfelder für professionelle Event-Manager, Werbestrategen und Spektakelveranstalter? Nicht zu reden von der Gefahr dramatischer Substanzverluste, die eine überbordende touristische Frequentierung für die empfindlichen historischen Gemäuer mit sich führt. Und versimpelt man die historische Botschaft der Burgen nicht, wenn man sie als Aktionsbühnen für professionelle Märchenerzähler, Marionettenspieler, mittelalterlich kostümierte Gaukler, Rauschpfeifer, Devotionalienhändler, blechklappernde Ritterdarsteller und andere Geschichtskitschiers der modischen Mittelalterwelle kommerzialisiert?

Nutzungssicherung gleich Bestandssicherung
Es gibt allerdings auch eine Reihe nachgerade idealer Nutzungen für Hessens Burgen, Schlösser und Ruinen, und die Nutzungspalette ist denkbar breit aufgefächert.

Beispiel eins: Der Greifenstein
Wie die meisten besseren Burgen ist der Greifenstein nicht nur randvoll von Geschichte, sondern auch von Geschichten. Diese Geschichten gehören zu Deutschlands Burgen wie zu englischen Schlössern die Gespenster. Und wie die englischen Gespenster müssen in Hessens Burgen die Geschichten nicht unbedingt wahr sein, aber gut erfunden. Auf Greifenstein verbindet sich die Leitstory mit dem Namen eines der glänzendsten Feldherren des Barock, mit dem französichen Marschall Turenne (1611–1675). Die Mär berichtet – und wie immer ist ein Gran Wahrheit dabei, denn tatsächlich wurde der Greifenstein nie militärisch erobert –, daß der Greifenstein in den bewegten Tagen des Dreißigjährigen Krieges ungeschoren blieb – weniger durch eine Kriegslist als durch den listigen Appell an männliches Imponiergehabe. Als sich der Marschall mit einer beträchtlichen Streitmacht der Burg näherte, bot ihm der Kommandant kampflose Übergabe an, wenn Turenne an jedem Tor einen Humpen Wein austrinke und am Ende noch sicher zu Pferde sitze. Gesagt, getrunken. Der Marschall hatte von seinen Spionen nicht erfahren, daß der Greifenstein über unzählige Portale, Pforten und Schleichtüren verfügt, und so ungefähr nach dem zwanzigsten gewaltigen Schluck sank er zu Boden.

Der Greifenstein hat nicht nur als »bedeutendste Wehranlage des Westerwaldes« zu gelten (Georg Dehio), sondern er hat über den regionalen Rahmen hinaus als weithin landschaftsbeherrschende Höhenburg durch seine spektakuläre Lage und seine inzwischen durch Freiräumung und teilweise Wiederherstellung wiedergewonnene prägnante Silhouette mit Nassauer Turm und Bruderturm hessenweiten und darüber hinaus deutschen Rang. Durch ihre Wehrhaftigkeit und Ideallage fast uneinnehmbar, verfiel die Anlage erst im 18. und 19. Jahrhundert nach Verlagerung der Solms-Residenz nach Braunfels (1693). Innerhalb der Typengeschichte der deutschen Burg und der übergreifenden Geschichte des europäischen Wehrbaues hat der Greifenstein nationale Bedeutung durch seine ungewöhnlich weitgreifende Ausdehnung und die noch lückenlos ablesbare Staffelung der inneren und äußeren Befestigungsringe, welche die alte Burgmannensiedlung einbezie-

Ansicht Greifenstein aus der »Topographia Germaniae« 1646 von Matthäus Merian

hen. Mehrere Eck- und Tortürme, Batterien und Eckbastionen sind noch bis in beträchtliche Höhe im aufgehenden Mauerwerk erhalten geblieben. Als späte Leistung des deutschen Burgenbaues hat der Greifenstein eine Sonderstellung in seiner heutigen Form um 1400 konzipiert, faßt »kurz vor Torschluß«, kurz vor dem Ende des Burgenbaues, noch einmal alle wesentlichen fortifikatorischen, architektur-typologischen, technisch-konstruktiven wie bildhaft-ideologischen Errungenschaften und Entwicklungslinien des mittelalterlichen Wehrbaues wie in einem Brennspiegel zusammen. Zugleich markiert er den Übergang von der Burg zur Residenz, von der Wehranlage zum repräsentativen Sitz und zur politischen Verwaltungszentrale, mit anderen Worten: die Gelenkstelle zwischen mittelalterlicher und frühneuzeitlicher Herrschaftsarchitektur. Januskopfig verweist das Bild, das der Greifenstein noch bis ins 19. Jahrhundert bot und für den Fachmann bis heute bietet, sowohl zurück in die Feudalbaukunst des Mittelalters als auch vorwärts auf die politische Architektur der Renaissance und des Barock.

Diese Achsenstellung zwischen zwei Epochen entspricht der politisch und intellektuell aufgeklärten und progressiven Haltung des Solmser Geschlechts, evident u.a. im Greifensteiner »Freiheitsbrief« von 1643, der mitten im Dreißigjährigen Krieg die Greifensteiner Bürger aller Fronde und Dienste ledig sprach.

Noch in anderer Hinsicht markiert der Greifenstein eine Zeitenwende. Gemeint ist der säkulare Wandel vom »archaischen« zum »modernen« Krieg, die Einführung weittragender Feuerwaffen und Geschütze. Schon Graf Otto zu Solms, eine der führenden Bauherren-Persönlichkeiten auf dem Greifenstein (reg. 1459-1504), reagierte auf diesen waffentechnologischen Wendepunkt und machte den Greifenstein durch fortwährende Mauerverstärkung und die großen Eckbollwerke »Drache« und »Kuchen« (Münz) artilleriefest. Vollendet wurde diese Umrüstung durch Graf Wilhelm I. (reg. 1602-1635). Er war weltbefahren und gehörte zu den prominentesten europäischen Festungsfachleuten des Frühbarock. Diesem europaweit renommierten Baumeister verdankt der Greifenstein seine Verstärkung zu »einer der stärksten Wehranlagen im Westen des Reiches« (Bernd Reese). Auf Graf Wilhelm I. geht das der Schloßkirche benachbarte, um 1620 entstandene machtvolle Ostbollwerk, die sogenannte »Roßmühle«, zurück.

Auf dem Höhepunkt des Dreißigjährigen Krieges hatte der unüberwindliche Greifenstein seine glanzvolle Schlußgestalt erreicht: mächtige mittelalterliche Burg, moderne Renaissance-Festung und repräsentative Barockresidenz zu gleichen Teilen. Danach konnten ihm menschliche Eingriffe nichts mehr anhaben, sondern nur unabwendbare geschichtliche Umstände wie das Greifensteiner Pestjahr 1635, die politische Schwerpunktverlagerung nach Braunfels und der schleichende Verfall durch bauliche Vernachlässigung und Plünderung als Baustoffreservoir.

Bei dieser Bedeutung war es nur angemessen und längst überfällig, daß der Greifenstein 1995 aufgrund eines Gutachtens der Denkmalfachbehörde als Denkmal von »besonderer nationaler kultureller Bedeutung« qualifiziert wurde.

Die kulturpolitischen und kulturellen Aktivitäten der letzten Jahrzehnte auf dem Greifenstein entsprechen dem hohen Rang der Gesamtanlage. Seit 25 Jahren wird der Komplex baulich betreut vom Greifenstein-Verein, der als eine der ältesten, ausschließlich auf Denkmalpflege gerichteten bürgerschaftlichen Selbsthilfeorganisationen eine Sonderstellung in Deutschland hat. Der Verein zählt inzwischen über 1000 Mitglieder und konnte in einem

Vierteljahrhundert über 8 Millionen DM in die Burganlage investieren, die jährlich über 50 000 Besucher anlockt.

Zu den ordentlichen Vereinsmitgliedern zählen Vertreter der politischen Führungsspitze des Landes, darunter mehrere Staatsminister. 1985 wurden die Leistungen des Vereins durch die Verleihung des deutschen Denkmalschutzpreises des Nationalkomitees honoriert.

Der Greifenstein beherbergt das deutsche Glockenmuseum und eine ständige Ausstellung zeitgenössischer Plastiken und Skulpturen.

Höhepunkte des Veranstaltungsreigens im Jahreslauf sind die sommerlichen Burgfestspiele mit Aufführung eigens für den Greifenstein verfaßter Theaterstücke, die die Geschichte der Burg behandeln.

Der Greifenstein ist nicht nur kultureller Sammelpunkt für unterschiedliche gesellschaftliche Gruppen der näheren und ferneren Umgebung, darunter zahlreiche Schulklassen, die vom hohen denkmal- und geschichtsdidaktischen Wert des Ensembles profitieren. Er gehört zu den obligatorischen Anlaufstationen auf den Protokollstrecken der hessischen Landesregierung und zählte zahlreiche ausländische Delegationen, so kürzlich Vertreter der armenischen Denkmalpflege, zu seinen Gästen.

Beispiel zwei: Beilstein – Eine feste Burg für Schwache

Burg Beilstein liegt in der Nähe von Greifenstein, am Rande einer Talsenke. Der Hauptbau aus schwarzem, schwerem Basalt bietet eine ausdrucksvolle Silhouette, das beherrschende Wahrzeichen für ein kleines Dorf, und ist historisch bemerkenswert nur durch eine anrührende Episode: hier war jahrelang die unglückliche Anna von Sachsen wegen Ehebruchs eingekerkert, an sich nicht des Erwähnens wert, wenn dieser Ehebruch nicht große Kunstgeschichte gemacht hätte. Ihr bürgerlicher Liebhaber wurde von einem puritanischen Schiedsgericht dazu verurteilt, seine Ehe zu reparieren. Die Frucht dieser ehelichen Aussöhnung war eine der bedeutendsten Malerpersönlichkeiten des Barock, Peter Paul Rubens.

Die Burg und ihre Wirtschaftsbauten verfielen, wurden als Steinbruch benutzt. Erhalten blieben die Schloßkirche und ein zugehöriges Amtshaus, ehemaliger Sitz eines Vogtes.

In den siebziger Jahren wurde das Amtshaus restauriert und zum gehobenen Landhotel umfunktioniert. Das Unternehmen scheiterte.

Zu Beginn der achtziger Jahre übernahm das rumäniendeutsche Ehepaar Annemarie und Georg R. das geschichtsträchtige Anwesen.

Die R's, beide ausgebildete Pädagogen und Psychotherapeuten, fanden eine berufliche Heimat im psychiatrischen Landeskrankenhaus einer nahe gelegenen Kleinstadt.

Schnell mußten sie feststellen, daß sie für sich und ihre damals noch kleinen Kinder nicht einfach ein altes Haus erworben hatten, sondern daß sie von dem alten Gemäuer adoptiert worden waren.

Der Wiederaufbau entwickelte eigene Dynamik, denn zu dem Besitz gehörte eine riesige eingestürzte Zehntscheune aus der Burganlage, was regelmäßige Besuche und immer eindringlichere Ermahnungen des Bezirksdenkmalpflegers zur Folge hatte.

Da reifte in den Köpfen der R's der Plan für ein geradezu abenteuerlichkühnes Projekt: sie wollten die beschädigte Burg wiedererrichten als bergendes Zuhause für beschädigte Menschen, schützende, feste Mauern für die Schwächsten dieser Gesellschaft.

Ein therapeutisches Konzept hatten sie bereits entwickelt. Um hirnorganisch schwerstbeschädigte Kinder und Jugendliche der Hospitalisierung zu entziehen, sie zu stabilisieren und zu fördern, hatten die R's bereits jahrelang behinderte Kinder in ihre Familie aufgenommen und bemerkenswerte therapeutische Erfolge erzielt.

Mit großem Engagement und hohem finanziellen Risiko, gegen heftigen Widerstand mancher Behörden und belächelt von einem Teil der Bevölkerung, verwandelten die R's den Trümmerhaufen der Zehntscheune in eine Herberge für inzwischen fast 30 Behinderte, Jugendliche und Erwachsene, eine Anlage vom Standard eines gehobenen Hotels, der der Muff und die klinische Sterilität üblicher Pflegeeinrichtungen völlig fehlt.

Jeweils zwei Menschen leben in einem Zimmer mit eigenem Bad, auf jedem Geschoß gibt es einen Gemeinschaftsraum im Stil eines Rittersaals. Der Bauherr hat es sich nicht nehmen lassen, teures altes Eichenholz aus einem untergegangenen französischen Jagdschloß wiederzuverwenden.

Bis zuletzt versuchten Wohlfahrtsverbände und andere öffentliche Institutionen neidisch, das Unternehmen zu torpedieren, ja zu verhindern und die Kreditinstitute zu verunsichern. Inzwischen zeigt sich jedoch deutlich, daß das Ehepaar R. nicht umsonst seinen Enthusiasmus in den Dienst einer doppelten pflegerischen Großtat stellt: die therapeutischen Erfolge sind für jeden Laien offensichtlich. Einige ihrer Schützlinge, die als nicht sozialisierbar und förderbar galten, gehen inzwischen einer geregelten Tätigkeit in beschützenden Werkstätten der Umgebung nach und tragen zu ihrem eigenen Lebensunterhalt bei.

Als vorläufig letzter Teil in diesem Abenteuerstück soll nun der Palas der Kernburg, der inzwischen aus Landesbesitz in die Hände der Familie R. überging, ausgebaut werden.

Der zentrale Saal soll der Kommunikation zwischen Eltern, Betreuern, Schützlingen und Förderern sowie der Ortsbevölkerung dienen, die sich inzwischen mit dem anfangs sehr kritisch bewerteten Unternehmen voll identifiziert. Außerdem sollen dort kulturelle Veranstaltungen aller möglichen Art stattfinden: eine feste Burg für Schwache.

Beispiel drei: Romrod – Der lange Weg vom Denkmal zur Denkmal-Akademie

Schloß Romrod im nordhessischen Vogelsbergkreis ist in unserer Reihe der idyllischste und malerischste Platz, und es ist am wenigsten ruinös. Die Anfänge der ehemaligen Wasserburg, deren verfüllte Gräben noch gut ablesbar und deren Ringmauern noch in voller Höhe erhalten sind, reichen bis ins 12. Jahrhundert zurück, als sich hier die Herren von Romrod niederließen. Schon 1366 starb das Geschlecht aus, und der Besitz ging an die Landgrafen von Hessen. Der heutige bauliche Bestand, Kanzleibau, Herrenbau und Küchenbau, stammt im Kern aus dem 13. Jahrhundert. Ludwig IV. von Hessen-Marburg baute Romrod zu Ende des 16. Jahrhundert in Renaissanceformen aus, und für kurze Zeit wurde das Schloß als Jagdsitz genutzt und im Schloßhof die Strecke verblasen. Im Dreißigjährigen Krieg verfiel die Anlage und wurde schließlich ganz unbewohnbar. Erst Ludwig IV. von Hessen-Darmstadt kümmerte sich wieder um Romrod und setzte es zu Ende des 19. Jahrhunderts grundlegend instand, im Geiste der damaligen Ritter-, Burgen- und Jagdromantik.

Der letzte regierende hessische Großherzog, der bedeutende »Jugendstil«-Fürst Ernst-Ludwig von Hessen-Darmstadt, nutzte nach seiner Abdankung 1918 das ihm auf Lebenszeit überlassene Jagdschloß für gelegentliche Besuche. Nach seinem Tode 1937 kam das Schloß in hessischen Landesbesitz. Nach dem Kriege diente es Bomben-Evakuierten und Heimatvertriebenen als Notunterkunft, dann stand es seit den sechziger Jahren endgültig leer. Zwar sorgte die Staatsbauverwaltung für eine wenigstens notdürftige Unterhaltung in Dach und Fach. Doch zeigte sich über Jahrzehnte keine tragfähige Zukunftsperspektive. Wohl ein Dutzend privater Liebhaber

Schloß Romrod, Innenhof

wollte den schönen Sitz übernehmen. Alle Projekte scheiterten an mangelndem finanziellen Augenmaß. Auch fiel es der Landesverwaltung schwer, sich zu entscheiden und sich von dem Schloß endgültig zu trennen. Schließlich sprach Finanzminister Heribert Reitz ein klärendes Machtwort und verfügte, daß Romrod nicht aus der staatlichen Fürsorge in unsichere private Hand entlassen werden dürfe, denn es interessierten sich ja nicht nur blauäugige Idealisten für hochkarätige Denkmalobjekte, sondern häufig genug auch ausgemachte Spinner.

Ein Bürgerhaus für die Gemeinde wurde in die Burg hineingeplant – mit einem umfangreichen Saalbau im Schloßhof sicher keine Ideallösung. Auch dieser hochfliegende Plan wurde nicht realisiert. Der bauliche Verfall schritt fort. Im Küchenbau zeigten sich schwere Durchfeuchtungen und Schwammschäden. Die Holzdecken mußten herausgenommen werden. Die Anlage wurde mehr und mehr zum malerischen Fragment.

Über viele Jahre hinweg hatte der damalige Landeskonservator Romrod in die Reihe seiner ganz persönlichen Schützlinge aufgenommen. Doch diese persönliche Option half dem ohne Nutzung nicht zu sichernden Bau wenig. Als Kiesow dann mit seiner Pensionierung als Landeskonservator »hauptberuflich« die Leitung der von ihm initiierten »Deutschen Stiftung Denkmalschutz« übernahm, erinnerte er sich an seinen Schützling Romrod und sah sich in einer völlig ungewohnten Situation: hatte man als Denkmalbauherr im Zweifelsfall vor seinem strengen konservatorischen Votum zittern müssen, so war er nun selbst in die Rolle des Bauherren geschlüpft und mußte sich mit dem zuständigen Bezirkskonservator einigen.

Inzwischen hat die Stiftung Romrod zu einem Freundschaftspreis vom Land Hessen übernommen. Nach der Sanierung aufgrund einer akribisch denkmalgerechten Fachplanung (schließlich handelt es sich um ein Vorzeigeobjekt, das von vielen besonders kritisch gemessen werden wird) soll Romrod Fortbildungs- und Informationszentrum der Stiftung, Schulungsort für Denkmaleigner und nicht zuletzt Begegnungsstätte für die Spender und Sponsoren werden, mit einem Wort: eine ausgewachsene Denkmal-Akademie. Der Gesamtausbau soll über 10 Millionen DM kosten, auch für die leistungsfähige Denkmalstiftung kein leicht zu verdauernder Brocken. Doch stehen die Chancen für ein Gelingen des Unternehmens gut. Die 1985 gegründete Denkmalstiftung kann inzwischen stolz auf über 50 000 Spender und Spenderinnen verweisen. Hat der Greifenstein über 1 000 Paten zur Seite, so kann sich Schloß Romrod am Ende auf 50 000 Paten verlassen.

Dr. Reinhard Bentmann ist Hauptkonservator des Landesamtes für Denkmalpflege in Wiesbaden und lebt in Eltville.

Perdita Fitzgerald

Paradiesische Zustände?

Gartendenkmalpflege an den Beispielen Kurpark Wilhelmsbad und Philippsruhe

Zu allen Zeiten hat man sich die Wiege der Menschheit und den Ort der Seligen, das Paradies, als Garten gedacht. Gleichermaßen bestimmten die Vorstellungen vom Paradies die Gestaltung der wirklichen Gärten. Doch diese Gestaltung war im Laufe der Geschichte Wandlungen unterworfen, ebenso wie der Mensch und sein Naturgefühl sich veränderten. Gärten sind daher sichtbarer Ausdruck unseres Umgangs mit der Natur. Sie erzählen, wie der Mensch sich in der Welt einrichtete und wie er mit ihr umging.

Die Gärten, die uns heute umgeben, können bald keine Geschichten mehr erzählen, da Zerstörung und Vernachlässigung sie zunehmend verstummen lassen. Rigorose Sanierungsmaßnahmen, verkehrspolitische Entscheidungen und Neubausiedlungen haben historische Gartenanlagen zerschnitten oder gänzlich vernichtet. Mangels Pflege verwahrlosten unzählige Gärten. Dabei haben wir mehr zu verlieren als Naherholungsgebiete oder Ausflugsziele. Denn ebenso wie Kirchen, Schlösser und Burgen zeugen historische Gärten von unserer kulturellen Vergangenheit. Sie spiegeln wie ein Prisma Systeme von Weltanschauungen und gesellschaftliche Prozesse. Gärten sind daher als Denkmale zu schützen.

Doch in der Regel verfügen weder öffentliche Kassen noch private Eigentümer historischer Gärten über ausreichende Gelder, diese zu pflegen oder gar wiederherzustellen. Auch für den Schloßgarten Philippsruhe bei Hanau fehlten bisher die finanziellen Mittel, um den desolaten Zustand zu beheben. Dazu bedurfte es erst eines konkreten politischen Anlasses, der jetzt gegeben ist: Hanau ist im Jahre 2002 Sitz der Landesgartenschau und kann nun auf finanzielle Unterstützung seitens des Landes hoffen.

Der Schloßpark geht auf einen Lustgarten zurück, den Graf Philipp Reinhard gegen Ende des 17. Jahrhunderts in malerischer Lage am Main anlegen ließ.[1] Er nannte ihn »Philippsruhe«, um damit seinem Wunsch Ausdruck zu verleihen, sich hier zeitweilig den Staatsgeschäften zu entziehen und, befreit von den Zwängen des Alltags, Ruhe zu finden – freilich ohne auf eine repräsentative Wirkung der Anlage zu verzichten. So entstand nicht etwa ein intimer Privatgarten, sondern eine große, geometrisch gestaltete Anlage mit einem zentralen Schloßbau. Erheblicher Aufwand wurde betrieben: Frondienstleistende mußten nicht nur gewaltige Erdmassen bewegen, um das Gelände zu ebnen, sondern auch die alte Stützmauer am Fluß neu befestigen, um den Garten vor Überflutungen zu schützen. Das Anlegen des Gartens bedurfte allein fünf Jahre, in weiteren zwölf Jahren wurde das Schloß erbaut. Dann endlich war Philippsruhe Schauplatz glanzvoller Hoffeste und Fürstenbesuche. Unter Ausschluß der Öffentlichkeit konnte die adlige Gesellschaft im Garten lustwandeln: zu bewundern waren Zierbeete aus kunstvoll geschnittenem Buchs in Form aufwendiger Volutenornamente. Oder man flanierte, geleitet von schnurgeraden Wegen, zu erfrischenden Wasserbassins und führte dann im Schatten der Alleen Konversation. Im hinteren Bereich der hohen Hecken aber, die sich zu grünen Räumen zusammenschlossen, spielte manch Liebespaar Versteck.

Um seinen Lustgarten zu verwirklichen, orientierte sich Philipp Reinhard am maßgeblichen französischen Barockgartenstil. Dieser hatte in Versailles ein in Ausmaß und Perfektion unerreichbares Ideal gefunden und wurde innerhalb Europas vielfältig – wenn auch in bescheidenerem Maße – nachgeahmt. Wie das große Vorbild Versailles diente der Schloßgarten von Philippsruhe nicht nur dem Amüsement, Sondern versinnbildlichte zugleich die absolutistische Gesellschaftsordnung: So wie der Fürst über die Natur herrschte indem er sie zurechtstutzte und strengen Gesetzmäßigkeiten unterwarf, so wollte er auch seine Untergebenen kontrollieren.

Als ein Jahrhundert später Erb- und Kurprinz Wilhelm II. Philippsruhe als Sommerresidenz übernahm, entsprach der nach französischer Art angelegte Garten längst nicht mehr dem Zeitgeschmack. Der Blick ging jetzt nach England. Hier hatte sich, getragen von den Gedanken der Aufklärung, bereits zu Beginn des 18. Jahrhunderts eine neue, von der Natur ausgehende Gartenauffassung entwickelt. Regellos wirkende Weiden- und Wiesenlandschaften mit natürlich gewachsenen Baumgruppen verkörperten eine freie, unreglementierte Natur und damit die freie Entfaltungsmöglichkeit des Menschen. Im Gegensatz zu England vollzog sich in Deutschland bestenfalls ein zögerlicher Wandel vom patriarchalischen zum aufgeklärten Absolutismus, der nun allerdings auch in Philippsruhe Einzug hielt: Erstmals wurde es jetzt Bürgerlichen gestattet, in der Anlage spazierenzugehen. Wilhelm II. kam dieser aufklärerischen Haltung schließlich künstlerisch nach, indem er die barocke Anlage landschaftlich umgestalten ließ. Der Schloßgarten wurde in den nächsten Jahrzehnten in mehreren Schritten anglisiert: Die aufs Schloß ausgerichteten Alleen wichen einem Netz weiträumig verschlungener Wege. Damit war der Garten nicht mehr den Gesetzen der Schloßarchitektur unterworfen, sondern gewann eine unabhängige Gestaltung. Darüber hinaus ersetzten locker gruppierte Bäume und Sträucher sowie weite Rasenflächen die geometrisch angelegten Zierbeete. An die Stelle der beherrschten Natur als Ausdruck absolutistischer Herrschaft trat die »natürlich« gestaltete Landschaft, die der Kontemplation diente.

Ein weiteres Jahrhundert später, also im ausgehenden 19. Jahrhundert, erhielt der Garten seine letzte Umgestaltung. Graf Wilhelm von Hessen-Rumpenheim ließ das Gelände erneut modellieren und die Wegeführung zugunsten weit geschwungener Linien verändern. Jetzt wurde auch das zentrale Bassin in einen Weiher mit unregelmäßigem Ufer verwandelt. Im Geschmack des Historismus legte man barockisierende Zierbeete und Rabatten an den Seitenflügeln des Schlosses an.

Bis 1918 war Philippsruhe bewohnt. Danach fiel es in Dornröschenschlaf und wurde überwuchert. Die Pflege nach dem Krieg – 1950 gelangte Philippsruhe in den Besitz der Stadt Hanau – beschränkte sich auf Notmaßnahmen, um den Park für die Bevölkerung zugänglich zu machen. Oft hielt man sich dabei nicht an das überkommene Erbe. So wich die ehemals elegante Wegeführung einem eher kleinlichen Schlängeln mit einfachen Wegkreuzungen. Durch fehlende gartendenkmalorientierte Pflege verwuchs der frühere Wiesenpark mit seinen gestreuten Einzelbäumen und kleinen Gehölzgruppen zum Waldpark. Die Nadelholzgewächse in Schloßnähe sprengten die Dimensionen. Einst angelegte Sichtachsen verschwanden. Die abwechslungsreiche farbliche Komposition verschiedener Laubbäume wie Kastanien, Akazien, Tulpenbäume wich allmählich einer Monokultur mit Ahorn. Um den Ansprüchen einer allgemeinen Nutzung gerecht zu werden, wurden Wege verbreitert und asphaltiert, Parkplätze angelegt und Elektroleitungen für Feste installiert. Das traditionelle Bürgerfest setzte dem Garten jedes Jahr erheblich zu, da die Anlage nicht nur verschmutzt, sondern zugleich Rasen, Pflanzen und Wurzelhorizonte beschädigt wurden.

Für die Wiederherstellung von Philippsruhe erstellte Garten- und Landschaftsarchitekt Peter Jordan bereits 1991 ein Parkpflegewerk, das sowohl von den Denkmal- wie auch den Naturschutzbeiräten befürwortet wurde. Aufgabe eines Parkpflegewerks ist es, die Historie eines Gartendenkmals zusammenzufassen und seinen aktuellen Zustand zu dokumentieren. Darüber hinaus soll eine zeitlich übergreifende Konzeption für seine Pflege erarbeitet werden.

Doch wie soll die Wiederherstellung einer Anlage wie Philippsruhe aussehen, wenn sich nicht nur vielfältige Stilphasen überlagern, sondern der Garten manchmal sogar in jeder Saison verändert wurde?

Von der regelmäßigen barocken Anlage – insbesondere Alleen und umgebende Mauer – sind nur noch wenige Reste vorhanden. Besser erhalten ist der Landschaftsgarten, der allerdings Veränderungen des späten 19. Jahrhunderts aufweist. Erschwerend kommen qualitative Unterschiede hinzu. Die barocke Anlage war nicht nur aufwendig gestaltet, sondern auch schlüssig entworfen: Zierbeete, Springbrunnen, Treppen, Rampen und Hecken erstreckten sich vom Schloß ausgehend wie Perlen einer Kette kontinuierlich in die Weite. Der Landschaftsgarten hingegen konnte sich in diesem schmalen Grundstück kaum entfalten. Seine Stilsprache, deren eigentliches Ziel es war, die Grenzen zur umgebenden Natur verschwinden zu lassen, diente in Philippsruhe nur mehr als Formengut, um den fürstlichen Garten der Mode anzupassen.

Die Entscheidung, welches Gesicht Philippsruhe zeigen soll, hängt nicht zuletzt von den sich wandelnden Wertmaßstäben der Gartendenkmalpflege ab. In den siebziger Jahren verfolgte man noch rigoros eine »Stilreinheit«, meist ausgerichtet auf die Entstehungszeit und im Glauben, hiermit der geschichtlichen Aussage und ästhetischen Wirkung am weitgehendsten entsprechen zu können. Heute zeichnet sich eine egalitärere Haltung ab. Für Peter Jordan besteht das Ziel der heutigen Gartendenkmalpflege darin, »mehrere Stilquellen zu sammeln, das heißt, das sogenannte ›gewachsene Erbe‹ zu dokumentieren [...]. Das bedeutet jedoch nicht, alles wahllos zu erhalten, was vorhanden ist, sondern eine sogenannte ›Leitzeitebene‹ zu bestimmen.« Im Fall Philippsruhe sollen die Bestandteile des regelmäßigen Barockgartens sowie des dominierenden Landschaftsgartens als ein gemeinsames, wenn auch heterogenes Ensemble gepflegt werden. »Leitzeitebene« ist für Peter Jordan die Zeit des Historismus, da sie die letzte abgeschlossene und kreative Stilphase bildet. Die Veränderungen der fünfziger Jahre gehören nicht zum »Originalzustand«, da sie lediglich eine praktikable Nutzung der Anlage zum Ziel hatten, jedoch keine bewußte Stilbildung. Freilich tragen auch wir unsere zeiteigene Brille, die uns nicht immer vor Kurzsichtigkeit schützt. Vielleicht werden künftige Generationen gerade die Notmaßnahmen als ein Charakteristikum der Fünfziger ansehen und als denkmalpflegewert anerkennen.

Auf Grundlage des Parkpflegewerks sollen u.a. die störenden Garagen im Ehrenhofbereich beseitigt, die Asphaltdecken gegen Natursteinpflaster oder wassergebundene Wege ausgetauscht, die Treppen zu beiden Seiten des Schlosses saniert sowie der Weiher wieder angelegt werden. Wichtige Maßnahmen zum Schutz der Gartenanlage sind bereits erfolgt: so die Verlegung des jährlichen Bürgerfestes auf die Mainwiese und die Räumung der Orangerie, die einer LKW-Anhänger-Fabrikation diente.[2]

Ferner ist vorgesehen, vor allem »abgängige«, das heißt alte und kranke Bäume zu fällen. Solche »Baumgreise« gehören zu den ökologisch wertvollsten Bäumen, da sie zahlreichen Kleinstlebewesen Unterschlupf bieten. Trotzdem können uralte Bäume in historischen Gärten – im Gegensatz zu Waldgebieten – nicht stehenbleiben, da sie Besucher extrem gefährden würden. Doch damit enden die Konflikte mit den Zielen des Naturschutzes nicht, denn neben ökologischen Werten besitzen Bäume in einem Gartendenkmal auch ästhetische Werte, die nur durch stetige fach- und sachgerechte Eingriffe gewahrt werden können. Hermann Fürst von Pückler-Muskau, einer der größten Grundbesitzer Preußens und Gartentheoretiker, beschrieb dies nachhaltig in seinen 1834 erschienenen *Andeutungen über Landschaftsgärtnerei*: »Wir sind nämlich nicht im Stande in der [landschaftlichen] Gartenkunst ein bleibendes, fest abgeschlossenes Werk zu liefern, wie der Maler, Bildhauer und Architekt, weil es nicht ein todtes, sondern ein lebendes ist, [...]. Es ist also eine leitende geschickte Hand für Werke dieser Art fortwährend nötig. Fehlt diese zu lange, so verfallen sie nicht nur, sie werden auch etwas ganz Anderes, [...]. Das Hauptwerkzeug, dessen wir uns nun zum Schaffen bedienen, [...] ist der Spaten: das Hauptwerkzeug, des Erhaltens und Fortarbeitens aber ist die Axt.«

Um den historischen Gestaltungswert einer Gartenanlage zu erhalten, muß demzufolge das Gros der Pflanzungen nach und nach ersetzt werden –

bis, überspitzt formuliert, der letzte historische Baum fällt. Dies hätte zur Folge, daß Gärten bei fortschreitendem Alter ihre historischen und denkmalpflegerischen Werte verlieren. Tatsächlich sind Gärten jedoch mehr als eine Ansammlung von Pflanzen. Denn in gleichem Maße gehören bauliche Anlagen und räumliche Gefüge – wie Bodenreliefs und Wegeführungen – zu einem Gartenkunstwerk – so wie ein Bauwerk nicht nur aus Steinen besteht, sondern ihm erst Proportionen und Konstruktion sein Erscheinungsbild verleihen.[3] Im Vergleich mit der Baukunst sind Gärten jedoch wesentlich vergänglicher. Sie werfen damit um so eindringlicher die Frage der »Orginalsubstanz« auf, ein orginäres Problem der Baudenkmalpflege. Wie die Bau- so steht auch die Gartendenkmalpflege immer im Spannungsfeld zwischen Detail und übergeordnetem Ganzen: Beharrt man auf ausschließlich originaler Bepflanzung, erhält man in Kürze einen verwilderten, romantischen Garten ohne Kunstwert. Ist man umgekehrt schneller als nötig bereit, Authentisches zu opfern, so unterliegt man leicht der Gefahr, sterile Gartenkunst mit Disneyworld-Charakter zu schaffen.

Die Axt respektive Motorsäge, hat in Philippsruhe zu lange geruht. Jetzt müssen Teilabschnitte der säumenden Lindenalleen, im Falle der Eichenallee sogar alle Bäume entfernt und durch Jungbäume ersetzt werden. Ein zaghaftes Zwischensetzen von Jungbäumen mag zwar weniger rigoros erscheinen, ist aber biologisch gesehen unsinnig. Denn die kräftigeren Altbäume erobern schnell den freigewordenen Lichtraum und lassen den Jungbäumen keine Chance. Die Alternative, ein langsames Sterben der Allee, würde bedeuten, künftig auf Elemente der barocken Gestaltungsphase zu verzichten.

Bei allem Optimismus wird die historische Annäherung an frühere Bilder von Philippsruhe auf Grenzen stoßen. Kohlenstoffmonoxid und Verkehrsgeräusche der umliegenden, stark frequentierten Alleen werden weiterhin die Wirkung des Gartens beeinträchtigen, Abgase und Staubemissionen auch zukünftig Pflanzen- und Baumbestände schädigen. Je mehr sich die Vitalität der Gärten durch Umweltbelastungen verschlechtert, desto vehementer geraten die Pflegemaßnahmen zur Erhaltung des kunst- und kulturhistorischen Charakters in Konflikt mit dem Naturschutz und stoßen bei der Bevölkerung auf Widerstand. Trotz aktueller Umweltprobleme können Gärten aber nicht am Maßstab der Ökologie gemessen werden. Denn abgesehen davon, daß sie als begrenzte ökologische Nischen außerstande sind, jahrelange Mißstände auszugleichen, ist nicht die Natur als solche, sondern die Gestaltung von Natur das eigentliche Ziel historischer Gärten.

Während ein Teil der Bevölkerung laut protestiert, sobald nur ein Baum fällt, geht der andere recht sorglos mit historischen Gärten um. Zum Beispiel in Wilhelmsbad bei Hanau, das seit dem 18. Jahrhundert durch eine Allee mit Philippsruhe verbunden ist. Diese Kuranlage, die Erbprinz Wilhelm IX. von Hessen-Kassel im letzten Drittel des 18. Jahrhunderts errichten ließ, ist einer der ersten im landschaftlichen Stil angelegten Gärten Deutschlands.[4] Im hügeligen Gelände eines ehemaligen Steinbruchs entstand eine Landschaft mit geschwungenen Wegen und einem künstlich angestauten See. Zahlreiche kleine Architekturen und Spiel- und Erlebnisbereiche wie Karussell, Schaukeln, Heckentheater und Schneckenberg, Eremitage und Teufelsbrücke, die größtenteils noch heute zu bewundern sind, belebten die Anlage und förderten zugleich ihre Attraktivität als Kurpark. Zusätzlich verfolgte der geschäftstüchtige Fürst eine geschickte Werbestrategie: 1780 ließ er fingierte Briefe eines Schweizers an seinen Freund veröffentlichen, um seine Kuranlage bekannt zu machen. Zudem beauftragte er den Hofmaler Anton Wilhelm Tischbein, Stiche und Veduten von Wilhelmsbad anzufertigen. Schon bald konnte Wilhelm IX. einen Erfolg seines Bades verbuchen und für das Jahr 1779 in seinen Memoiren festhalten, daß »der Andrang der Badegäste in diesem Jahr so stark (war), daß es an Platz mangelte«.[5]

Dennoch war die Blütezeit von Wilhelmsbad als Kurort einer elitären adligen und großbürgerlichen Gesellschaft rasch vorüber. Bereits zu Beginn des 19. Jahrhunderts diente der Park als Ausflugsziel der wachsenden Stadtbevölkerung der näheren Umgebung, die in der Natur Erholung suchte. Dem Wunsch nach Erholung folgte bald ein aktiveres Freizeitverhalten: Fahrradfahren und Tennis, Turnen und Gemeinschaftsspiele zählten gegen Ende des 19. Jahrhunderts zu den populären Volkssportarten. Diese Entwicklung machte auch vor Wilhelmsbad nicht halt: 1904 wurde hier entgegen der Warnung des damaligen Garteninspektors ein Tennisplatz eingerichtet. In jüngerer Zeit erfolgten im Bereich des hinteren Gartens der Bau einer Minigolfanlage sowie eines Hockeyplatzes. Das Parkpflegewerk sieht vor, langfristig diese Einrichtungen, die immerhin fast 15% der Gesamtanlage ausmachen, herauszunehmen.[6] Über 300 000 Besucher jährlich, also im Durchschnitt 1 000 täglich, zählt Wilhelmsbad. Erholungsuchende Rentner, kunstbeflissene Sonntagsausflügler, Mütter mit Kindern, abenteuersuchende Jugendliche, traute Liebespärchen und Gassi führende Hundehalter treffen hier zusammen – ein freundlicher Ort der Begegnung also, der unterschiedlichste soziale Schichten und Altersgruppen vereint. Wer mag sich da kleinlich um abgetretene Wegeränder, Trampelpfade, verdichtete Gehölzflächen, Überdüngung durch Hundekot, beschädigte Gehölzer niedergetrampelte Frischpflanzungen und achtlos weggeworfenen Müll sorgen? Daniela Schreiter muß täglich gegen diese Schäden kämpfen. Sie ist die Außenstellenleiterin der Staatlichen Verwaltung Schlösser und Gärten, der Wilhelmbad untersteht. »Inzwischen kurven sogar sportwütige Mountainbikefahrer, animiert durch die hügelige Landschaft, durch die Anlage«, berichtet sie, »Motorrad- und Mopedfahrer benutzen die Promenadenallee sogar als Abkürzungsstrecke.«

In den Augen vieler mag ein solches Verhalten als Kavaliersdelikt erscheinen. Denn schließlich benutzt man Trampelpfade kollektiv, pflückt Blumen, um die eigenen vier Wände zu bereichern und erfreut sich am natürlich-kindlichen Verhalten des eigenen Sprößlings, wenn er durch frische Pflanzungen hopst. Wer hier nach dem Motto »Wenn das jeder tun würde« interveniert, gibt sich eher der Lächerlichkeit preis, als daß er auf Verständnis stieße. Dem schlagkräftigen Argument, daß nicht genügend Grünanlagen vorhanden seien und die Bevölkerung einen berechtigten demokratischen Anpruch auf Nutzung habe, ist entgegenzuhalten, daß es sich bei historischen Gärten um schützenswerte Kunstwerke handelt. Ziel kann es allerdings nicht sein, Gärten abzusperren oder den Besuchern durch eine Flut von Verbotsschildern zu verleiden. Denn Vorteil der Gärten ist gerade, daß sie – im Gegensatz zu Museen und Baudenkmalen – keine »Schwellenangst« hervorrufen. Es gilt daher, die Wahrnehmung der Öffentlichkeit zu sensibilisieren und Gärten als lebendige Geschichtsbilder »lesbar« zu machen. Obwohl das Interesse an historischen Gärten in den letzten Jahren gestiegen ist, sind sich viele Besucher, wie Studien ergaben, über den Kunstwert von Gartendenkmalen nicht im klaren.[7]

Dies hat historische Wurzeln. Erst in den siebziger Jahren wurden Gärten als Denkmale anerkannt – im Gegensatz zur Baudenkmalpflege, die bereits um 1800 in der Folge der Aufklärung entstand und daher auf einer gewachsenen Tradition aufbauen kann.[8] War im späten 18. Jahrhundert, in der Blütezeit des Landschaftsgartens, die Gartenkunst noch wie selbstverständlich als Kunstgattung anerkannt, so focht man im 19. Jahrhundert grundlegend ihren »Kunstcharakter« an. Häufig verwendetes Argument war die naturgegebene Unbeständigkeit der Gärten, die dem im 19. Jahrhundert erhobenen Postulat des »Originals« als wesentlichem Kriterium ei-

Wilhelmsbad bei Hanau, Teich mit Pyramideninsel, Gemälde von A. V. Tischbein um 1785

nes Denkmals kaum genügen konnten. Noch bis zur Jahrhundertwende wurde die Kunst- und Denkmalwürdigkeit der Gärten in Zweifel gezogen. Eine veränderte Einstellung zeichnete sich erst zu Beginn unseres Jahrhunderts ab, als der künstlerisch-kulturelle Wert der Gärten, aber auch ihr unschätzbarer Nutzen als Erholungs- und Bildungsstätte für die Bevölkerung erkannt wurden. Insgesamt blieb das Verständnis für die Notwendigkeit einer umfassenden Gartendenkmalpflege jedoch gering. Gärten und Parkanlagen, Alleen, Platzbepflanzungen und Friedhöfe wurden weiterhin dem

Verfall preisgegeben. Verschärfend traten Kriegseinwirkung und damit verbundene Schäden sowie die Sparzwänge der auf Notmaßnahmen reduzierten Nachkriegsjahre hinzu.

Die Situation verbesserte sich erst in den sechziger Jahren. Arbeitskreise setzten sich verstärkt für die Erhaltung denkmalwerter Garten- und Parkanlagen ein und bereiteten damit einen gesetzlichen Schutz historischer Gärten und Anlagen vor. In Hessen wurde dieser 1974 – novelliert 1986 – gesetzlich verankert. Demnach sind sogenannte »Gesamtanlagen«, das heißt »Straßen-, Platz- und Ortsbilder einschließlich der mit ihnen verbundenen Pflanzen, Frei- und Wasserflächen«, Kulturdenkmalen zuzurechnen. Zu den Objekten der Gartendenkmalpflege gehören fürstliche Parks, Gärten und Kuranlagen ebenso wie die zahlreichen privaten Guts- und Villengärten. Des weiteren fallen Alleen, Kanäle, Wasserbecken, Stadtgrünanlagen, Landschaftsteile und Friedhöfe unter die Kategorie der Gartendenkmalpflege.

Trotz erhöhter Sensibilität und gesetzlicher Verankerung wurden historische Freiräume gerade in den sechziger und siebziger Jahren im Zuge des wirtschaftlichen Aufschwungs und des Baubooms zweckentfremdet oder zerstört. Beispielsweise wurden Teile des Schloßparks Bad Homburg durch den Ausbau des Hessenrings abgeschnitten. Obwohl Hessen als einziges Bundesland seit 1988 über eine Empfehlung des Hessischen Ministeriums für Wissenschaft und Kunst zur Anwendung der Denkmalschutzgesetze verfügt, klaffen Theorie und Praxis oftmals noch weit auseinander. »Nach wie vor«, stellt Bernd Modrow, Leiter der Abteilung Gärten der Staatlichen Verwaltung Schlösser und Gärten, fest, »geraten Gärten, wenn konkurrierende Nutzungsansprüche auftreten, ins Hintertreffen«.

So stimmt es auf den ersten Blick optimistisch, daß anläßlich der Tagung des Deutschen Nationalkomitees für Denkmalschutz am 30. Oktober 1996 ein weiteres Mal der geistige, kulturelle, ökologische und gesellschaftliche Wert historischer Parks und Gärten formuliert wurde.[9] Erst auf den zweiten Blick kommt der Verdacht auf, daß die Gartendenkmalpflege auf der Stelle tritt. Wurden doch erneut Forderungen laut, die bereits seit der Geburtsstunde der Gartendenkmalpflege bestehen. Resigniert resümiert Peter Jordan, daß »seit den siebziger Jahren nicht mehr erreicht wurde, als den Tod historischer Gärten zu verlangsamen«. Das Ziel, die Gartendenkmale Deutschlands zu registrieren, »ist nach wie vor unerfüllt«, denn »die einzig vorhandene Liste des Deutschen Heimatschutzbundes ist aus einer reinen Privatinitiative entstanden und daher lückenhaft. Folglich wissen die Fachbehörden bisher nicht einmal, wieviele Objekte sie per Gesetz schützen müßten. Zudem ist die Vertretung der Gartendenkmalpflege durch Fachkräfte in den Landesämtern immer noch die Ausnahme.«

Letzteres betrifft auch Hessen. Eine Spezialistenstelle für Gartendenkmalpflege wird angesichts des sich beschleunigenden Stellenabbaus in nächster Zeit auch nicht eingerichtet werden.[10] Um so bemerkenswerter ist, daß 1992 eine Arbeitsgruppe der Landesämter zum Erhalt historischer Gärten entstand, die sich fast gänzlich aus engagierten Mitarbeitern anderer Referate zusammensetzt. Die Hessische Landesdenkmalpflege wird von Sigrid Russ vertreten. Im Gegensatz zu Peter Jordan schätzt sie die Situation der Gartendenkmalpflege positiver ein. So habe »das Problembewußtsein nicht nur innerhalb des Amts zugenommen, sondern Gärten auch in der Öffentlichkeit größeres Interesse gewonnen«. Zudem – so gibt sie mit Recht zu bedenken – »handelt es sich um eine recht junge Disziplin«.

Ca. 5% vom Gesamtetat investiert das Hessische Landesamt für Denkmalpflege in diese Disziplin. Das sind nicht mehr als rund 650 000 DM für weit über dreihundert denkmalwerte Gärten und Parks – so viel kosten vergleichsweise sechs Traktoren. Auch wenn dieser Etat oft durch Zuschüsse der hessischen Kommunen aufgestockt wird, werden die Eigentümer historischer Gärten nicht umhinkommen, zusätzlich nach anderen Finanzierungsmöglichkeiten zu suchen. Erste zaghafte Schulterschlüsse mit der Wirtschaft hat es schon gegeben. Bernd Modrow berichtet, daß »für einige historische Gärten schon private Geldgeber gefunden sind, die Gärten für Veranstaltungen nutzen«. Auch in Wilhelmsbad hat man – in noch bescheidenem Maße – begonnen, durch kleine Veranstaltungen, beispielsweise der Automobilindustrie, zusätzliche Gelder einzunehmen. Wo einst Freiherr Adolf von Knigge, Frau Rat Goethe oder die Königin von Preußen Erholung suchten und sich am Kurwasser erfrischten, versammeln sich heute Vertreter der Wirtschaft und nippen an ihren Champagnergläsern. Während vor zweihundert Jahren Fürst Wilhelm IX. noch geschäftstüchtig für sein Kurbad werben ließ, ist der Garten jetzt selbst zum Werbemittel geworden.

Perdita Fitzgerald ist Kunsthistorikerin und lebt in Frankfurt am Main.

Anmerkungen

1 Zur Geschichte des Schloßgartens Philippsruhe siehe Klaus Hoffmann, »Schloß Philippsruhe«, in: *Hanauer Geschichtsblätter,* Hanau 1994, S. 49-100.

2 Folgende Informationen verdanke ich Frau Dr. Lieber, Untere Denkmalschutzbehörde Hanau.

3 Siehe hierzu Detlef Karg, »Vom Werden und Vergehen der Gärten – ein Beitrag zum - Verhältnis von Gartendenkmalpflege und Baudenkmalpflege«, in: *Die Denkmalpflege,* 1, 1996, S. 19.

4 Zu Geschichte von Wilhelmsbad siehe Gerhard Bott, *Wilhelmsbad bei Hanau.* Amtl. Führer der Verwaltung der Staatlichen Schlösser und Gärten, Bad Homburg 1988.

5 Zitiert aus: Rainer von Hessen (Hg.), *Wir, Wilhelm von Gottes Gnaden. Die Lebenserinnerungen Kurfürst Wilhelm I. von Hessen 1743-1821,* Frankfurt, New York 1996, S. 158.

6 Autoren sind Dipl. Ing. Bettina Clausmeyer-Ewers und Irmela Löw.

7 Hierzu: Bernd Modrow, »Nutzungsansprüche an historische Gärten und Anlagen – Probleme durch Tourismus und Erholung«, in: *Das Gartenamt,* 2, 1985, S. 104-110.

8 Siehe Dieter Hennebo, »Gartendenkmalpflege in Deutschland. Geschichte – Probleme – Voraussetzungen«, in: ders. (Hg.), *Gartendenkmalpflege. Grundlagen der Erhaltung historischer Gärten und Grünanlagen,* Stuttgart 1985, S. 12-48.

9 Abgedruckt in: *Denkmalschutz Informationen,* 4, 1996, S. 14-15.

10 Für die Information danke ich Frau Dr. Sigrid Russ, Oberste Denkmalschutzbehörde Wiesbaden. Nur Berlin, Schleswig Holstein und das Rheinische Amt verfügen bisher über Referate der Gartendenkmalpflege.

Peter Schirmbeck

Tendenz zur Selbstvernichtung

Die Industrieepoche und ihre Denkmäler

...trrrt, trrrt, trrrt, trrrt... Wenn man dies Geräusch von Preßlufthämmern im Zusammenhang mit dem Thema »Denkmäler« hört, weiß man, was die Stunde geschlagen hat: Hier wird gerade wieder einmal ein historisch wertvolles Gebäude dem Erdboden gleichgemacht. Normalerweise stimmt das, aber in diesem Fall stimmt genau das Gegenteil: Die Preßlufthämmer, um die es hier geht, dienen nicht dem Abriß, sondern dem Erhalt eines gigantischen Industriedenkmals.

Bevor wir dies Rätsel lösen, gehen wir zunächst einmal weit in die Geschichte zurück, in die Zeit der Pyramiden. Warum das? Um zu zeigen, daß vor dem Zeitalter der industriellen Revolution Großbauten für Zwecke des Kultes und der Religion – denken Sie an die Pyramiden und die gotischen Kathedralen – für Zwecke der Unterhaltung – denken Sie an das Collosseum in Rom – oder für Zwecke der Repräsentation entstanden – denken Sie an das riesige Schloß in Versailles und an seine vielen Nachahmungen.

Erst mit der industriellen Revolution entstanden Großbauten für einen ganz anderen Zweck, für den Bereich der Arbeit, der Produktion – das ist etwas ganz Spezifisches, Charakteristisches dieser Epoche, das es zuvor in der Weltgeschichte niemals gab. Insofern sind Industriebauten, die Fabriken, Kraftwerke, Förderanlagen und Hochöfen etwas ganz Typisches für unsere Industrieepoche, in ihnen drückt sich das Wesen dieser Zeit in besonders hohem Maße aus.

Logisch wäre nun die Folgerung, daß unsere Industrieepoche gerade auf diese Baudenkmäler ein besonderes Augenmerk richtet, sie erhält, pflegt und der Nachwelt überliefert. Genau das Gegenteil jedoch ist der Fall: Historische Industriebauten werden in der Regel abgerissen, vernichtet wie ausgediente Joghurtbecher, während mit dem Geld, das dank industrieller Produktivität vorhanden ist, Schlösser, Kirchen, Burgen und Fachwerkhäuser erhalten werden. Dabei müßten doch gerade die Fabrikbauten die »heiligen Kühe« unserer Epoche sein, denn in ihnen wurde ja seit weit über 100 Jahren der gesellschaftliche Reichtum der Industrienationen mit Tausenden von Maschinen, Arbeiterinnen und Arbeitern, Meistern, Ingenieuren, Managern und Unternehmern erzeugt. Industriebauten »heilige Kühe?« – mitnichten. Wenn sie ihren Dienst getan haben, gehen sie in der Regel sang- und klanglos unter. Wir stoßen hier auf einen merkwürdigen Widerspruch: Obwohl die Industrieepoche mit einigem Recht von sich sagen kann, die produktivste aller bisherigen Epochen der Menschheitsgeschichte gewesen zu sein – wer konnte früher beispielsweise Kutsche fahren, während es heute zur Normalität gehört, sich auf vier Rädern automatisch fortzubewegen –, identifiziert sich so gut wie niemand mit den historischen Zeugnissen dieser Epoche, ihren Bauten und Maschinen. Dies hängt damit zusammen, daß industrielle Produktion auf einem additiven System beruht, in dem jeder nur eine Teilfunktion hat. Die Arbeit in der Fabrik war in der Mehrzahl der Fälle eher Last als Lust, eher fremdbestimmt, als Selbstverwirklichung. Identifikation im positiven Sinne konnte unter solchen Bedingungen nur schwer entstehen.

Hinzu kommt, daß die historischen Fabrik- und Industriebauten des 18., 19. und 20. Jahrhunderts, die häufig von Architekten durchaus auch nach künstlerisch-ästhetischen Prinzipien des Klassizismus, des Historismus, des Jugendstils oder der Bauhaus-Architektur entworfen wurden, in der Folgezeit nicht gepflegt, sondern meist vernachlässigt und häufig durch Um- und Ausbauten verunstaltet wurden.

Die Leitbilder unserer Industrieepoche sind daher – so merkwürdig das klingen mag – eher »vorindustriell«, stammen aus Zeiten des Mittelalters, des Handwerks oder des feudalen Luxus.

Verachtet sich das industrielle Zeitalter trotz all seiner Nützlichkeit womöglich selbst? Wie sonst soll man es sich erklären, daß es den Zeugnissen seiner eigenen Geschichte so wenig Achtung entgegenbringt, daß beispielsweise ein neugotisches Juwel der Industriearchitektur, die Gießhalle der Sayner Hütte – übrigens ganz in der Nähe Hessens gelegen, in Bendorf bei Koblenz –, die früheste in reiner Eisenkonstruktion um 1830 errichtete

Industriehalle Europas, bereits mit einer vollständig transparenten Wand aus Glas und Eisen, 1976 abgerissen werden sollte und erst in letzter Minute vor dem Untergang bewahrt werden konnte.

Werfen wir nun einen Blick auf einige ausgewählte Industriedenkmäler in Hessen. Für den Beginn des Rundblicks bietet sich in besonderem Maße die Eisenhütte Veckerhagen in Nordhessen aus dem Jahre 1666 an, denn hier hat höchstwahrscheinlich Denis Papin bereits im 17. Jahrhundert einen eisernen Zylinder für eine Dampfmaschine gießen lassen, die Maschine, die ja bekanntlich von der technischen Seite her die industrielle Revolution in Gang setzte. Zugleich bildete diese nördlich von Kassel gelegene Eisenhütte, wie es in einer Schrift des Landesamtes für Denkmalpflege heißt: »Technologisch und personell die Keimzelle des Eisengusses der Lokomotivfabrik Henschel und Söhne in Kassel...« Die heute noch erhaltenen Bauten der Hütte stammen aus dem 19. Jahrhundert. Besonders eindrucksvoll ist das erhaltene Gießhaus im Stil der Neugotik. Die Fassade aus massiven Steinquadern zeigt Fenster in Eisenguß und einen imposanten Treppengiebel.

Ein weiteres bedeutendes Denkmal der Frühindustrialisierung in Hessen ist auch der Messinghof in Kassel-Bettenhausen, 1679 von Landgraf Carl gegründet. Hier wurde unter anderem in den Jahren 1713 bis 1717 das Wahrzeichen Kassels, die neun Meter hohe, in Kupfer getriebene Herkules-Statue im Schloßpark Wilhelmshöhe geschaffen. Die ursprüngliche Anlage das Messinghofs, im Stil der Renaissance mit geschweiften Giebeln gestaltet, enthielt einen Gießereiflügel und einen Hammerflügel, in dem sich die über Wasserräder betriebenen Schmiedehämmer bewegten.

Dieser Flügel, der im Zweiten Weltkrieg teilweise zerstört worden war, wurde 1960 abgerissen. Hammerwelle und Hammer wurden in das Freilichtmuseum nach Hagen verkauft. Wie bei Schloßbauten, deren einer oder anderer Flügel auch im Krieg zerstört wurde, die nach 1945 aber wiederhergestellt wurden, böte sich auch im Falle des berühmten Messinghofes der Wiederaufbau des Hammerflügels mit Hammerwerk an, denn warum sollte gerade das bürgerlich-industrielle Zeitalter vorrangig die baulichen Denkmäler fürstlichen Luxus erhalten und die Bauten, in denen sich Gewerbefleiß manifestiert, untergehen lassen?

Ein weiteres Industriedenkmal befindet sich in Kassel-Bettenhausen: die Textilfabrik Salzmann aus dem 19. Jahrhundert. 1890 besaß die bedeutende Firma bereits über 200 Webstühle, im Jahre 1900 wurde auf einem Areal von 8.000 qm ein Webereineubau mit 22 Sheddächern errichtet. Die typische, gezackte Gestalt solcher Sheddach-Hallen, meistens in Backstein ausgeführt, ist heute noch in Kassel-Bettenhausen zu besichtigen. Die historische Fabrik wird seit einigen Jahren als Kulturzentrum genutzt.

Ein trauriges Kapitel und ein unwiederbringlicher Verlust im Bereich hessischer Industriedenkmäler ist der weitgehende Untergang der historischen Industriebauten der ehemaligen Henschelei in Kassel am Möncheberg. Die Anfänge dieses traditionsreichen hessischen Industrieunternehmens von Weltruf gehen bis ins 18. Jahrhundert zurück. Tausende von Henschel-Lokomotiven gingen von Kassel aus in alle Welt. Ab 1835 wuchsen stadtnah am Möncheberg die Fabrikbauten der Henschelei empor, deren Kern um die Jahrhundertwende die Werkhalle K 9 bildete, eine Halle mit mehreren tausend Quadratmetern Grundfläche. Der Bau mit einer imposanten Backsteinfassade und sage und schreibe zwölf nebeneinander liegenden Hallenschiffen wurde um 1980 dem Erdboden gleichgemacht.

Wäre dieses bedeutende hessische Industriedenkmal nicht ein passender Standort für die weltberühmte Kasseler *documenta* oder auch für ein noch immer ausstehendes hessisches Industriemuseum gewesen? Leider wurde die Halle K 9 auf K »null« gebracht und damit waren Kassel und Hessen um eine gewaltige Dimension ärmer. An die historische Henschelei am Holländischen Platz erinnern heute nur noch wenige bauliche Reste, zum Beispiel das kleine runde Gießhaus in klassizistischem Stil, das 1837 erbaut wurde.

Generell steht es um die Pflege des historischen industriellen Erbes in Hessen nicht zum besten. Dr. Christoph Mohr vom Landesamt für Denkmalpflege in Wiesbaden erklärt ganz offen, daß dem Amt gerade für diesen Bereich seit Jahren Mitarbeiter fehlen. Und er fügt hinzu, daß es das Land versäumt habe, ein hessisches Industriemuseum zur Betreuung des industriellen Erbes zu schaffen. In der Tat hätte gerade Hessen ein Landesmuseum für Industriegeschichte besonders gut angestanden, denn Hessen war in den siebziger Jahren das Geburtsland des europaweit gefeierten neuen Typs von Industriemuseum, das erstmals industrielle Technik und die Sozialgeschichte der Industrieepoche zusammenführte und international als »The Rüsselsheim Revolution« charakterisiert wurde. Während andere Nationen wie England und Frankreich, aber auch andere Bundesländer sich für ihre Landesmuseen hier in Hessen jahrelang Ideen holten, lehnte der damalige hessische Minister für Wissenschaft und Kunst das Projekt eines industriegeschichtlichen Landesmuseums mit den Worten ab, das Land bevorzuge hier eine dezentrale Lösung.

Setzen wir nun unseren Rundblick zu den hessischen Industriedenkmälern in südlicher Richtung fort, im Rhein/Main-Gebiet, einer seit über 100 Jahren besonders industrieträchtigen Region mit Firmen von Weltruf.

Peter Behrens, zu Beginn unseres Jahrhunderts einer der bahnbrechenden und berühmtesten Architekten für Industriebauten, schuf in den Jahren 1920-24 das Verwaltungsgebäude der Farbwerke Hoechst. In diesem Bau tauschte er seine bisherige, eher sachlich-klassizistische Architektursprache gegen eine expressionistische aus, die insbesondere im Inneren der fast sakralen Eingangshalle zum Ausdruck kommt. In scharfkantige, farbige Bachsteine gelegt, strahlt hier die Architektur stalaktitenartig auf den Eintretenden herab, bekrönt durch drei Lichtkuppeln; ein bauliches Meisterwerk des Expressionismus. In der anschließenden Halle steht eines der wenigen Arbeiterdenkmäler, die Hessen besitzt, eine Bronzefigur von Richard Scheibe aus dem Jahre 1922/23.

Vom Behrens-Turm der Farbwerke aus geht unser Blick gen Osten in Richtung des Frankfurter Gallusviertels auf die ehemaligen Adler-Werke. Wie ein gewaltiger Ozeandampfer liegt der mächtige Fabrikkomplex im Häusermeer. Die Dampfmaschinen in seinem Inneren bewegten allerdings keine Schiffsschrauben, sondern betrieben die Maschinen zur Herstellung von Fahrrädern und Schreibmaschinen. Und die Besatzung bestand nicht aus Matrosen, sondern aus Tausenden von Arbeiterinnen und Arbeitern. Allein 400 von ihnen arbeiteten beispielsweise 1912 an einer einzigen Schreibmaschine – industrielle Arbeitsteilung auf höchster Stufe.

Ganz im Gegensatz zu diesen modernen Arbeitsmethoden im Inneren stand die äußere Architektur der Fabrik. Mächtige Ecktürme im Stil mittelalterlicher Festungen bildeten das Wahrzeichen der Firma. In den Innenhöfen der Fabrik waren die Fassaden dagegen teilweise bereits hochmodern in der sachlich-funktionalen Formensprache des späteren Bauhauses aus Stahl und Glas konstruiert – ein Architektursprung von über 500 Jahren innerhalb eines Gebäudekomplexes.

Und hier kommen wir wieder zurück auf die Preßlufthämmer vom Beginn des Beitrages. Trrrt, trrrt, trrrt, trrrt. Sie stehen, wie schon angedeutet, nicht im Dienst des Abrisses, sondern der Erhaltung und Umnutzung des Fabrikgebäudes. 1986 wurden die Adler-Werke in Frankfurt unter Denkmalschutz gestellt. Auch nach Meinung des Planungsdezernenten der Stadt, Martin Wentz, war die Erhaltung des Fabrikgebäudes für Charakter und

Adlerwerke in Frankfurt am Main, Blick auf die sanierte Westfassade

Identität des Stadtteils unverzichtbar, eine, wie der Stadtrat ausdrückt, »unumgängliche Notwendigkeit, um das deutlich zu sagen. Ein Zwang.« Die Heidelberger Unternehmensgruppe Roland Ernst übernahm die Aktien der Adler-Werke, zog den renommierten, mit denkmalpflegerischen Aufgaben vertrauten Architekten Bernhard Müller von der »Projektgruppe Architektur und Städtebau Frankfurt/M.« hinzu und restaurierte den Fabrikbau in vorbildlicher Weise. Das Ergebnis stellte auch den zuständigen Frankfurter Denkmalpfleger Volker Rödel zufrieden, der den Umbau als einen »Lernprozeß für alle Beteiligten« beschreibt.

Circa 65 000 qm Bruttogeschoßfläche wurden mit einem Kostenaufwand von 140 Millionen DM saniert. Die Summe hört sich gewaltig an. Doch nach Aussage des Generalbeauftragten des Projektes, Ernst Blodow, entspricht diese Summe in etwa dem, was es auch gekostet hätte, wenn man

Opel-Werke Rüsselsheim, Blick auf die Südfassade

die Gebäude in der gleichen Fläche neu gebaut hätte. Während in Frankfurt in glitzernden Hochhäusern Büroraum leersteht, ist hier in den Adler-Werken alles bis auf den letzten Quadratmeter bereits vermietet. Hier zahlte sich aus, daß die Unternehmensgruppe Roland Ernst auf das unverwechselbare Ambiente dieses Industriebaus setzte und man sich nicht schämte, Büroräume in einer ehemaligen Fabrik anzubieten. Damit konnte ein bedeutendes Industriedenkmal in Hessen erhalten und neu genutzt werden, eine vorbildliche Leistung in einer Zeit, in der historische Industriebauten immer noch weitgehend mißachtet und abgerissen werden.

Auf der 1863 eröffneten Bahnlinie Mainz–Frankfurt/Main saust der heutige Bahnbenutzer mit dem ICE in Sekundenschnelle an einem bedeutenden Stück Industriearchitektur in Hessen vorbei: der Südfassade der Opel-Werke in Rüsselsheim. Das traditionsreiche Unternehmen besitzt in seinen Bauten in umfangreichem Maße Industriearchitektur aus unterschiedlichen Epochen in Hessen.

Vom Rüsselsheimer Bahnhof sind es gerade einmal drei Minuten zum imposanten Industriebau an der Weisenauer Straße, der das Fabrikareal an der Nordseite begrenzt. Der Trakt erstreckt sich schnurgerade auf einer Länge von über hundert Metern. Äußerlich ist das Gebäude, das ab 1905 für die Automobilproduktion erstellt wurde, mit rotem Backstein verkleidet, im Inneren handelt es sich bereits um eine Stahlbetonkonstruktion, eine Bauweise, die sich im Industriebau ab 1890 allgemein durchsetzte, da sie einerseits billig war und andererseits die Vibrationen der Maschinen im Inneren gut aushielt.

Den Haupteingang der Opel-Werke bildet der Ostflügel der Fabrik, der 1912 bis 1922 mit zwei mächtigen Portalbögen erbaut wurde. Obwohl als Produktionsgebäude für den Fahrradbau geschaffen, trägt die Eingangsfront eindeutig repräsentative Züge. Die breite Front ist im Stil eines Schloßbaus in ein Mittelrisalit und zwei Seitenrisalite gegliedert. Mächtige Pilaster mit Kapitellen gliedern die Fassade im Stil des Neoklassizismus in vertikaler Richtung. Architekt des mit rotem Backstein verkleideten Betonbaus war Professor Paul Meißner von der Technischen Hochschule Darmstadt.

Im Süden entlang der Bahnlinie Frankfurt–Mainz wird die Fabrik ebenfalls durch einen imposanten, langgestreckten Fabriktrakt begrenzt. In Stahl und Beton konstruiert, jedoch auch hier mit rotem Backstein verkleidet, der sich so wie ein roter Schutzwall um drei Seiten des Fabrikareals legt. In einem immer gleichen Rastersystem aus Horizontalen und Vertikalen gestaltet, sieht der zwischen 1916 und 1930 erbaute langgestreckte Südtrakt von weitem betrachtet bereits aus wie reine, sachlich-funktionale Bauhaus-Architektur. Tritt man näher heran, erkennt man, daß der Architekt Paul Meißner jedoch die neoklassizistischen Gliederungselemente wie Pilaster, Kapitelle und Friese von der Hauptfassade auch hier weiterführte. Erst am monumentalen »Opel-Turm« von 1930, der die Südfassade abschließt, machte er sich von traditionellen klassizistischen Formen frei und schuf ein Hochhaus ohne jegliche Ornamentik. Der Turm sollte ursprünglich doppelt so hoch werden und eine elektrische Leuchtkugel tragen, die bis Wiesbaden und Frankfurt gestrahlt hätte.

Betreten wir nun wie Hunderttausende vor uns das innere Areal der Opel-Werke durch den nach dem Werksgründer benannten »Adamshof« direkt hinter den beiden Torbögen. Von hier aus führt eine zentrale Fabrikstraße ins Werk hinein. Gleich links ein mächtiger Fabrikturm, ursprünglich ein Turmpaar in neoklassizistischen Bauformen. Rechter Hand liegt die älteste erhaltene Fabrikhalle des Opel-Werks überhaupt. Wir blicken auf eine äußerst seltene Konstruktion: Binder aus Beton, die Fachwerkkonstruktionen nachgebildet sind, untereinander mit horizontalen Unterzügen verbunden, bilden ein zusammenhängendes Tragesystem für das Dach mit seinen prismenförmigen Glasaufbauten. Linker Hand eine mehrschiffige Halle in Eisenkonstruktion mit elegant auf- und abschwellenden horizontalen Stahlträgern.

Wir setzen nun unseren Gang durch das riesige Areal der Opel-Werke mit dem Auto fort, in Richtung des Kraftwerks am Main, einem interessanten Industriebau aus den dreißiger Jahren, im reinsten Bauhausstil entworfen. Dabei passieren wir die Produktionshalle K 40, einen Bau aus den fünfziger/sechziger Jahren von 2,73 Millionen Kubikmetern, in dem sich der Rauminhalt der Cheops-Pyramide, eines der sieben Weltwunder, bequem unterbringen läßt. Am Kraftwerk angelangt, erkennt man klar das architektonische Prinzip und Ideal des »Neuen Bauens« der zwanziger Jahre: Kubisch-rechteckige, ornamentlose, von Fensterbändern durchzogene Bauten. Das Innere mit 40 Meter hohen Dampfkesseln und Turbinen erinnert an die Architektur in Fritz Langs berühmtem Film *Metropolis.*

Der Kraftwerksdampf diente nicht nur den Turbinen zur Stromerzeugung, sondern auch zum Betrieb der Dampfschmiedehämmer in der benachbarten, ehemals modernsten Gesenkeschmiede der Welt. Diese Industriehalle ist ca. 300 Meter lang, 24 Meter breit und ca. 15 Meter hoch. Über uns schweben 2 mächtige Laufkräne, die die gesamte Halle durchqueren können.

Hier, in diesem imposanten Bau aus den dreißiger Jahren, beschließen wir unseren Rundgang durch die Industriearchitektur der Opel-Werke.

Der älteste Teil des Werkareals ist vor einiger Zeit verkauft worden. Da stellt sich die Frage, wie die neuen Eigentümer mit dieser bedeutsamen Bausubstanz umzugehen gedenken. Zu ihnen gehört auch Roland Ernst, dessen Firmengruppe die denkmalgeschützten Frankfurter Adler-Werke in so vorbildlicher Weise sanierte. Warum engagiert sich ein Unternehmen, das in den vergangenen zwanzig Jahren sechs Milliarden DM vor allem in Neubauten investiert hat, für historische Fabrikarchitektur? Roland Ernst wohnt selbst in einem denkmalgeschützten Haus. Er schätzt das »ganz andere Flair«, das alte Bauten im Vergleich zu Neubauten besäßen. Sein Prinzip sei es, die Gebäude zu sanieren, dabei aber möglichst ihre historische Struktur zu bewahren. Bei der Vermietung der so renovierten Räume zeige sich, daß das Angebot auch von seinen Kunden positiv aufgenommen werde.

Im Falle des historischen Opel-Areals will Roland Ernst nach den gleichen Prinzipien wie bei der Sanierung der Adler-Werke verfahren. Was man bei diesem Projekt gelernt habe, so kündigt der Unternehmer an, werde dazu beitragen, in Rüsselsheim noch Besseres zu leisten. Was von der bedeutenden Industriearchitektur der Opel-Werke de facto erhalten wird, werden die Baumaßnahmen in Rüsselsheim in den kommenden Jahren zeigen, denn merkwürdigerweise steht auf dem inneren Werkareal außer dem »Adamshof« hinter dem Werktor kein einziges Gebäude unter Denkmalschutz. Wurde das innere Areal der Opel-Werke von der Denkmalpflege vergessen oder ausgeklammert?

Wenn die Industrieepoche – wie die meisten Epochen vor ihr – mit den für sie besonders charakteristischen Bauten in die Geschichte eingehen will, muß sie sich endlich auch um deren Erhaltung kümmern. Bekanntlich stinkt der Fisch vom Kopfe her. Solange in den Köpfen der Menschen das Bewußtsein über die Bedeutung des industriellen Erbes fehlt, die Erkenntnis, daß Industriedenkmäler wie Fabriken, Kraftwerke, Förderanlagen, Hochöfen, Werkzeug- und Energiemaschinen, Fabrikantenvillen und Arbeitersiedlungen bedeutende, erhaltenswerte Zeugnisse unserer Industrieepoche sind, so lange wird das industrielle Erbe untergehen.

Es ist durchaus vorstellbar, daß ausgerechnet die Epoche der Menschheitsgeschichte, die die Welt bisher am fundamentalsten verändert hat, sich – was ihre Bauten angeht – weitestgehend selbst auslöscht, aus Kostengründen, Sachzwängen oder wie das auch immer legitimiert wird, vor allem aber aus Bewußtlosigkeit sich selbst gegenüber.

Durchaus vorstellbar, daß sich die Industrieepoche angesichts fehlender Überreste in der Vorstellung späterer Generationen in eine sagenumwobene Epoche verwandelt, von der erzählt werden wird, daß in ihr Milliarden verdient wurden, daß ihr aber letztlich alles nur Mittel zum Zweck war, daß ihr das Geld über alles ging und von ihr daher nichts blieb, »als der Wind, der durch sie hindurchging« – um es mit einem Dichterwort zu sagen.

Dr. Peter Schirmbeck ist Leiter des »Museums der Stadt Rüsselsheim« und lebt in Frankfurt am Main.

Christoph Scheffer

Stationen der Verkehrsgeschichte

Bahnhöfe und Tankstellen unter Denkmalschutz

»Gott grüße dich, Wohratal« stand in großen Buchstaben auf der mit Girlanden geschmückten Dampflok, die am 30. April 1914 als erste die Bahnstrecke zwischen Gemünden an der Wohra und Kirchhain befuhr. »Trotz drohender Gewitter und drängender Feldarbeit füllen sich die Stationen der Wohratalbahn – Gemünden, Gemünden-Süd, Wohra, Halsdorf, Ernsthausen-Wambach, Rauschenberg, Hartmühle und Kirchhain – mit einer großen Zahl Neugieriger«, so beschrieb eine zeitgenössische Chronik den feierlichen Tag. »Schulklassen und Männergesangvereine haben Aufstellung genommen, um den ersten Sonderzug auf der gerade fertiggestellten Bahnstrecke von Gemünden/Wohra nach Kirchhain mit Chorvorträgen zu begrüßen.« Mit der Eröffnung des Streckenabschnitts war endlich jene Verbindung zwischen Zimmersrode und Kirchhain hergestellt, die die Menschen im Kellerwald und im Wohratal mehr als ein halbes Jahrhundert lang herbeigesehnt hatten.

Nachdem im Jahr 1850 der Abschnitt Kassel – Marburg der Main-Weser-Bahn ihren Betrieb aufgenommen hatte und der Verkehr von der Postkutsche immer mehr auf die Bahn verlagert worden war, geriet das Wohratal verkehrstechnisch und wirtschaftlich ins Abseits. Nur die Bahn, darüber waren sich die Gemeinden im Wohratal einig, konnte ihnen helfen. Vieh, Holz, Dünger und Brennstoffe mußten transportiert werden, Pendler und Schüler zu Arbeitsplätzen und Schulen gelangen, und auch der Fremdenverkehr in den Kellerwald könnte von der Eisenbahn profitieren. Die Argumente überzeugten schließlich auch die preußische Regierung. 1909

Alter Bahnhof Gemünden

begann der Bau der Kellerwaldbahn zwischen Zimmersrode und Gemünden, 1912 wurden auch die Arbeiten für das Teilstück entlang der Wohra Richtung Kirchhain aufgenommen. 1914 war die Kellerwald- und Wohratalbahn fertig.

Wichtigste Station auf dieser Strecke wurde der Bahnhof Gemünden. Das Empfangsgebäude lag außerhalb der kleinen Stadt, ein stolzer, dreistöckiger Bau der späten Gründerzeit. Die zur Bahnseite weisende Fachwerkfassade wurde bald mit Holzschindeln verkleidet, um dem Wetter besser standhalten zu können. Ein geräumiger Fachwerkschuppen für die Güter, die hier verladen wurden, schloß sich an. In den Obergeschossen des Empfangsgebäudes gab es Wohnungen für die Bahnbeamten. Wer genau hinschaut, kann Einflüsse des Jugendstils entdecken: strenge, noch wenig verspielte Ornamente an den vielfach unterteilten Sprossenfenstern und den Türen zur Empfangshalle.

Der Bahnhof von Gemünden an der Wohra liegt heute nicht mehr außerhalb des Ortes. Die Gemeinde ist gewachsen, hat den Bahnhof mit einem Gürtel aus Einfamilienhäusern umarmt und ihn mit in die Ortsgrenzen hineingeholt. Doch noch heute steht er da wie zu Beginn des Jahrhunderts. Keine Sprosse fehlt an den Jugendstiltüren, die Holzschindeln zur Wetterseite sind frisch gestrichen, selbst das Stallgebäude, in dem früher der Bahnhofsvorsteher sein Vieh hielt, gibt es noch. Die Gleise jedoch sind verschwunden. Knapp sechzig Jahre nach der feierlichen Eröffnung, im Jahr 1972, war der Personenverkehr auf der Kellerwald- und Wohratalbahn eingestellt worden, zehn Jahre später auch der Güterverkehr. Die Strecke wurde stillgelegt, die Gleise wurden abgebaut, die Bahnhöfe verkauft.

Unter einem Berg von Schutt hat Klaus Obermann, der neue Besitzer des Bahnhofs Gemünden, eine alte Tafel gefunden. Heute hängt sie wieder im Eingangsbereich des Bahnhofs Gemünden und zeigt auf beweglichen Emailleschildern die Abfahrtszeiten von Zügen an, die schon lange nicht mehr fahren. »Hier war ja keine Fabrik und nichts«, erklärt Klaus Obermann, »und durch die Bahn haben die Leute endlich Arbeit gehabt. Die mußten dann halt ganz früh wegfahren. Der erste Zug Richtung Zimmersrode ging werktags schon um 4.58 Uhr, damit die Leute rechtzeitig in Kassel zur Arbeit waren. Richtung Kirchhain und weiter Richtung Marburg und Frankfurt ging der erste Zug um 5.49 Uhr. Am Abend kamen die letzten um 20.10 Uhr hier an. Manch einer mußte schon mit dem ersten hin und mit dem letzten zurück, aber das war immer noch besser, als gar keine Arbeit.«

Klaus Obermann ist gelernter Koch. Als Anfang der achtziger Jahre die Wohratalbahn endgültig stillgelegt werden sollte, dachte er gerade darüber nach, sich mit einer eigenen Gaststätte selbständig zu machen. Da entdeckte er am alten Bahnhof seiner Heimatstadt Gemünden ein Schild: »Zu verkaufen«. Der Alte Bahnhof als Gaststätte? Die Entscheidung fiel Klaus Obermann nicht schwer. 1984 übernahm er den Bahnhof. Pläne für die neue Nutzung hatte er schon im Kopf: »Bei mir ging das in dem Moment los, als ich das erste Mal durch das Haus ging, da hatte ich meine Ideen. Da mach' ich dies, und da mach' ich das, und da mach' ich jenes. Und so haben die Räume ihre neue Bestimmung gefunden, ganz spontan. Ich habe mich einfach auf mein Gefühl verlassen. Ich habe einfach so die Räume auf mich wirken lassen.« Klaus Obermann wollte dem Gebäude gerecht werden – die

Aufteilung und Ausgestaltung der Räume zum Beispiel sollten weitgehend erhalten bleiben – und zugleich eine für den geplanten gastronomischen Betrieb sinnvolle Nutzung ermöglichen: »Denn daß man was absolut Unpraktisches baut, nur weil's schön ist, das nützt eigentlich niemandem. Das Gebäude sollte mit Leben erfüllt werden, das war mir sehr wichtig, daß es nicht ein verstaubtes Museum wird.« Drei Jahre dauerten die Restaurierungs- und Umbauarbeiten.

Der »Alte Bahnhof« von Gemünden an der Wohra ist heute ein freundliches Restaurant mit großem Garten. Die Küche von Klaus Obermann bietet Einheimisches und Mediterranes, Raffiniertes und Bodenständiges. Im ehemaligen Güterschuppen gibt es Musikveranstaltungen zwischen Folk, Blues und Rock. Künstler aus der Region zeigen ihre Arbeiten. Im früheren Stallgebäude kann man bei Bedarf übernachten. Viele Gäste nämlich kommen mit dem Auto, manche sogar aus den Städten, die zu Beginn des Jahrhunderts das Ziel der arbeitssuchenden Menschen aus dem Wohratal waren, aus Kassel oder Frankfurt.

»Entgegen den einschlägigen Erfahrungen in der Umnutzung historischer Bahnhöfe hat Klaus Obermann mit einem großen finanziellen Aufwand und persönlichem Engagement und Feingefühl für die Werte dieses Denkmals einen Bahnhof aus der späten Gründerzeit in einen gastronomischen Betrieb umgewandelt, ohne hierbei die charakteristischen Elemente eines Bahnhofs-Empfangsgebäudes verschwinden zu lassen.« So hieß es 1993 in einer Erklärung des Hessischen Ministeriums für Wissenschaft und Kunst, als Klaus Obermann für die Instandsetzung des alten Bahnhofs in Gemünden mit dem Hessischen Denkmalschutzpreis ausgezeichnet wurde. Gelobt wurde vor allem, daß das »Gefüge des Innenraumes einschließlich der historischen Ausgestaltung der Innenraumschale« erhalten geblieben ist und die heutige Nutzung der Räume auf ihre frühere Funktion im Bahnhofsgebäude Bezug nimmt. Klaus Obermann kann dies bei einer Führung durch seinen Bahnhof demonstrieren. »Den Raum, wo früher die Bahnhofsgaststätte war, nutzen wir jetzt überwiegend als Restaurant-Raum. Die Lampe ist noch original, die hing hier drin, die haben wir auch gleich hier drin gelassen. Die gehört auch hierher. Die Holzvertäfelung an den Wänden wurde nur gestrichen. Und auch der Fußboden ist original geblieben, den haben wir nur abgeschliffen. Der Fußboden im Flur ist auch noch original Jugendstil, das ist ein wirkliches Prachtstück. Er hat zwar seine Risse, aber das bringt eben das Alter mit sich.«

Der Charakter des Materials in den historischen Räumen bestimmte die neue Nutzung. So ist der Eingangsbereich mit dem schönen Steinfußboden zum Bistro geworden. In den holzgetäfelten und mit Parkett ausgelegten Räumen der früheren Bahnhofsgaststätte und des ehemaligen Wartesaals stehen festlich gedeckte Tische. »Dienstabteil« steht auf einem alten Emailleschild über der Bar, und tatsächlich waren hier früher die Schreibtische der Bahnbeamten, wo heute Kneipengänger beim Bier am Tresen sitzen und ihre Füße auf alte Eisenbahnschienen stellen. Die Fenster geben den Blick auf die ehemalige Bahntrasse frei. In einem Erker stehen massive Holztische. »Diese Ecke«, erklärt Klaus Obermann, »hat sich ergeben durch das Stellwerk. Das Stellwerk war genau hier, das heißt, da konnten die Eisenbahner nach rechts und links gucken, in beide Fahrtrichtungen, um dann die Weichen zu stellen. Diese Nische ist heute hübsch zum Sitzen.«

Wo früher der Bahnhofsvorsteher sein Büro hatte, steht heute der neue Chef, Klaus Obermann, am Herd. Durch das Fenster des Fahrkartenschalters hält er den Blickkontakt zu seinen Gästen. »Es gibt viele Freunde, die mich selten sehen, weil ich meist in der Küche bin. Aber so können sie wenigstens mal winken und mal hallo rufen, wenn ich im Streß bin.«

Überall im *Alten Bahnhof* hängen Eisenbahnkarten aus längst vergangenen Zeiten – Kassel wurde damals noch mit »C« geschrieben –, und Emailleschilder erinnern an frühere Serviceleistungen der Bahn: »Der Schaffner ist verpflichtet, den Reisenden auf Verlangen die Schuhe zu reinigen.« Ein anderes Schild mahnte Besucher und Lieferanten, die mit Pferd und Kutsche zum Bahnhof gekommen waren: »Das Stehenlassen von Fuhrwerken ohne Aufsicht ist verboten.« Klaus Obermann, der in Gemünden aufgewachsen ist, kann sich auch noch an das verlorengegangene große Stationsschild »GEMÜNDEN« erinnern und an die Uhr im Giebel des Empfangsgebäudes. »Das waren früher die Hauptuhren im Ort, die Kirchenuhr und die Bahnhofsuhr.«

Schon bald nach der Eröffnung der Kellerwald- und Wohratalbahn erlebte die Wirtschaft der Region einen spürbaren Aufstieg. Damit wuchs auch die Bedeutung des Bahnhofs Gemünden. Eine Lokstation als Außenstelle des Bahnbetriebswerkes Marburg wurde eingerichtet. Zeitweise waren über hundert Bedienstete beim Bahnhof Gemünden beschäftigt. In den fünfziger Jahren ging es jedoch mit der kleinen Nebenstrecke bergab. Wirtschaftswunder, das bedeutete auch: Immer mehr Menschen konnten sich ein eigenes Auto leisten. Die Zahl der Passagiere ging zurück. Die Bahn

Calpam-Tankstelle Darmstadt

sparte, wo sie konnte. Anstelle von Dampfloks wurden Schienenbusse eingesetzt. Fahrkarten wurden nur noch im Schienenbus verkauft, so daß die Fahrkartenschalter überflüssig wurden und in den Bahnhofsgebäuden kaum noch Bahnbeamte anzutreffen waren. Im Mai 1972 wurde der Personenverkehr auf der Strecke eingestellt und auf die Straße verlagert.

Teichhausstraße 41 im Zentrum von Darmstadt. Die Autos rasen mit großer Geschwindigkeit an der kleinen Tankstelle vorbei. Wer zum Tanken anhält und zum Bezahlen den kleinen Verkaufsraum betritt, kann eine Entdeckung machen. Das Gebäude ist eines der letzten Beispiele für die Tankstellenarchitektur der fünfziger Jahre. Für Nikolaus Heiss, den Leiter der Denkmalschutzbehörde Darmstadt, hat die Tankstelle »einen Symbolwert für die Zeit nach dem Zweiten Weltkrieg, für die moderne Zeit, das Wirtschaftswunder, die Zunahme des Verkehrs«. Wichtigstes Merkmal sind die abgerundeten Ecken des Gebäudes mit den gebogenen Glasscheiben. Die Technik zur Herstellung gebogener Fensterscheiben gab es zwar schon seit den zwanziger Jahren, in den USA oder Skandinavien wurde sie seither auch angewandt, in Deutschland kam sie aber erst in den fünfziger Jahren auf. »Im Grunde symbolisiert diese runde Ecke auch die moderne Zeit, die moderne Technik«, sagt Nikolaus Heiss, »es ist eine Form, die sich aus der Dynamik des Verkehrs entwickelt. Eine kantige Ecke ist für den fließenden Verkehr nicht geeignet. Das hat sich auch in der Architektursprache ausgedrückt.«

Überall in Deutschland wurden in den fünfziger Jahren Tankstellen nach einem Typen-Entwurf der Firma Esso gebaut, weiß gekachelt mit rotem Streifen, mal kleiner, mal größer, aber immer mit den abgerundeten Ecken. Fast überall wurden sie abgerissen. Die Tankstelle in der Darmstädter Teichhausstraße blieb stehen und wurde Ende der achtziger Jahre unter Denkmalschutz gestellt. Der Abbruchantrag des Eigentümers kam zu spät und wurde abgelehnt. Warum auch eine Tankstelle ein »Kulturdenkmal« sein kann, erklärt Nikolaus Heiss so: »Sie hat eine Architektursprache, wie man sie auch bei anderen Bauten dieser Zeit findet, bei Flugzeugen, Schiffen, oder bei Milchbars und Pizzerias in Italien. Die fünfziger Jahre, das war die Zeit des Reisens für die Deutschen nach der Einengung in der Zeit des Nationalsozialismus. Endlich Freiheit und Reisen mit dem Auto. Tanken und dann nach Italien fahren!«

1990 übernahm der Kfz-Meister Nicola Brklje die Tankstelle als Pächter. Doch er wünschte sich Veränderungen an dem denkmalgeschützten Bau, um gegen die Konkurrenz mit ihren vielen Zapfsäulen und supermarktähnlichen Verkaufsräumen bestehen zu können. Als erstes mußte ein Dach her. »Besonders komisch war's mir«, erinnert sich Brklje, »wenn der Kunde getankt hatte und es geregnet hat. Da mußte ich dann einen Regenschirm über den Kunden halten, bis der Tank voll war, und ich wurde klatschnaß.« So konnte es nicht weitergehen. Ein Kompromiß zwischen Pächter und Denkmalschutz wurde gesucht und gefunden. Im Gespräch mit einem Architekten wurde eine Dachform gewählt, wie sie bei diesem Typ von Tankstellen in den fünfziger Jahren an anderen Orten gebaut worden war. »Möglichst schlank, dünn ausgebildet, filigran in der Konstruktion, zwei dünne Stützen davor gestellt«, beschreibt Nikolaus Heiss das Dach.

Obwohl also lediglich das Verkaufsgebäude original aus den fünfziger Jahren erhalten und daher denkmalgeschützt ist, sind für Nicola Brklje Denkmalschutz und Geschäft schwer zu vereinbaren. Während andere Tankstellenpächter einen großen Teil ihres Umsatzes mit dem Verkauf von Lebensmitteln machen, kann Nicola Brklje in dem kleinen Verkaufsraum nur ein schmales Sortiment anbieten. Auch müßte das Verkaufsgebäude eigentlich mehrere Meter nach hinten versetzt werden, damit vorne mehr Autos gleichzeitig tanken können. »Die Straße ist ziemlich lebhaft«, sagt Brklje, »und wenn einer tanken will, dann kommt er mit vollem Schwung hier reingerauscht. Dann muß er gewaltig abbremsen, damit er nicht mit einem anderen kollidiert, weil das hier alles zu eng ist.« Um so mehr freut sich Nicola Brklje, wenn Kunden ihm Komplimente über seine Tankstelle machen: »Viele haben sich gewundert, was das für eine schöne Anlage ist und wer die denn gemacht hat.« Immer wieder kommen Architekturstudenten mit Fotoapparaten vorbei.

Bei den Tankstellen, die heute gebaut werden, dürfte sich die Zahl der Bewunderer in Grenzen halten. Der Denkmalschützer Nikolaus Heiss hat an ihnen jedenfalls kein Interesse: »Was wir heute vorfinden an Tankstellen, sind schnell veränderbare Einrichtungen. Da gibt es immer wieder neue Verkleidungen, neue Blenden und farbliche Veränderungen. Das hat keinen Bestand. Es handelt sich eher um eine belanglose Architektur, die nur dem Tagesumsatz dient.«

In der Zeit des Individualverkehrs konnte – wie so viele Bahnstrecken – auch die Kellerwald- und Wohratalbahn nicht mehr bestehen und wurde 1982 abgebaut. Beinahe wäre aber auch noch das Bahnhofsgebäude von Gemünden dem Straßenverkehr geopfert worden. Entsprechende Planungen gab es noch, als Klaus Obermann seine Gaststätte Alter Bahnhof bereits eröffnet hatte. »Man wollte auf die Bahntrasse eine Umgehungsstraße bauen und den Bahnhof abreißen«, erinnert sich der Gastwirt, »aber als die Herren von den zuständigen Ämtern hierher zu einer Ortsbesichtung kamen, waren sie ganz erstaunt, wie gut der Bahnhof renoviert und zurechtgemacht war. Wären sie ein paar Jahre früher gekommen, dann wäre der Bahnhof abgerissen worden. Doch jetzt steht er da.«

Der Denkmalschutz kann für den Besitzer eines Gebäudes zu einer Fessel werden, die eine wirtschaftlich lohnende Nutzung des Gebäudes unmöglich macht. Für den Gastwirt Klaus Obermann war der Denkmalschutz die Voraussetzung für die neue Nutzung seines alten Bahnhofs. Er war es, der den Denkmalschutz für seinen Bahnhof beantragt hat. »Dadurch gab es auch ein kleines Maß an Fördermitteln, zum Beispiel über das Dorf-Erneuerungsprogramm. Wenn man so ein Projekt angeht, dann greift man nach jeder Mark.«

Im Norden von Gemünden kurz vor dem Ortsausgang zweigt die Bahnhofstraße von der Hauptstraße ab und führt direkt auf den alten Bahnhof zu. Noch immer ist schon von der Abzweigung aus die Bahnhofsuhr im Giebel des Gebäudes zu erkennen. Der große Garten ist umgeben von einem Zaun aus alten Schienen und Bahnschwellen. Unter den hohen Bäumen hat Klaus Obermann einen Brunnen gebaut – aus Steinen vom ehemaligen Bahngelände. Was immer er an Materialien oder Gegenständen vorfand, Klaus Obermann hat es am Ort gelassen und eine neue Verwendung dafür gesucht. »Die Sachen haben hier ihren Platz gefunden, und dann gehören die auch hierher.«

Vielleicht das schönste Kompliment für die Restaurierungsarbeit von Klaus Obermann ist, daß immer wieder Menschen vorbeikommen, die so tun, als sei der *Alte Bahnhof* noch ein Bahnhof: »Tippelbrüder, die manchmal denken, der Bahnhof wäre noch in Betrieb, und dann hier irgendwo übernachten wollen. Oder ältere Leute, die sich in die Empfangshalle setzen und ihr Frühstücksbrot auspacken. Das war früher so üblich. Man hat sein Brot verzehrt und ein Bier getrunken.« Und ab und zu kommt tatsächlich jemand in den Alten Bahnhof von Gemünden an der Wohra und fragt – nicht nach einem Schnitzel oder einem Glas Wein, sondern – nach einer Fahrkarte. »Den haben wir dann zum Bus geschickt«, sagt Klaus Obermann, »denn hier kann man nicht mehr so abfahren, hier kann man nur noch gedankliche Reisen unternehmen.«

Christoph Scheffer ist Journalist und lebt in Frankfurt am Main.

Adressen

- Gaststätte Alter Bahnhof, 35285 Gemünden an der Wohra
- CALPAM-Tankstelle, Teichhausstraße 41, 64287 Darmstadt

Barbara M. Henke

Alles fließt

Technische Denkmäler der Wasserindustrie

Brunnen und vorindustrielle Anlagen

Auf alten Dorf- und Stadtansichten ist festgehalten, wie sich rund um die öffentlichen Brunnen das soziale Miteinander abspielte. Beim Wasserholen traf man sich zum Austausch von Neuigkeiten, zum unverbindlichen Plausch und zur Pflege von Kontakten. Im Zuge von Dorfverschönerungsmaßnahmen kam in jüngster Zeit z.B. im Taunus so mancher ausrangierte Brunnen erneut zu Ehren. Als »Platz- oder Restflächenmöbel«[1] darf er in Kombination mit einer Ruhebank wieder zu Begegnung und Gespräch einladen. Selten allerdings sind die gußeisernen, klassizistischen Formen nachempfundenen Hof- und Straßenpumpen überhaupt noch mit dem unterirdisch verlaufenden Versorgungssystem verbunden. Schon lange vor der industriellen Revolution hatte der Fortschritt bei der Trink- und Brauchwassergewinnung und -versorgung höchste Bedeutung für die Entwicklung der Ortschaften. Siedlungen konnten nur dort entstehen, wo Quellen und fließendes Wasser unmittelbar zur Verfügung standen. Ihrem Wachstum war mit der Kapazität eben dieser Vorkommen eine Grenze gesetzt. Leitungssysteme und Hebemöglichkeiten zur Überwindung von Höhenunterschieden mußten geschaffen werden. Entscheidend voran kam man erst mit der Entwicklung automatisch arbeitender Anlagen, die Wasserkraft nutzten, um das lebensspendende Naß selbst zu transportieren, und die im Montanwesen zum Abführen von Grubenwässern bis Mitte des 16. Jahrhunderts gründlich erprobt worden waren.

An Eder und Diemel sind einige der frühesten wasserradgetriebenen

Druckkolbenpumpwerke nachgewiesen, das in Arolsen-Landau an der Watter ist sogar noch zum Teil erhalten. Bartholomäus Pfeiffer hat es um 1534 konstruiert, Ende des 17. Jahrhunderts wurde es modernisiert, seine Förderhöhe betrug 60 Meter, es funktionierte fast 400 Jahre und ist als technisches Kulturdenkmal geschützt. Vor dem Fritzlarer Dom St. Peter steht am Westportal der einstige offene Wasserspeicher des dortigen Pumpwerks, das schon Ende des 14. Jahrhunderts gebaut wurde. Der einfache Zierbrunnen aus Sandstein mit seinem achteckigen Grundriß ist das einzige Relikt der damals richtungsweisenden Anlage, die das Chorherrenstift mit Quellwasser versorgte. In der dortigen Bibliothek erwarb auch Heinrich von Hatzfeld bautechnische Kenntnisse, mit denen er 1420 für Grünberg ein Kolbenpumpwerk entwarf.[2]

Bei der Stadterneuerung der Residenz Weilburg an der Wende vom 17. zum 18. Jahrhundert war Abt Guardian von den Wetzlarer Franziskanern gemeinsam mit Julius Ludwig Rothweil, der aus dem Militärbau kam, zuständig für die Planung des neuen Wasserversorgungssystems der Barockstadt mit ihren Gärten und Springbrunnen. Auf den Höhen des Westerwalds sind noch die aus Basaltsäulen geschichteten Wände dreier großer Reservoirs zu finden, in denen Quell- und Oberflächenwasser gesammelt wurde. Durch teils tönerne und hölzerne Rohre, teils solche aus Eisen und Blei gelangte das Wasser dann abwärts bis an die Bruchkante des Lahngrabens, wo eine Regulatorenstation, der »Krahnenturm« für die Einspeisung und Weiterführung über eine Brücke in die Stadt sorgte. Ein eingebautes Kupferbecken machte den alten Kirchturm zum Druckwasserturm. Mögen die vom Wald überwucherten und ihrer Schieferdächer längst beraubten schwimmbadgroßen Becken nicht von Kunstwert sein, so sind sie doch bautechnisch interessant, nämlich als Beispiel für statisch optimales Trockenmauerwerk aus dem für die Region typischen Basalt.[3]

Fernleitungen, Stollen und Wasserbanken

Die Anstrengung, den stetig steigenden Bedarf privater und gewerblicher Abnehmer zu befriedigen, ist für große Kommunen bis in unsere Tage eine Herausforderung geblieben. Es sei nur an den Wassernotstand vom Juli 1964 erinnert, als 70 000 Einwohner Frankfurts ohne Wasser waren, sowie an den »großen Hessenplan« von Georg August Zinn 1965. Hatte man Anfang des 19. Jahrhunderts noch mit einem Verbrauch von knapp 21 Litern pro Tag und Person gerechnet, so war die tatsächliche Menge um 1890 bereits auf 120 Liter und 1912 gar auf 190 Liter gestiegen, eine Folge auch der für alle Verbraucher so komfortablen Einrichtung von sogenannten »Zapfstellen« innerhalb der Wohnungen.

Wiesbaden gehörte zu den ersten Städten im Deutschen Reich, die bereits in den 1870er Jahren Verbrauchszähler einführten; in Frankfurt bestand noch kurz vor dem Zweiten Weltkrieg Anlaß zur Klage über die Sorglosigkeit, mit der das kostbare Element vergeudet wurde. In einem von Tiefbauamt und Wasserwerk verfaßten Bericht hieß es:

»Im Einheitsverbrauch steht Frankfurt a.M. mit München und Augsburg an der Spitze aller deutschen Städte. [...] Da ein hoher Wasserverbrauch den Abnehmer in keiner Weise wirtschaftlich trifft, so hat sich nach und nach eine Sorglosigkeit [...] eingebürgert. Oft artet diese geradezu in Vergeudung aus. Dies ist nach dem Ortsstatut zwar strafbar, allein es gelingt fast nie, den Vergeuder zu bestrafen. [...] So wurde ein Metzger, der stundenlang mit offenstehendem Hahn Fleischteile wässerte, freigesprochen.«[4]

Die beiden Großstädte mußten über das unmittelbar kommunale Gebiet hinausgreifen, um dem »öffentlichen Versorgungsdruck« zu begegnen[5]. Für die Mainmetropole wurde nach Plänen von J. P. W. Schmick eine 66 Kilometer lange Quellwasserleitung aus dem Vogelsberg und dem Spessart angelegt; in der Kurstadt setzte man auf den Stollenvortrieb in die nördlich gelegenen Taunushänge. Zur Druckerzeugung entsprechend dem Prinzip der kommunizierenden Röhren und zur Speicherung größerer Mengen für den Ausgleich von Verbrauchsspitzen dienten zwei unterschiedliche Typen von Hochbehältern: unterirdisch die Beckengalerien, oberirdisch die Türme. Zur Einweihung von Vogelsbergleitung und Hochbehälter gönnte sich Frankfurt das Schauspiel einer verschwenderischen Wasserkunst: im Bethmannweiher erhob sich am 22.11.1873 eine 35 Meter hohe Fontäne, stolze Demonstration des erreichten Fortschritts bei der innerstädtischen Versorgung.

Für die Randbezirke und umliegenden Ortschaften, die später eingemeindet wurden, errichtete man Türme. Ähnlich wie der schon 1845 gebaute, quadratische fünfstöckige Backsteinbau im Grüneburgpark, der sich mit gotisierenden Bögen und einem Zinnenkranz als Bergfried einer mittelalterlichen Burg vorstellt, erinnert auch der heute funktionslose Wasserturm auf der Abtsecke oberhalb von Langenselbold, auf sechseckigem Grundriß in Sandsteinmauerwerk aufgeführt, an eine Festung. Die Türme der expressionistischen Baumeister, wie sie etwa an der Bargulfstraße in

Fulda 1925 und am Grünen Weg in Friedberg 1927 errichtet wurden, sympathisieren mit wehrhaften Anlagen, und 1937 entlehnte man auch in Gelnhausen wieder der staufischen Burgenarchitektur die Form des Wasserturms an der Königsberger Straße. Wie in Seligenstadt der mit seinem Glockendach barock anmutende Turm von 1936/37, der über einem Wohnkubus als oktogonaler Aufbau zu einem Wahrzeichen der Stadt wurde, haben viele Hochbehälter in Turmbauweise die Zuneigung der Anwohner gewonnen und gelten als erhaltenswert. Zu nennen sind beispielhaft in Wiesbaden: der 1923 stillgelegte Turm auf der Adolphshöhe, zu dessen 100. Geburtstag auch in diesem Jahr wieder viele Nutzungsvorschläge erwartet werden, und der 1966 stillgelegte im Stadtteil Igstadt, den Bürgerproteste 1973 einer Renovierung statt dem Abriß zuführten. Weit verstreut im Lande finden sich etliche seit der Umstellung des Bahnbetriebs auf Elektrizität obsolet gewordene Bahnwassertürme. Gerade der Bedarf für das rasche Auftanken der dampfbetriebenen Loks hatte seit 1840 zu einem Boom im Turmspeicherbau geführt und den Erfindergeist von Ingenieuren angeregt. Sie errichteten märchenhafte Kombinationen, Mischwesen aus Leuchtturm, Minarett, Burgwehr, Lustschloß, Ausguck und Zweckbau. In Bebra sorgen heute Eisenbahnfreunde für den Erhalt als Museum, am Zieherser Weg in Fulda entstand mit einer umlaufenden Fensterreihe in der Behälterschale und mit einem flachen Anbau eine schöne Wohnanlage, und erst im vorigen Jahr zeichnete der Hessisch-Thüringische Denkmaltag die fachgerechte Sanierung und Umnutzung des trutzigen Bahnwasserturms von Bad Salzschlirf aus. Funktionslos dagegen ist ein eigenartiger Zwitter in Lollar. Er diente seit 1863 als Aufzugsgehäuse für die Befüllung des Hochofens der Main-Weser-Hütte und wurde »Gichtturm« genannt. Während der Hochofen verschwand, sicherte die Umnutzung des Turms zum Wasserspeicher den Fortbestand. Gemeinsam mit der Fabrikantenvilla und der Werksiedlung gehört er zu einem industrie- und sozialgeschichtlich wichtigen, für Hessen einmaligen Ensemble.[6]

Kommen wir nun zu den Anlagen, mit denen sich Wiesbaden im letzten Viertel des vorigen Jahrhunderts an die bergmännische Erorberung der wasserführenden Schichten des Taunusgebirges machte. Die Stadt folgte damals mit einigem Mut den umstrittenen Auffassungen des Königlichen Landesgeologen Dr. Carl Koch über den tektonischen Aufbau sowie die Schichtenfolge der Gesteine und ließ sich auf den beispiellosen Vortrieb von Tiefstollen ein, die erst nach jahrelanger Arbeit ihr Ziel erreichten. Es galt also,

Durststrecken durchzustehen, wobei viel Geld investiert, unter teils abenteuerlichen Bedingungen der damaligen Montanbauweise die Gesundheit der Arbeiter riskiert und immer wieder mit Nachbargemeinden über das Wasserrecht verhandelt werden mußte. Bis 1910 schuf man Stollen mit einer Gesamtlänge von 11 442 Metern, die der Stadt bis in die Gegenwart hinein etwa ein Drittel ihres Trinkwasserbedarfs sichern. Für den Erfolg des damals bahnbrechenden Unternehmens besonders wichtig war die Entwicklung der Verschlüsse, die aus den hinter Stautüren weiter ins Gebirge reichenden Stollen unterirdische Stauseen machen. Münzberg-, Kellerskopf-, Kreuz- und Schäferskopfstollen sind jenseits dieser Stautüren insgesamt 6357 Meter lang und können ein Volumen von geschätzten zwei Millionen Kubikmetern Wasser auffangen. Quasi nach außen gestülpt, vermittelt die triumphale Rhetorik der Stollenportale eine Ahnung von den Dimensionen der bergmännischen Wassergewinnung. Heute noch funktioniert die vierrädrige Draisine, die 1909 für die Befahrung des Schäferskopfstollen angeschafft wurde. Wie die Bahnfahrräder für Kreuz- und Kellerkopfstollen konnte auch dieses Fahrzeug vor- und rückwärts fahren; zur Richtungsänderung tauschte man Lenker und Sattel einfach aus.

Der Baurat und zeitweilige Stadtbaudirektor Ernst Winter schloß schon vor der Jahrhundertwende keineswegs aus, was bald danach mit wechselndem Erfolg in Schierstein Wirklichkeit werden sollte:

»Als letzte Bezugsquelle bleibt immer noch der Rhein. Bei den heutigen hygienischen Anschauungen würde man sich nur in der äußersten Noth dazu verstehen können, filtriertes Rheinwasser den Bewohnern der Stadt als Brauchwasser anzubieten, der Contrast gegen unser vorzügliches Quellwasser ist zu groß und die in der Menge dermaßen bestehende übertriebene Bakterienfurcht wird es zunächst nicht zu einem derartigen Beschluß kommen lassen. Aber die Noth kann vielleicht dazu zwingen, wenn die oben angegebenen Hülfsmittel versagen!«[7]

Die Furcht um den guten Ruf als Kurstadt spielte bei vielen Entscheidungen der Stadtväter in Sachen Wasser eine große Rolle. Tatsächlich sollte die Trinkwasserförderung unmittelbar in der Rheinniederung immer wieder zu Auseinandersetzungen führen und zahlreiche Modernisierungen bewirken.[8]

Entsorgung

Ein Großstadtbewohner von heute kann sich kaum vorstellen, wie die Abwasserentsorgung früher vor sich ging. Noch bis Mitte des 19. Jahrhunderts wurde jeglicher flüssige Abfall einfach in beliebig genutzte Rinnen oder Gräben geschüttet, die ihn aus dem engeren Stadtgebiet hinaus und wo möglich in den nächsten Bach- oder Flußlauf beförderten. In Frankfurt floß die stinkende Brühe aus Oberflächenschmutz, Küchenabwässern und Fäkalien zeitweise durch 23 Ausmündungen direkt in den Main. Der ansässige Geheime Sanitätsrat Dr. Georg Varrentrapp nahm im September 1869 in Dresden an einer Versammlung deutscher Naturforscher und Ärzte teil, die in einer Art Resolution festhielt:

»Eine besondere Beachtung verdient die Entfernung der menschlichen Excremente, des ekelhaftesten Bestandtheiles des abzuführenden Unrathes. Er gerät am schnellsten in Zersetzung, entwickelt die widerlichsten und schädlichsten Gase und dient zugleich als Entwicklungsstätte gewisser Krankheiten (Cholera, Typhus u.s.w.).«[9]

Nachhaltig konnte das Problem erst mit der Einführung eines systematischen Kanalsystems gelöst werden, dessen Ausbau nach Hamburger und Berliner Vorbild über drei Jahrzehnte währte und in Anbetracht der dichten städtischen Bebauung mit bereits regem Verkehr eine Meisterleistung der Tiefbautechnik darstellte. An den in Wasserbaufragen erfahrenen Chefingenieur dieses wichtigen Projekts der Schwemmkanalisation erinnert ein Straßenname: William G. Lindley, gebürtiger Londoner, hatte schon in Basel, Chemnitz, Düsseldorf, Hamburg, Petersburg, Warschau und andernorts gearbeitet, bevor er in die Kanalisationsbaukommission der Mainstadt berufen wurde. Für die unaufffällige Ummantelung der zur Abführung miefiger Gase notwendigen Lüftungskamine boten sich die alten Wachtürme der ehemaligen Landwehr an. Kurzerhand wurden die Galluswarte wie die Bockenheimer, Friedberger und Sachsenhäuser Warten zu Lüftungstürmen und so aus wehrtechnischen quasi wassertechnische Bauten. Nur Planzeichnung und Photo vermitteln heute noch eine Vorstellung davon, daß man sich auch beim einzigen echten Lüftungskamin, der als freistehendes Bauwerk die vierstöckigen Wohnhäuser im Umfeld weit überragte, etwas einfallen ließ. Er stand ein paar Jahre auf dem Friedberger Platz und mutete mit seinen Schmuckfriesen und einem gußeisernen Zieraufsatz fast wie ein überschlankes Minarett an.

Wohin aber nun mit dem Abwasser, in das seit dem Siegeszug des water closet immer mehr Fäkalien gelangten? Und was mit ihm tun? Der Einwohnerzahl (um 1880 rund 134 Tsd., 1900 bereits 289 Tsd.) angemessene riesige Rieselfelder konnte die Stadt mangels geeigneter Fläche nicht anlegen; sie war aber von der Wiesbadener Regierung zu Klärmaßnahmen verpflichtet worden, nicht zuletzt wegen vieler Klagen mainabwärts lebender Anrainer, denen eine weitere Verschmutzung des Mains nicht mehr zumutbar war. 1882 wurde Europas erste mechanische Großkläranlage genehmigt und 1887 vollendet. Die Klärbecken am linken Mainufer unterhalb Niederrads senkte man so weit ins Erdreich hinab, daß sich Pumpen zur Hebung des durch die Hauptkanäle kommenden Abwassers erübrigten, wobei man auf einen Grundwasserstrom in gut 10 Metern Tiefe stieß. So ergab sich die Möglichkeit, peu à peu drei Fassungsanlagen mit dampf- und später auch elektromotorisch angetriebenen Pumpen im Stadtwald einzurichten, die bedeutendste darunter das Pumpwerk »Hinkelstein« mit seiner wohlgeformten Maschinenhalle, einer neoromanisch gegliederten Rotunde von 12 Metern Durchmesser unter einem Kuppeldach, das eine Laterne mit einer kupfernen Figurine krönt. Sehenswert ist auch das Innere des restaurierten Gebäudes, das als demonstrativ gelungenes Beispiel historistischer Architektur und wichtigster Teil der gesamten Anlage bewahrt wird. Durch Öffnungen in den Scheitelpunkten der mächtigen Kugelgewölbekappen fällt Tageslicht in die Kläranlage Niederrad. Es akzentuiert die markante, an Lagerkeller erinnernde Architektur. Oberirdisch begegnen wir außen wieder Formen aus Historismus und Jugendstil und im Eingangsbereich einem Majolikarelief mit der allegorischen Darstellung eines Jungbrunnens; aus gebückten Greisinnen werden jugendliche Schönheiten. Gewissermaßen feiert dieser bei Erweiterungsbauten 1902-1904 hinzugekommene Wandschmuck die gesamte Anlage als eine Höchstleistung damaliger Ingenieurskunst. Bei Modernisierungsmaßnahmen baute man die Anlage vor rund zehn Jahren auf die ursprüngliche Größe zurück und dachte an eine museale Nutzung.

Talsperren im Fadenkreuz von preußischer Wasserstraßen- und Energiepolitik

Das wohl größte technische Denkmal unseres Bundeslandes ist mittelbar dem gewaltigen Investitionsschub im letzten Jahrzehnt des 19. Jahrhunderts und dem Wirken des Aachener Ingenieurs Prof. Otto Intze zu danken. Nach anfänglichem Zögern bei den behördlichen Entscheidungsträgern und potentiellen Betreibern, die sowohl der Sicherheit wie der wirtschaftlichen Ausbeute von Staudämmen bzw. der durch sie erzielten Flußwassersammelbecken mißtrauten, erhielt der Promoter des deutschen Talsperrenbaus, der

Edertalsperre nach der Fertigstellung

vor allem die französischen Vorbilder gründlich studiert und weiterentwickelt hatte, die Möglichkeit, seine ersten eigenen Anlagen bei Remscheid und Altena zu verwirklichen.[10]

Auch die Edertalsperre entspricht dem Intzeschen Prinzip der Gewichtsstaumauer mit ergänzend stabilisierender, gewölbeartiger Bogenform. Das »Goldene Jahrzehnt« des Talsperrenbaus[11] war allerdings durchschritten, als Preußen am 1. April 1905 sein Gesetz »betreffend die Herstellung und den Ausbau von Wasserstraße« beschloß. Ein Jahr später begann der Ausbau des Mittellandkanals, auch Ems-Weser-Kanal genannt, in dessen Vollzug das Land Waldeck zur Kulisse eines der größten technischen Monumentalbauten des Reiches und Europas wurde. Damals galt die Eder als gefährlichster Hochwasserfluß des gesamten Wesereinzugsgebietes; in

Kraftwerk Hemfurth I an der Edertalsperre. In Betrieb von 1915 bis 1991.

Chroniken sind verheerende historische Fluten überliefert, und genau wegen des periodischen Wasserreichtums interessierte sie die Ingenieure.

Gemeinsam mit den Wassermengen, die man vom 1912-1924 eingerichteten Diemelstausee bei Bedarf abziehen wollte, sollte das Ederreservoir seinen Beitrag zur hochpolitischen, da volkswirtschaftlich relevanten Ost-West-Querverbindung zwischen dem westlichen Industriegebiet an Rhein und Ruhr und den Agrargebieten im Osten leisten. Der Schutz der unmittelbaren Nachbarschaft, also der unteren Eder und unteren Fulda vor Hochwässern sowie die Nutzung der Wasserkraft waren zunächst sekundär, als man von 1909-1914 25 Millionen Goldmark zu Füßen Schloß Waldecks verbaute. Um wieviel der veranschlagte Betrag von 4,85 Millionen Goldmark für den Diemeldamm überschritten wurde, ist nicht mehr feststellbar, die Bauausführung fiel größtenteils in die Inflationszeit. Mit »nur« 20 Millionen Kubikmetern Stauraum ist der Diemelsee gemessen an 202 Millionen

Kubikmetern des großen Vorläufers vergleichsweise klein. Nicht ohne Verluste konnte die Schließung der natürlichen Talenge »Uhrenpforte« erfolgen, denn oberhalb im Edertal befanden sich die Dörfer Bringhausen, Berich und Asel mit insgesamt etwa 155 Gehöften.

»Das zwar hochwassergefährdete, aber sonnenbeschienene, windgeschützte und vielbesungene Heimattal mußte von insgesamt 150 Familien – etwa 900 Personen – verlassen werden, die ihr neues Zuhause in eigens für sie errichteten Plandörfern einzurichten hatten. Zur besseren Verwurzelung im neuen Umgebungsfeld hatten sie ihre alten Gotteshäuser wie Reliquien in ihre neuen Ortschaften getragen.«[12]

300 Tausend Kubikmeter Grauwacke-Bruchstein aus zwei eigens angelegten Steinbrüchen in gut sechs Kilometer Entfernung schaffte eine Förderbahn nach und nach an die Baustelle, wo insgesamt rund 1000 (meist »Fremd-«) Arbeiter das Werk von Hand vollendeten. Das Zentralblatt der Bauverwaltung schreibt schon 1911: »200 Maurer waren täglich an der Arbeit, 100 Handlanger schafften Steine und Mörtel heran. Heute ist es fast unvorstellbar, daß jeder Stein an dieser Riesenmauer von Hand behauen, gewaschen und gesetzt worden ist. 200 Mann haben die Bruchsteine gewaschen und gebürstet, nochmals 300 waren in den Steinbrüchen tätig.«[13]

Die Bauleitung oblag dem Geheimen Oberbaurat Dr. Ing. Leo Sympher, der den Damm nach Intzes Prinzipien geplant hatte.

»Die künstlerische Ausgestaltung des Bauwerkes hingegen lag in der Hand des Regierungsbaumeisters Dr. Ing. Meyer, der auch für die Neuerrichtung der Dörfer und die Versetzung der Kirchen [...] zuständig war.« Er hatte »den Auftrag – den konservativen Tendenzen der Zeit folgend – den zwar kühnen, aber rohen Nutzbau zu kaschieren, zu schönen bzw. erträglich zu machen. Als Architekt des Historismus bediente er sich des Formenrepertoires vergangener Stilepochen, ließ sich mit einem Seitenblick auf Schloß Waldeck vom spätmittelalterlichen Burgenbau inspirieren und verlieh dem gewaltigen Mauerrohling einen uneinnehmbaren Festungscharakter mit wehrhaften Torbauten und einem Pechnasenkranz als Wasserüberfallkante.«[14]

Nicht nur hier galt bis in die dreißiger Jahre hinein – trotz der parallel wirkenden Pioniere der Moderne – die Devise: feudal muß es wirken, sakral oder wehrhaft aussehen!

»Die Talsperre wurde kurz vor Kriegsbeginn 1914 vollendet. Die Einweihungsfeierlichkeiten, zu denen schon große Vorbereitungen getroffen waren, sollten am 25. August 1914 stattfinden. Sie wurden jedoch durch die Mobilmachung vom 1. August 1914 abgebrochen. Die Inbetriebnahme ging danach in aller Stille vor sich.«[15]

Es sollten keine 19 Jahre vergehen, bis sich die Mauer erneut als »Schicksalsbauwerk«, diesmal für die Nachfolgegeneration, erwies. Lange hatte ein speziell für die Bombardierung von Staumauern aufgestelltes britisches Bombengeschwader mit Übungsflügen in Nordschottland den Angriff vorbereitet, der in der Nacht vom 16. zum 17. Mai 1943 erfolgreich durchgeführt wurde.

»Die Zerstörung erfolgte durch eine [...] für diesen Zweck entwickelte 3,9 t schwere, zylindrische Spezialbombe. Die quer zur Flugrichtung unter dem Flugzeug hängende Bombe wurde kurz vor dem Abwurf in Rotation versetzt, dann aus sehr niedriger Höhe etwa 250 m vor der Mauer abgeworfen, so daß sie wie ein flach auf das Wasser geworfener Stein an die Mauer heransprang, dort versank und durch Druckzünder auf einer Tiefe von 20 m detonierte.«[16]

Die Sperre war voll aufgestaut, als um circa 1.45 Uhr der präzise Bombenabwurf eine halbovale Bresche von 60 Metern oberer Breite und 22 Metern Tiefe in die Mauer riß, durch die sich bis in die Morgenstunden rund 160 Millionen Kubikmeter Wasser ederabwärts ergossen.

»Durch die Bresche in der Mauer flossen bis zum Morgen des 17. Mai rd. 160 hm3 Wasser ab. Eine rd. 9 m hohe Flutwelle wälzte sich mit rd. 8500 m3/s durch das Edertal – neunmal soviel wie das größte je aufgetretene natürliche Hochwasser. Diese Flutwelle hinterließ besonders im Edertal gewaltige Zerstörungen. Häuser und Brücken wurden fortgerissen, und 68 Menschen kamen dabei ums Leben.«[17]

Die von der »Organisation Todt« begonnenen Reparaturen konnten nicht komplett während des Krieges abgeschlossen werden, erst Mitte November 1947 war eine betriebssichere statische Situation wiederhergestellt.

Abgesehen von Instandhaltungs- und Reparaturarbeiten in den fünfziger und sechziger Jahren wurde erst Anfang der 80er eine gründliche Überprüfung begonnen, aufgrund festgestellter Standsicherheitsmängel die Füllmenge gegenüber dem bis dato üblichen Vollstau um 1,50 Meter abgesenkt und die Sanierung geplant. In Übereinstimmung mit der Denkmalpflege leitete die Wasser- und Schiffahrtsdirektion Mitte federführend das komplizierte Verfahren von August 1991 bis Mai 1994 und dokumentierte es in einer

Festschrift. Für den Abbruch und Wiederaufbau der Mauerkrone mit einer Gesamtlänge von 400 Metern z.B. nahm man sich Abschnitt für Abschnitt jeweils 18 Meter lange Strecken vor, ausgehend von der Hemfurther Seite in Richtung Waldeck; in fahrbaren Arbeitsbühnen glitten die Bauarbeiter von Quadratmeter zu Quadratmeter an den äußeren Mauerflächen entlang, um schadhaftes Fugenmaterial zu entfernen; im »Pilgerschrittverfahren« wurden schließlich die Bohrungen für 104 mächtige Stahlkabelanker vorgetrieben, die dann mit Hilfe eines Autokrans behutsam über einen Stahlrahmen mit Laufrollen in die Löcher versenkt wurden, von oben durch die gesamte Höhe der Mauer hindurch und in den Felsuntergrund. Es ist kein Ingenieurslatein, wenn die Tragkraft dieser Anker mit 585 Schnellzuglokomotiven angegeben wird, sie beträgt tatsächlich 46800 Tonnen.

Die Preußen Elektra als Betreiberin des Wasserkraftwerks Hemfurth I, das seit 1915 arbeitet und in unmittelbarem historischen und baulichen Zusammenhang mit dem Stausee steht, nutzte die Sanierungsphase, um die ausgedienten Francis-Turbinen mit horizontaler Welle zu ersetzen; einer der sechs Maschinensätze mit Generator blieb für Ausstellungszwecke nach 77 Betriebsjahren als technisches Denkmal am alten Standort und bekam moderne Francis-Spiralturbinen mit vertikaler Welle zur Seite. Das seit 1928 arbeitende Werk Hemfurth II mußte in dieser Phase mit seinen drei Maschinensätzen allein neben wasserwirtschaftlichen Aufgaben auch noch einmal die Energieerzeugung übernehmen und ist inzwischen wieder stillgelegt. Im Bereich der Edertalsperre ist mit der Errichtung des Laufwasserkraftwerks Affoldern 1930 und der Pumpspeicherkraftwerke Waldeck I und II 1932 und 1975 ein regelrechtes Versorgungszentrum entstanden, Ausgangspunkt der Stromversorgung zwischen Ems und Elbe, dänischer Grenze und Main.

Bedenkt man den ursprünglichen Zweck des Eder- wie des Diemeltalstaudamms, also die Sicherung des Mittellandkanalwasserstands, so ist schlichtweg festzustellen: seit Eröffnung der kanalisierten Mittelweser im November 1960 hat sich dies weitestgehend erledigt. Zusätzliche und an ihren Bestand gekoppelte Nutzungsarten der Seen sind: Fremdenverkehr, Wassersport, Fischerei, Fahrgastschiffahrt, Badeanstalten, der Betrieb von Hotels und Pensionen usw.

Geheimtip bis heute: der Lahnschiffahrtstunnel

Die Punkte Kanalbau und Tourismus sind auch bei einem kleineren, aber wegen seiner Einzigartigkeit in Deutschland besonders interessanten Denkmal wichtig: dem Schiffstunnel, der unter der Stadt Weilburg hindurch die Lahnschleife abkürzt. Landgraf Carl von Hessen (Gründer Bad Karlshafens) ließ 1710 »... Pläne ausarbeiten für einen Kanal von der Fulda über Eder, Schwalm und Ohm zur Lahn. Dies war der erste Versuch, das Wesergebiet mit dem des Rheins zu verbinden.«[18]

Im Kanaltorso parallel zu Diemel und Esse bis auf die Höhe von Schönberg haben wir heute nur noch den Ausgangspunkt des weitreichenden Projekts vor Augen.[19] Im späteren Herzogtum Nassau wurde ab 1808 die Lahnschiffahrt gezielt gefördert, u.a. durch eine Verbesserung der Passage-Möglichkeiten an den von Mühlen und Hüttenwerken genutzten Wehren; nach einem Vertrag Nassaus mit Preußen und Hessen-Darmstadt von 1844 ersetzte man diese Lücken bis 1859 durch 20 Kammerschleusen. Wagemutigstes Unternehmen beim gemeinsamen Ausbau der Lahn bis Gießen war allerdings der Tunnel, dessen Baugeschichte aus Anlaß einer Renovierung 1977 gründlich erforscht wurde.

»In Deutschland waren bis zum Bau des Weilburger Tunnels (und bis heute!) nur zwei Kanaltunnels gebaut worden, 1806 [...] im Redenkanal bei Rüdersdorf östlich von Berlin, zu dem Schinkel den Entwurf des Portales beigesteuert hatte. Dieser Tunnel ist 1897 zugeschüttet worden. Bei Freiburg i.S. war 1822-1823 ein Tunnel im Kurprinzenkanal erbaut worden, der bis 1868 befahren wurde«.[20]

Die Pläne des leitenden Bauinspektors Haas, die sich vielleicht an den 18 französischen und fünf britischen Vorbildern orientierten, die es damals schon gab, sind nicht erhalten, dafür um so mehr Dokumente, die von den Schwierigkeiten berichten, mit denen er zu kämpfen hatte, von Auseinandersetzungen mit Grundeignern wegen Beschädigungen im Uferbereich über Streit mit der Stadt wegen der Breite der »schiefen Brücke« bis hin zu den Problemen, die das Gestein bereitete. Nachdem es im Mai 1846 einen Unfall mit einem Todesopfer gegeben hatte, wurde unter den Arbeitern immer öfter Widerstand laut. Ohne Zuschlag z.B. waren Nachtschichten nicht mehr durchsetzbar, und für das schleppende Vorankommen machte im Juni desselben Jahres Oberbergrat Schapper in einem Bericht an die Regierung u.a. die Tagelöhner verantwortlich:

»Das fast allgemein gewordene Bestreben der Arbeiter nach höheren Löhnen tritt auch bei dem Tunnelbau hervor. Das zufällige Herabfallen eines Steines aus dem Tunnelfirste [...] gab den Maurern zureichende Veranlassung, die Arbeit sofort mit dem Verlangen höherer Löhne wegen der gefährlichen Arbeit zu verlaßen.«[21]

Im November 1847 war der Tunnel mitsamt der Koppelschleuse – die zwei Kammern beförderten die Schiffe über eine Höhe von 4,64 Metern – und dem beiderseits regulierten Flußbett fertiggestellt, wie man glaubte 182 Meter lang; seit der Laserstrahlvermessung 1977 weiß man, daß es tatsächlich 195,26 Meter sind. Das Bauwerk sollte sich nicht mehr rentieren, da es bald Konkurrenz bekam.

»1858 wurde die Bahnlinie von Oberlahnstein bis Bad Ems eröffnet, 1863 war Wetzlar erreicht. Nun konnten die bisher zu Schiff beförderten Güter mit der Bahn transportiert werden, und zwar jederzeit, während auf der Lahn die Schiffahrt häufig wegen langer Niedrigwasserzeiten, wegen Hochwasser und Eis ruhen mußte. [...] 1890 war sie zur Bedeutungslosigkeit herabgesunken.«[22]

Nur Ausflügler und Sportschiffer lesen noch die Inschrift im klassizistischen Portal: ADOLPHUS / DUX NASSOVIAE / MONTIS JUGUM PERFOSSUM / NAVIBUS APERUIT / A.D. MDCCCXLVII, Adolph Herzog von Nassau hat den Rücken des Berges durchstochen und den Schiffen geöffnet. A.D. 1847.

»Die Erstürmung der Bastille« – Kassels »Neue Mühle«

Ausflügler zieht es auch zur »Neuen Mühle« in Kassel Niederzwehren, in die von den Städtischen Werken jetzt doch noch einmal vier Millionen Mark investiert werden sollen, um mit einer der alten Turbinen Strom für circa 850 bis 1000 Haushalte zu erzeugen.[23] Oskar von Miller, der spätere Gründer des Deutschen Museums in München, hatte 1890 die Pläne für das Elektrizitätswerk an der Stelle entworfen, wo wohl schon seit dem 15. Jahrhundert, nachweislich seit 1721, eine Gefällstufe der Fulda zum Betreiben einer Mühle genutzt wurde und Moritz von Hessen im Zuge der Verbesserung der Schiffahrtsbedingungen 1601 eine Schleuse einbauen ließ. Im Laufe der Zeit nutzten dort verschiedene Gewerke die Wasserkraft: Getreide wurde gemahlen, ein Holz- und Marmorschneidegang arbeitete in der Pacht des Schleusenwärters, Branntwein ging der Produktion von Eisenblech und Nägeln voraus. Zum Zeitpunkt des Eingriffs des Elektrotechnikers von Miller galt das Interesse der Stadtväter sowohl der Erzeugung von Strom, dessen Kapazität man noch in der Stückzahl erleuchtbarer Glühbirnen berechnete, als auch der Trinkwassergewinnung. So kam es zur Einrichtung eines kombinierten Wasserpump- und Elektrizitätswerkes. Erst die spektakuläre Demonstration der Fernstromübertragung bei der Internationalen Elektrotechnischen Ausstellung am 24. August 1891 – Georg Siemens sprach vom »Tag der Erstürmung der Bastille« – leitete die Entwicklung von ganze Länder versorgenden Hochspannungsnetzen ein, wie wir sie bis heute kennen.

»Zwischen Oktober und Mai 1890 wurde in Kassel ein kombiniertes Wechsel- und Gleichstromwerk errichtet. In der etwa sieben Kilometer entfernten Neuen Mühle wurden zwei Wechselstrommaschinen [...] durch die dortige Turbinenanlage angetrieben [...] Der hochgespannte Wechselstrom wurde über eine Leitung zu zwei sogenannten Sekundärstationen im ›Hofraum des städtischen Meßhauses‹ und im ›Schulhaus am Wall‹ übertragen, wo er zwei Wechselstrommotoren betrieb, die mit Dynamos verbunden waren. Diese wiederum erzeugten gleichgerichtete Ströme, welche teils unmittelbar durch ein unterirdisches Kabelnetz in der Stadt verteilt, teils in einer Akkumulatorenbatterie [...] aufgespeichert wurden. Von hier aus wurden die weiteren Leitungen gespeist.«[24]

Während sich noch zehn Jahre später »von den 652 öffentlichen Elektrizitätswerken in Deutschland 63% in privatem Besitz befanden«, lief das Kasseler »von Beginn an in kommunaler Regie«[25] und machte rasch Schlagzeilen:

»Die motorische Anlage weist insofern eine Neuerung auf, als hier zum ersten Mal ein städtisches Elektricitätswerk im wesentlichen auf eine Wasserkraft begründet wurde, welche erst mittels elektrischer Kraftübertragung nutzbar gemacht werden konnte. [...] So ist denn in Kassel zum ersten Mal eine Kombination von Wechselstrom und Gleichstrom zur Anwendung gekommen, welche in technischer wie in ökonomischer Beziehung sehr gute Resultate aufzuweisen hat.«[26]

Die Zeitgenossen betonen in ihren Berichten stets, wie rasch die Nachfrage nach dem Luxusgut Elektrizität stieg. Von Miller hatte das Werk so angelegt, daß bei 3800 angeschlossenen Glühlampen 2800 gleichzeitig brennen konnten, und eine allmähliche Ausdehnung auf 12000 vorgesehen. Bis 1887 kam es zu 8460 angeschlossenen Lampen, Anlaß für die Stadt, eine neue »Dampfzentrale« am Königstor zu errichten.[27] Das anfängliche Staunen der Menschen über die Möglichkeit, auch in den Nachtstunden Straßen und Läden »gleißend hell« zu erleuchten, wich dem selbstverständlicheren Umgang mit der Elektrizität, die z.B. auch die Straßenbahn antrieb. Zu einem »öffentlichen Versorgungsdruck« in Sachen Strom, der die Lieferung bis an »Zapfstellen« in den Wohnungen forcierte, kam es allerdings in Kassel erst nach dem Ersten Weltkrieg. Die »Neue Mühle« wurde nicht weiter ausgebaut, der Kraftwerkbereich für die Versorgung der Stadt mit Energie vielmehr 1902 stillgelegt und die beiden Generatoren entfernt.

Seit 1972 der Betrieb eingestellt wurde, hat sich das Bewußtsein gefestigt, eine solch seltene Anlage sei von unersetzlichem Wert für die Technikgeschichte; die Maschinenräume sind nach Anmeldung Besuchern eines dort eingerichteten kleinen Museums zugänglich, in dem nicht allein hydro- und elektrotechnische Apparate ausgestellt werden, sondern auch etliche Objekte von der Geschichte der Wassernutzung Zeugnis ablegen, vom gußeisernen Hydranten, einem beliebten »Restflächenmöbel«, bis zu einer Fluor-Dosier-Anlage, die nach dem Zweiten Weltkrieg eigens für einen von Amerikanern bewohnten Bezirk in Kassel angeschafft wurde. Auch jener Hang zum Maskieren von Zweckbauten läßt sich an der Neuen Mühle noch einmal studieren, nämlich am backsteinernen Maschinenhaus mit seinem Anbau, das 1899 ergänzend zur Wasserförderung in Betrieb genommen wurde.

»Mit den gestuften Rundbogenfriesen, den Giebeln, Fenstern und der Ornamentik ist hier die ganze Formenvielfalt historisierender, neoromanischer Architektur vorhanden.«[28]

Dr. Barbara M. Henke ist Journalistin und lebt in Frankfurt am Main.

Anmerkungen

1 Vgl. Dagmar Söder und Joachim von Wiecki, »Gußeiserne Brunnen in den Dörfern des Taunusgebietes«, in: *Denkmalpflege in Hessen,* 1/1994, S. 38ff.

2 Vgl. Albrecht Hoffmann, »Frühneuzeitliche Pumpwerke in Mitteleuropa und insbesondere im Flußgebiet von Eder und Diemel«, in: *Kasseler Wasserbau-Mitteilungen,* Heft 7, Kassel 1996, S. 113ff.

3 Vgl. Falko Lehmann, »Die Reservoirs der Residenz Weilburg. Technische Denkmäler einer barocken Infrastruktur«, in: *Denkmalpflege in Hessen,* 1/1990, S. 48ff.

4 Hanskarl Protzmann, »›Beobachte, was früher war, dann weißt du was kommen wird!‹ Rückblick auf hundert Jahre Strom-und Trinkwasserversorgung in Frankfurt am Main am 24. Mai 1995«, in: *Stadtwerke-Spektrum,* 2/1995, Sonderausgabe, S. 6.

5 Axel Fölz und Manfred Hamm, *Die Industriegeschichte des Wassers. Transport, Energie, Versorgung,* Düsseldorf 1985, S. 148.

6 Vgl. Rolf Höhmann, »Werte und Verluste. Zur Situation technischer Denkmäler in Hessen«, in: *Denkmalpflege in Hessen* 1/1992, S. 33ff.

7 Klaus Kopp, *Wasser von Taunus, Rhein und Ried. Aus zwei Jahrtausenden Wiesbadener Wasserversorgung,* Wiesbaden 1986, S. 63.
8 Dazu ausführlich Klaus Kopp, a.a.O., Kap. 8-14.
9 Volker Rödel, *Ingenieurbaukunst in Frankfurt am Main 1806-1914. Beiträge zur Stadtentwicklung,* Frankfurt/M. 1983, S 58.
10 Vgl. Michael Neumann, »Die Ederstaumauer – ein letzter Gigant der Kaiserzeit. Aspekte der Denkmalpflege bei den Instandsetzungsarbeiten«, in: *Denkmalpflege in Hessen,* 1/1994, S. 32 f.
11 Axel Fölz: a.a.O., S.128.
12 Michael Neumann, »Der Technik ein Denkmal?«, in: *Hessische Heimat. Zeitschrift für Kunst, Kultur und Denkmalpflege,* 44. Jg. 1994, Heft 3, S. 91.
13 Ders., »Die Ederstaumauer – ein letzter Gigant der Kaiserzeit?«, in: *Die Denkmalpflege,* 53. Jg. Heft 1, München 1995, S. 57.
14 Ders., »Die Ederstaumauer ... Aspekte ... «, a.a.O., S. 34.
15 Ernst Corinth, »Die Ederstaumauer – Geschichte, Bau und bisherige Instandsetzungsmaßnahmen«, in: *Edertalsperre 1994. Festschrift der Wasser- und Schiffahrtsdirektion Mitte,* hg. aus Anlaß der Wiederherstellung der Staumauer, Hannover 1994, S. 15.
16 Ebda., S. 17
17 Ebda.
18 Martin Eckoldt, »Die Geschichte der Wasserstraße in Nordhessen. Einführung«, in: *Kasseler Wasserbaumitteilungen,* 4/1995, S. 12.
19 Vgl. Heinrich Klose, »Kanal Weser-Rhein: Verkehrsplanungen und Auswirkungen«, *Kasseler Wasserbaumitteilungen,* Heft 4, Kassel 1995, Weilburg 1980, S. 15.
20 Wilhelm Schick, *Der Schiffstunnel zu Weilburg an der Lahn. Deutschlands einziger Fluß-Schiffs-Tunnel,* Weilburg 1980, S. 15.
21 Ebda., S. 36.
22 Martin Eckoldt, »Die Lahn als Wasserstraße in ihrer geschichtlichen Entwicklung«, Sonderdruck aus: *Beiträge zur Rheinkunde,* hg. vom Rhein-Museum e.V., 32. Heft, Koblenz 1980, o.S.
23 Pressemitteilung der Städtische Werke Aktiengesellschaft vom 7.10.1996.
24 Friedhelm Krause, »Frühgeschichte der Elektrifizierung in Nordhessen«, in: *Kasseler Wasserbaumitteilungen,* 7/1996, S. 181f.
25 Ebda., S. 180.
26 F. Uppenborn, »Das Elektricitätswerk der Residenzstadt Cassel, projektiert und erbaut von Ingenieur Oscar von Miller«, in: *Elektrotechnische Zeitschrift* (Centralblatt für Elektrotechnik), Heft 31, Berlin 4.8.1893, S. 437.
27 Vgl. J.W. Van Heys, *Das neue Elektrizitätswerk der Residenzstadt Cassel,* Cassel 1910, S. 6ff.
28 Rainer Slotta, *Technische Denkmäler in der Bundesrepublik Deutschland,* Bochum 1977, Bd. II.

Florian Schwinn

Denk mal weit

Der späte Gedanke an die Kultur der Landschaft Rheingau

»Stand er einst – im Frühling war's – auf dem Söller seines Ingelheimer Schlosses und ließ die Blicke schweifen auf das wunderherrliche Land zu seinen Füßen. Schnee war über Nacht gefallen und ein schimmerndes Gewand deckte die Rüdesheimer Halde. Wie des Kaisers Auge sinnend auf der weißen Landschaft ruhte, da sah er, daß der Schnee vom Rücken des Johannisberges schneller schmolz unter dem Sonnenstrahl als ringsum. Der große Karolus vermeinte, daß allda, wo solch segnende Sonnenglut falle, auch etwas Besseres als Gras gedeihen könne.[1]«

Niemand anderes als Karl der Große soll es gewesen sein, der die viel besungenen Reben in den Rheingau brachte. Nach seiner Entdeckung, berichtet die Sage, schickte er einen treuen Knappen nach Orleans, um Weingärtner und Reben an den Rhein zu holen. Dann pflanzte Kaiser Karl eigenhändig den ersten Rebstock in den Hang – genau dorthin, wo bis heute der »Johannisberger Erntebringer« wächst. Drei Jahre später schon soll der Kaiser aus Aachen wieder mit dem Schiff nach Rüdesheim gekommen sein, um die erste Ernte auf seinem neuen Weinberg zu begutachten. Urkundlich erwähnt wird der Rheingauer Weinbau allerdings schon im Jahre 770, als das Reichskloster Lorsch die Gemeinde Walluf als Weinort in sein Traditionsbuch aufnimmt. Da war der große Karl erst seit zwei Jahren König der Franken.

Schon vor seinem sagenhaften Eingreifen hatte die Landschaft am Mittelrhein also begonnen, sich zu verändern. Die Südhänge wurden gerodet und terrassiert, die Dörfer wurden reicher – und mit ihnen die freien Weinbauern und die Fürsten. Schlösser und Burgen entstanden, neue Klöster wurden gegründet, Kirchen gebaut. Maler, Bildhauer, Architekten und Steinmetze wurden beschäftigt. Der Rheingau wurde, was ihn heute – zusammen mit dem gegenüberliegenden pfälzischen Ufer des Mittelrheins – zu einer weltweit einmaligen Landschaft macht und die UNESCO erwägen läßt, ihn zum »Weltkulturerbe« zu erheben: eine von Wein und Kunst geprägte Kulturlandschaft.

Die Rebpflanzung des späteren Römischen Kaisers Karl war schon die zweite Initiation des Rheingaus zum Weingau. Die erste brachten die Römer der Antike zum Ende des ersten Jahrhunderts nach Christus. In Geisenheim, Kostheim, Rüdesheim und Hattenheim ausgegrabene römische Tongefäße und Rebmesser belegen die lange Tradition, die nur vorübergehend in den Wirren der Völkerwanderung wieder untergegangen war.

Den dritten Landschaft und Kultur verändernden und prägenden Eingriff des Weinbaus in die Region brachten – nach Römern und Römischem Kaiser – die Römischen Verträge und die Herren aus Brüssel. Die EU-Bürokratie und ihre Landwirtschaftspolitik verdrängte in den letzten vierzig Jahren die Bauern und die Feldwirtschaft. Bäuerliche Landwirtschaft lohnte sich nicht mehr, wo kleinräumige Landschaft maschinengerechte Agrarsteppen verhinderte. Das EU-Credo vom »Wachsen oder Weichen« war für die Bauern im Hügelland das Todesurteil. Dann ließ die Flurbereinigung aus den traditionsreichen Weinbergen die alten Steinmauern verschwinden. Der Weinbau zog sich aus den mit Maschinen nur schwer zu bearbeitenden Steilhängen zurück und breitete sich über die ehemaligen Äcker und Weiden der Bauern aus. Nach den Bauern entließen nun auch die Weingüter ihre Landarbeiter.

Die wurden zu Pendlern mit Arbeitsplätzen in den dichter besiedelten Gebieten der Region Rhein-Main. Die Pendler kauften Autos. Die Autos brauchten Straßen. Die Landschaft veränderte sich erneut.

Dagmar Söder hat beim Hessischen Landesamt für Denkmalpflege die Aufgabe übernommen, aufzulisten, was diese allerletzte Entwicklung von der Kulturlandschaft Rheingau übriggelassen hat. Seit einem Jahr nun ist sie fast jede Woche mindestens einmal mit Meßtischblatt und Aktennotizen im Rheingau unterwegs. Sie arbeitet am denkmalpflegerischen »Inventarbuch« der Region. Immer begleitet von der Fotografin des Landesamtes, Christine Krienke, die Einzelgebäude, Ensembles, Dorfstraßen und Wegkreuze für die Dokumentation aufnimmt.

In Presberg, im waldreichen Hinterland des Rheingaus, inspizieren die beiden die Dorfstraße. Wo sie den Dienstwagen parken, klafft eine Lücke im ehemals geschlossenen Straßenbild. Dagmar Söder legt auf das Autodach eine Kopie des Planes, den in den sechziger Jahren ihr Vorgänger Herchenröder gezeichnet hat. Im letzten vollständigen Inventarbuch des Rheingaus ist die Hauptstraße von Presberg noch ein geschlossenes Ensemble aus den für diese Gegend typischen kleinen Bauernhäusern und Hofreiten mit zum Teil verschindeltem Fachwerk. Irgendwann zwischen 1965 und heute mußte dann ein Haus dem spärlichen Durchgangsverkehr oder den breiter gewordenen Traktoren weichen. Vielleicht war es auch nur heruntergekommen und drohte einzustürzen. An seiner Stelle jedenfalls ist jetzt Platz – aber nicht etwa Dorfplatz, sondern Parkplatz. Der angrenzende Hof zeigt eine lange, struktur- und fensterlose Flanke – die ehemalige Brandmauer. Auch ein paar Schritte die Straße hinunter fehlt ein Haus. Auf dem alten Lageplan ragte es ein wenig in die Straße hinein. Heute zeigt das stehengebliebene Nachbarhaus eine homogen schwarze Flanke aus Kunstschindeln, die als Imitat des eigentlich typischen Schiefers nur aus sehr großer Entfernung durchgehen können. Vor diese Wand gestellt und ebenfalls mit Kunstschiefer gedeckt – eine Mischung aus Kapellchen und Wachhäuschen, die einen Heiligen beherbergt, der nie zuvor an dieser Stelle stand. Er störte wahrscheinlich irgendwo anders. Hinter dem Resthaus dann die nächste Lücke. Auch die gab es bei der letzten denkmalpflegerischen Inventarisation noch nicht. Dagmar Söder streicht zwei weitere Gebäude aus dem Lageplan und kennzeichnet die Reste des ehemals geschlossenen Ensembles. Christine Krienke baut das Kamerastativ auf die Straße, schraubt die 6x6-Kamera auf und fotografiert.

Die Denkmalpflegerin seufzt leise: »Wie schnell das geht!« Ihre Inventarisation von 1997 ist eine Art Verlustdokumentation. Sie ist in der eigentlich glücklichen Lage, ein umfassendes Inventar der Region zu besitzen, das schon nicht mehr, wie das Inventarbuch des Rheingaus von 1907, nur Burgen und Schlösser auflistet. Ihr Vorgänger im Amt hat schon 1965 eine Denkmaltopographie vorgelegt. Schon damals hatte sich der Blick einzelner Denkmalpfleger vom Fokus auf einzelne Gebäude geweitet zu einer mehr ganzheitlichen Sicht. Straßenzeilen und ganze Dorfansichten wurden ins Denkmalbuch aufgenommen, Plätze und kleinere Ensembles von Bauwerken als erhaltenswert gekennzeichnet.

Um so erstaunter jetzt der Blick der Denkmalpflegerin in diese vor dreißig Jahren noch als »malerisch«, »wohlerhalten« und »geschlossen« bezeichneten Straßen. Manche Gebäude sind verschwunden, durch Neubauten ersetzt oder zu Parkplätzen planiert, mit Blumenkübeln und trittfestem Friedhofsgrün möbliert. Viele der noch vorhandenen Häuser sind mit Eternitschindeln verunstaltet, ihrer Fensterläden beraubt, mit Plastikfenstern »modernisiert«.

Dagmar Söders Arbeit am denkmalpflegerischen Inventar ist ein einziges Streichen und Umzeichnen. Oft suchen Fotografin und Denkmalpflegerin lange nach verschwundenen Wegkreuzen und anderen kleinen Einzeldenkmalen, finden sie dann schließlich zehn Ecken vom ursprünglichen Standort entfernt – und sind gleichermaßen entsetzt wie erfreut; entsetzt über den gedankenlosen Umgang mit den Zeugnissen der reichen kunsthistorischen Vergangenheit der Dörfer und Städtchen im Rheingau, erfreut, überhaupt noch etwas vorzufinden.

Die für die Region typischen Wegkreuze und Heiligenstatuetten sind, wenn nicht verschwunden, dann doch häufig versetzt. Die Wegkreuzungen, die sie einst bezeichneten und beschützten, sind es oft auch, die alten Verbindungswege bis zur Unkenntlichkeit den Bedürfnissen des motorisierten Individualverkehrs angepaßt. Die nutzlos gewordenen Heiligen stehen als Dekoration in Vorgärten oder städtischen Anlagen.

»Sie zu versetzen ist bisweilen der einzige Schutz, den man solchen Wegkreuzen noch zukommen lassen kann«, sagt einer, der für manches Denkmalrücken im Rheingau verantwortlich zeichnet. Prof. Paul Claus hat als Geschäftsführer der Gesellschaft zur Förderung der Rheingauer Heimatforschung schon manche Heiligenstatue »vor dem Autoverkehr gerettet«. Der pensionierte Direktor der Geisenheimer Forschungsanstalt für Weinbau kümmert sich persönlich darum, daß die Wegkreuze aus der Gefahrenzone kommen. Ihm ist es lieber, wenn die Heiligen vom historischen Ort an der Wallfahrtsstraße zu einem der Rheingauer Klöster in einen benachbarten Wingert wandern, als wenn irgend ein weinseliger Autofahrer eines schönen Abends dem Denkmal die Füße abfährt. Denkmalschützerin Söder sähe die Heiligen lieber am historischen Ort und den Autoverkehr verbannt. Das aber ist wenig realistisch, was sie natürlich weiß, aber manchmal auch nicht wissen will. »Man kann nicht immer Kompromisse machen!« sagt sie und macht einen neuen roten Strich in den alten Lageplan: »Denkmal gewandert um 50 Meter.«

Nicht nur weil es ein heißer Tag ist in Presberg im Rheingau – auch zur

Eltville-Rauenthal, Aufnahme ohne Datum

geistigen Erfrischung, betreten Denkmalpflegerin und Fotografin die gerade erst restaurierte Kirche des ehemaligen Bauerndorfes. Die Blicke hellen sich auf. »Vorbildlich gemacht!« urteilt Dagmar Söder. Als sie das letzte Mal vor Ort war, wurde hier noch gebaut. Jetzt kann die Restaurierung zum ersten Mal im Bild festgehalten werden.

Wiederum seufzend stehen die beiden Frauen vom Landesamt dann vor einem eigentlich hübsch renovierten Fachwerkhaus auf der Dorfstraße. »Betonung liegt auf hübsch«, sagt Dagmar Söder, weist auf den recht bajuwa-

Eltville-Rauenthal, Februar 1994

risch anmutenden neuen Holzzaun um den Hof und murmelt: »Ich hasse Baumärkte!«

Eine Seitenstraße weiter dann aber wieder ein Lichtblick. Ein ordentlich restauriertes Fachwerkhaus ohne die sonst üblichen gestaltlosen Plastikfenster. Die Hausbesitzer haben ein klein wenig tiefer in die Tasche gegriffen und den Schreiner Maßanfertigungen aus Holz zimmern lassen. »Es geht, wenn man will«, kommentiert Christine Krienke und windet sich um ihr Stativ, um das Haus trotz der engen Gasse einigermaßen vollständig auf den Film zu bekommen.

Am Schluß des Aufenthaltes im Dörfchen Presberg ein kurzer Kontrollgang hinter das Dorf. Zufrieden stellt Dagmar Söder fest, daß der Ring der alten Bauerngärten um das Dorf noch weitgehend unzerstört ist. Auch der alte Ringweg und die vor den hier oft scharfen Winden schützende Hecke sind noch vorhanden. Auch das gehört zum Dorfbild und zur landschaftstypischen Gestaltung dieser Dörfer im Waldgebiet der Region. Ehemals enge Gassen und kleine Bauernhöfe im Dorfkern, die Gärten außen herum – die Felder dann im weiteren Umkreis in den Tälern und auf den sanfteren Hügelflanken die Weiden. Der Rest war bewirtschafteter Wald. Die Bauern waren nicht reich in diesem Teil des Rheingaus. Ihre kleinen Fachwerkhöfe sind nicht eben das, was Touristen hier erwarten. Und die eng stehenden Häuser bieten auch nicht immer die Möglichkeit, den Wohnkomfort einzubauen, den ihre längst zu Berufspendlern gewordenen Einwohner heute als Standard wünschen. Entsprechend gering schätzen manche Dorfbewohner ihre Elternhäuser. Entsprechend groß ist der Drang zum Abriß, und wo das nicht geht und nicht genehmigt wird, zum Neubau im ehemaligen Gartenring vor den Toren des Dorfes.

So verlieren die Dörfer langsam ihr Gesicht. Gleichzeitig geben die letzten Bauern auf. Die Weiden wuchern mit Sträuchern und Pionierwald zu, die Felder liegen brach. Die Landschaft verliert ihr Gesicht.

»Viele Menschen hier haben gar kein rechtes Verhältnis zu ihrer Heimat«, klagt Dagmar Söder. »Sie sehen die Schönheit der alten Strukturen und gewachsenen Dörfer nicht. Nur Schlösser und Burgen sind schützenswerte Denkmale in ihren Augen. Die schlichten Bauernhäuser und die alten Höfe der Winzer aber sind es, die diese Landschaft eben genauso prägen, und die deshalb genauso schutzwürdig sind, wie ein Schloß Johannisberg oder ein Weingut Graf von Kanitz.«

»Hier sind noch tausend herrliche Wege, die alle nach berühmten Gegenden des Rheins führen; jenseits liegt der Johannisberg, auf dessen steilen Rücken wir täglich Prozessionen hinaufklettern sehen, die den Weinbergen Segen erflehen, dort überströmt die scheidende Sonne das reiche Land mit ihrem Purpur, und der Abendwind trägt feierlich die Fahnen der Schutzheiligen in den Lüften und bläht die weitfaltigen Chorhemden der Geistlichkeit auf, die sich in der Dämmerung wie ein rätselhaftes Wolkengebilde den Berg hinabschlängeln.[2]«

Die tausend herrlichen Wege, von denen Bettina von Arnim ihrem »liebsten Herrn« Goethe schreibt, sind zum Teil noch heute vorhanden. Trotz aller Begradigungen und Verunstaltungen gibt es viele der Wallfahrstwege zu den Klöstern des Rheingaus noch. Und wenn es nach dem Verkehrsdirektor von Rüdesheim ginge, gäbe es auch die Wanderwege derer von Goethe, Brentano und Arnim längst beschildert und im Wanderführer inklusive Sehenswürdigkeiten beschrieben. Peter Huppert hat sich zur Aufgabe gemacht, den Niedergang der Touristenhochburg am Rhein aufzuhalten. »Und das geht nur, wenn wir von Quantität auf Qualität umsteigen!«

Noch aber bietet Rüdesheim den Tausenden von Tagesgästen, die täglich die Drosselgasse und ihre »singenden Winzer« heimsuchen, nur die althergebrachten Ausflugsziele: mit der Kabinenseilbahn direkt von der Fußgängerzone über die Weinberge zum Niederwalddenkmal und von dort durch den Wald zum »Weindorf Aulhausen« oder auf einem Wanderweg durch den Naturpark Rhein-Taunus. Oder mit dem Sessellift von der »weltbekannten Rotweingemeinde Assmannshausen« zum Jagdschloß Niederwald. »In 15 Minuten Fahrzeit bietet sich dem Betrachter ein einmaliges Bild«, verheißt der Prospekt. Und er lügt nicht. Das beste aber ist, daß man aus ihm heraus den Sessellift selber nicht sieht, der für alle Blicke von außen die Landschaft zersägt.

Die meisten Besucher der Weinstadt haben aber nicht einmal Zeit für diese touristischen Attraktionen. Sie sind Tagesgäste. Sie kommen mit den Pauschalreisen der großen Veranstalter – fast zur Hälfte aus dem Ausland, etwa aus den USA und aus Japan. »See Europe in 10 days.« Das läßt kaum drei Stunden für Rüdesheim. Auch die Pauschaltouristen aus England, Schweden, Norwegen oder Dänemark bleiben meist kaum einen halben Tag. Das reicht gerade für einen Rundgang, für das Weinmuseum, einen Schoppen in der Drosselgasse und einen Besuch im Souvenirladen am Rhein. Entsprechend sieht Rüdesheim aus. Eine wenig aufgeputzte Altstadt und an der Rheinpromenade zigfach vor die Fassaden geklebte Läden und Restaurants. Und davor – zwischen Rhein und Stadt – dann noch zu allem Überfluß das eigentliche Ärgernis der Region und das, was zunehmend auch die Besucher fernhält: eine Landstraße, durch die sich der Autoverkehr quält, und dahinter eine Bahnlinie, über die alle 20 Minuten ein Güterzug dröhnt. Vom Rhein ist dann nichts zu sehen, vom eigenen Wort nichts zu hören.

In den Rüdesheimer Gaststätten, Läden und Hotels liegen Postkarten für die Touristen aus. Darauf können sie sich vielsprachig beschweren über den schmerzenden Lärm und den Schnitt, den die Verkehrsadern Land und Leuten zufügen. Verkehrsdirektor Huppert will die Bahn unter Rüdesheim in einen Tunnel verbannen. Ein Millionenprojekt, für das es bislang keinerlei Finanzierung gibt. Die Hoffnungen, daß die Deutsche Bahn nach dem Neubau der ICE-Strecke Frankfurt-Köln einen Teil des Güterverkehrs dort laufen läßt, sind zerstoben. Die Hochgeschwindigkeitszüge dulden keine Güter neben sich. Der Rheingau wird weiter von Bahn und Lärm zerschnitten.

Und Verkehrsdirektor Huppert wartet weiter auf den »Qualitätstouristen«, dem er die kunstreiche Landschaft auf alten Wallfahrts- und Wanderwegen zum Kloster der Hildegard von Bingen oder zu den historischen Weingütern der Umgebung erschließen will.

Die Landschaft zerschneidenden Verkehrswege könnten auch die UNESCO stören, wenn sie begutachten soll, ob die Region Mittelrhein reif ist, als »Weltkulturerbe« neben Alhambra und Akropolis zu bestehen. Die rheinland-pfälzische Landesregierung treibt dieses Projekt voran. Mainz ist der historische Mittelpunkt auch des Rheingaus. Domänenrat a. D. Josef Staab, der lange Jahre das Weingut Schloß Johannisberg leitete und bis heute dort wohnt, sitzt zwar in vielen Gremien des Rheingaus – unter anderem im Denkmalschutzbeirat des Landkreises –, Ehrendoktor ist er bezeichnenderweise aber an der Mainzer Universität geworden. Und das rheinland-pfälzische Projekt »Weltkulturerbe Mittelrhein« sorgt sich denn auch um den Erhalt des Weinbaus im heute hessischen Rheingau.

Das von den Planungsgemeinschaften Mittelrhein-Westerwald und Rheinhessen-Nahe beauftragte Stadt- und Regionalplanungsbüro Jansen aus Köln und das Büro für Städtebau und Umweltplanung »Stadt-Land-plus« aus Boppard listen in ihrem »Handlungskonzept Mittelrheintal« die Probleme der Region auf: Zersiedelung und Zerschneidung der Landschaft, Verkehrslärm und Pendlerströme, Rückgang der Rebflächen in den Steilhängen, Zerfall von landschaftsprägenden Denkmalen, Dominanz des Tagestourismus. Die Planer fordern Qualitätstourismus, längere Verweildauer der Gäste, mehr Sorge um die gewachsenen Ortsbilder und die Unterstützung der Winzer in den schwierigen Steillagen. Sie schlagen der Region, die an den beiden Rheinufern in zwei Bundesländern in drei Regierungsbezirke und fünf Landkreise aufgeteilt ist, ein gemeinsames Motto vor, das ein wenig nach Hilferuf klingt: »Eine Region besinnt sich auf gemeinsame Stärken: Der Mittelrhein – Ein Stück Weltkultur.«

Was zuletzt durch die Nachkriegsgrenzen am Fluß entlang in zwei administrativ getrennte Teile zerschnitten wurde, soll nun wieder zusammengefügt werden, durch die »Einrichtung eines regionsübergreifenden Standortmarketings« und die »Berufung eines Mittelrheinberaters«. Es gibt zwar auf der gesamten Strecke zwischen Mainz und Koblenz keine Rheinbrücke, die Planer aber wollen dennoch erreichen, daß sich die Region an beiden Seiten des Rheins wieder auf ihre regionale Identität besinnt und ihr erstes Ziel »Erhalt und Entwicklung der raumprägenden Kulturlandschaft« wird. Zustimmendes Nicken beim Johannisberger Domänenrat Josef Staab. Er fühlt sich ohnehin noch heute als »Kurmainzer«, denn »seine eigentliche Prägung erfuhr die Region in neun Jahrhunderten durch den geistlichen Kurstaat Mainz«. Die vielen Klöster, die Kirchen, die Schlösser und Burgen, der Weinbau – all das ist ohne die Zugehörigkeit zur ehemals größten Kirchenprovinz der Christenheit unter dem Kurfürsten des Erzbistums Mainz nicht denkbar. Erst 1803 wurde das rechtsrheinische Gebiet – der Rheingau – säkularisiert, nachdem das linksrheinische Mainz 1798 im Zuge der Revolution französisch geworden war. Seitdem trennt der Strom, der einst als Verkehrsweg die Verbindungsader war.

»Die größten Veränderungen aber«, erzählt Josef Staab, »erlebte die Region in der Zeit nach dem Zweiten Weltkrieg.« Als er 1967 Domänenrat wurde und damit Chef des Weingutes Schloß Johannisberg, mußte er die Feld- und Waldwirtschaft aufgeben. Bis dahin weideten auf den Wiesen des Schlosses Kühe, der Weinbau war nur ein Teil einer großen Landwirtschaft. Das Schloß verkaufte Ländereien, um die Kriegsschäden reparieren zu können. Auf die ehemaligen Weiden wurde die Neubausiedlung »Schloßheide« in Eltville gestellt. Die Feldwege wurden zu Straßen asphaltiert. Ein Viertel der alten Felder wurde zu neuem Rebenland.

Die Entwicklung am Johannisberg ist typisch für die ganze Region. Sie führte einerseits dazu, daß heute mehr Rebstöcke als je zuvor im Weinland Rheingau wachsen, andererseits zu fortschreitender Zerstückelung der Landschaft. Inzwischen zahlt das Land Hessen den Winzern Zuschüsse für die Bewirtschaftung der Steilhänge, und die Denkmalbeiräte diskutieren über einen generellen Stopp des Siedlungsbaus. Da sind sich Prof. Claus von der Gesellschaft zur Förderung der Rheingauer Heimatforschung und Domänenrat Staab einig mit der beamteten Wiesbadener Denkmalschützerin Dagmar Söder: Irgendwie muß die weitere Zerstörung der Landschaft am Rhein verhindert werden.

Wer Dich gesehn, lernt Lachen.
Du bist so freudenreich.
Du labst das Herz der Schwachen
und machst den Armen reich.
Du spiegelst hohe Schlösser
und füllest große Fässer
mit edlem Wein.

Clemens Brentano

»Manchmal kann ich nur wegschauen, um nicht weinen zu müssen«, sagt Dagmar Söder. Bei der Fahrt ins enger werdende Rheintal in Richtung Lorch zum Beispiel. Dort nämlich spiegelt sich neben dem Schloß Hohneck etwas im Rhein, was unweigerlich die Blicke auf sich zieht: eine ungeheure Wunde in der Landschaft. Ein gewaltiger Steinbruch frißt den Berg unterhalb der Burg. Die Steine fahren auf Binnenschiffen in die Niederlande zur Verarbeitung. »Diese Schrunde in der Landschaft muß weg, wenn wir UNESCO-Weltkulturerbe werden wollen«, bestätigt der rheinland-pfälzische Denkmalpfleger Hans Caspari. Insgesamt fünf Betriebe am Mittelrhein möchte er gerne umgesiedelt sehen, den Berg an der Burg Hohneck renaturiert und wieder bewaldet. Sonst wird die Kultur- und Umweltorganisation der UNO die Region wohl kaum in die Liste der schutzwürdigen Natur- und Kulturdenkmale der Menschheit aufnehmen.

Gegenüber der schwärenden Wunde in der Landschaft steht einer der schönsten Renaissancebauten am gesamten Rhein. Das Hilchenhaus, Stammsitz des Ritters Hilchen, gehört zum ältesten Weingut von Lorch. Ein paar Jahrhunderte lang bewirtschafteten es die Freiherren von Stein, bevor es in direkter Erbfolge an die Grafen von Kanitz überging. Deren Name hat schon lange einen guten Klang in Kennerkreisen. Im Gault Millau haben die Weine, die seit 1992 vom Gutsverwalter Ralf Bengel hergestellt werden, drei Sterne, bei den Versteigerungen erzielen sie Höchstpreise. Seine Reben zieht Verwalter Bengel an steilen Hängen, die viel Handarbeit verlangen. Während sich die Winzer an anderen Orten aus den Steilhängen zurückziehen, haben sich Besitzer Graf von Kanitz und sein Verwalter ganz gegen den Trend vor Jahren schon für noch mehr Handarbeit entschieden: in den Lorcher Spitzenlagen wird seitdem der Weinbau ökologisch betrieben.

Das Credo von Ralf Bengel ähnelt dem des neuen Rüdesheimer Verkehrsdirektors: »Klasse statt Masse«. Der ökologische Weinbau schont die

Hänge, schützt vor Erosion in den steilsten Lagen und ist ganz offensichtlich wirtschaftlich erfolgreich.

Das Geld reicht dennoch nicht aus für die Erhaltung des romanischen Wohnturms, des Zentrums des Gutes, und des Renaissancebaus des Ritters Hilchen – zumal die Zuschüsse des Denkmalschutzes in letzter Zeit lange auf sich warten lassen. Eine Gastwirtschaft bringt etwas Pacht. Ein Hotel wäre besser. Allein – nur wenige Touristen verirren sich über Assmannshausen hinaus nach Lorch. Und niemandem kann eine Übernachtung im historischen Hilchenhaus empfohlen werden. Die Gäste würden kaum ein Auge zutun – denn auch durch Lorch donnern Tag und Nacht die Güterwagen der Deutschen Bahn – direkt an Weingut und Wahrzeichen vorbei. Der Traum von der Verbindung aus Qualitätswein und Qualitätstourismus zur Erhaltung der Kulturlandschaft und Schaffung des »Gesamtdenkmals Rheingau« wird vom Dröhnen der Räder zerstört .

Florian Schwinn ist Journalist und lebt in Frankfurt am Main.

Anmerkungen

1 Wilhelm Ruland, »Der Johannisberger«, in: *Rheinsagen,* Bonn o.J., S. 40.
2 Bettina von Arnim: »Aus Goethes Briefwechsel mit einem Kinde«, in: *Der Rhein,* Frankfurt am Main 1983, S. 204.

Martin Maria Schwarz

Es muß nicht immer Gotik sein

Stadtensembles des Historismus in Fritzlar und Homberg

Ein Blick in die Informationsbroschüren ihres Verkehrsamtes verrät dem Besucher bereits viel über das Selbstverständnis einer Stadt. Hier werden die Wege der Stadterkundung vorgezeichnet, die Sehenswürdigkeiten definiert. Als »Fachwerkjuwel des Kurhessischen Berglandes« begrüßt Fritzlar in einem solchen Blatt seine Besucher, empfiehlt Marktplatz, Dom und Stadtmauer zur Besichtigung – Mittelalter also. Das benachbarte Homberg wirbt mit »fachwerkbunten Gassen« und lädt zum Altstadtbummel – ebenfalls Mittelalter.

Es gehört immer noch zur landläufigen Strategie der Verkehrsämter, die Werbung für ihre Stadt auf gotische Bögen zuzuspitzen – das gilt auch für die beiden Städte im Schwalm-Eder-Kreis. Es hat den Anschein, als wäre die Geschichte von Homberg und Fritzlar schon an der Stadtmauer zu Ende, als hätte sich jenseits des altstädtischen Rings nichts mehr ereignet, was die Betrachtung lohnt. Dabei wird unterschlagen, daß die Gründerzeitjahre dem urbanen Raum eine oft ebenso unverwechselbare und in künstlerischer Qualität hochwertige Prägung verliehen haben. Gerade in den hessischen Provinzen bescherte die Einverleibung in das preußische Reich nach 1866 den Kleinstädten eine neue Blütezeit. Die relativ schwache Industrialisierung und ein nur mäßiges Bevölkerungswachstum ließen einen Städtebau zu, der verschont blieb von den Schattenseiten dieser Jahre der Prosperität, den schmucklosen Mietskasernen oder den Folgen der Bodenspekulation.

Einer der Vorzüge von Stadterweiterungen des späten 19. Jahrhunderts war die Aufnahme von Gestaltungsformen, die bis dato vornehmlich ein herrschaftliches Privileg gewesen waren. Der Gedanke, die gebaute Umwelt um gestaltete Natur zu bereichern, wurde nun vom erstarkten Bürgertum aufgegriffen und in Form von Hausgärten oder zentrumsnahen Parkanlagen im urbanen Raum etabliert. Als Nachklang von Schönheitsvorstellungen der Romantik mischte sich der Aspekt des »Malerischen«, also der bewegten Linien im Zusammenspiel von Architektur und Bepflanzung, in die Konzeptionen von Baumeistern und Stadtplanern.

Der Hang der wohlhabenderen Großstadtbewohner, in die Gartenvororte zu ziehen, ergriff auch die Begüterten der kleineren und mittleren Städte. Ein nicht zu unterschätzender Grund für den Exodus vor die alten Tore lag unter anderem in den hygienischen Zuständen der mittelalterlichen Stadtkerne, wo durch Überfüllung, marode Bausubstanz und Straßenverunreinigung Infektionskrankheiten günstige Ausbreitungschancen fanden.

Das neue Wohnen grenzte sich daher von der Straße ab und ließ dennoch Aufenthalte im Freien zu. Straßen in geraden Achsen zogen Verbindungen zu den neuen Verkehrszentren. Bauen im Historismus bedeutete, umgebungsorientiert zu gestalten, die Komponenten Natur, Architektur und Verkehr aufeinander abzustimmen. Nach diesen Gesichtspunkten wurden auch die Fritzlarer »Allee« und die Homberger »Ziegenhainer Straße« zwischen 1875 und 1905 ausgebaut, mit vielen architektonischen Feinheiten, die auch im heutigen Erscheinungsbild (noch) zu erkennen sind.

Die »Allee« in Fritzlar – Vom gesellschaftlichen Mittelpunkt zum Altstadt-Zubringer

Die »Allee« befindet sich am Nordrand der Stadt, direkt vor der alten Stadtmauer. Angelegt war sie als Ost-West-Spange, als Querverbindung zwischen Geismar im Westen und Kassel im Norden. Eine Fotografie von 1868 zeigt sie als einen von hohen Pappeln flankierten Feldweg. Die Besonderheit dieser Straße liegt damals wie heute darin, daß sie an den ehemaligen Wehrgraben der Stadt angrenzt, der in der 2. Hälfte des 19. Jahrhunderts aufgeschüttet und zu einer Parkanlage umgewandelt wurde – ein zeittypischer Vorgang, der zum Beispiel in Frankfurt mit dem Anlagenring einen Vorläufer aus der Zeit nach 1810 hat.

Diese topographisch günstige Lage erfuhr zwischen 1897 und 1905 eine Aufwertung durch vier Gebäude entlang der Straße, deren Fassaden der Stadt zugewendet wurden.

Sie ergänzten zwei bereits bestehende Bauten an der Nord-Ost-Ecke, einen Gastronomiebetrieb und ein landwirtschaftliches Gehöft. Bauherren und Bewohner dieser neuen Vorstadtbesiedlung rekrutierten sich aus den wichtigsten gesellschaftlichen Schichten der Jahrhundertwendezeit: aus Militär und aufstrebendem Bürgertum. Der siegreich geführte Krieg gegen Frankreich von 1870/71 erhöhte das Ansehen des preußischen Militärs, das in Fritzlar zu einem wichtigen Faktor im städtischen Leben wurde.[1] Die Liberalisierung des Wirtschaftslebens ermöglichte auch dem Handwerkerbürgertum den sozialen Aufstieg.

So errichtete der Dachdeckermeister August Stegner 1897 an der Nord-West-Ecke einen hochwertigen Villenbau (die heutige Nr.16), an den sich um 1900/01 zwei Wohnhäuser für die Offiziere der nahegelegenen Garnison anfügten (die heutigen Nr.12,10,8). Ein Militärkasino direkt neben diesen Gebäuden (die heutige Nr.6) vollendete die architektonische Erschließung dieses Gebietes. Auf einem Stadtplan von 1906 ist zu erkennen, daß sich die Bebauung der »Allee« zu einer rhythmischen Einheit geschlossen hatte. Zur Straße, zur Rückseite und teilweise auch zu den Nachbarhäusern hin grenzten sich die vier Gebäude mit Vorgärten ab, die für einen lebendigen Wechsel von gepflanztem Grün und Architektur sorgten. Nach der Niederlegung der Pappeln flankierten jetzt Kastanienbäume den Weg, die wiederum eine Beziehung zu dem Park herstellten, der dicht mit Linden bestanden war. Hier breitete sich nach 1881 das festliche Leben der Stadt aus, zum Beispiel der jährliche »Pferdemarkt«.

Aus einem einfachen Feldweg war so in der ersten Dekade des 20. Jahrhunderts eine Gesamtanlage entstanden, die wie kein zweiter öffentlicher Raum eine Bühne für alle sozialen Schichten der Stadt bot. Mehr noch – die »Allee« war zum sichtbaren Symbol für Selbstbewußtsein und Lebensgefühl einer nordhessischen Stadt um die Jahrhundertwende avanciert.

Gelbe Ziegelsteinbauten auf roten Sandsteinsockeln setzen bis heute warme farbliche Akzente, von denen sich nur das weiß verputzte Kasino abhebt. Es ist charakteristisch für die Zeit, daß die Villa von August Stegner den priviligierten Platz am Angelpunkt von »Allee« und Geismarstraße für sich vereinnahmt. Topographisch gesehen also ein Ort, der von den verschiedensten Seiten angefahren wird und dem Gebäude damit Mehransichtigkeit verleiht. Die Architektur antwortet mit ihrer allseitig plastischen Ausbildung folgerichtig auf die Umgebung – nach Osten hin mit dem schräg zur Längsachse gestellten Erkeranbau, nach Westen durch einen Turm, der das Treppenhaus in sich birgt, nach Süden hin mit dem Fachwerkgesprenge des Giebels.

Jeder dieser Teile ist durch ein eigenes Dach als selbständige Einheit kenntlich gemacht. Die Fassade wird durch ein rot abgesetztes Zierband in der Horitzontalen gegliedert, was das Obergeschoß als Mezzanin von den beiden unteren Geschossen abhebt. Vom Detail bis zur Großform ist das Haus Stegner (ursprünglich »Villa Dora« zu Ehren der Gattin Stegners) perfekt durchdacht, achtet auf Nahansicht und, durch seine ausgeprägte Dachlandschaft, auf Fernsicht gleichermaßen und offenbart damit etwas vom Stolz des zu Wohlstand gekommenen Kleinunternehmertums der Gründerzeit.

Wie bewußt sich gesellschaftliche Position in Architektur auszudrücken vermag, zeigen auch die beiden Wohnhäuser für Offiziere. Sie sind in der Firsthöhe niedriger, im Grundriß einfacher, im Dekorum zurückhaltender als die benachbarte Villa. In Aufriß und Giebelgestaltung (ursprünglich mit bekrönendem Aufsatz) sind die Anklänge an Bauten der bürgerlichen Renaissance wohl mit Bedacht gewählt, denn Kommandanten und Offiziere waren integrierte Mitglieder der städtischen Gesellschaft und ließen dies in der Stilwahl ihrer Häuser auch durchscheinen.

Ein ganz anderes Bild wiederum vermittelte das Kasinogebäude. Der heutige Dachabschluß hat sein früheres Aussehen fast unkenntlich gemacht. Noch bis in die 50er Jahre bekrönte das Haus ein voll ausgebildeter Treppengiebel mit Kugeln als Schmuckelement. Unten umschloß ein Vorgartenzaun, der mit zahlreichen Pfosten aus Ziegelstein bestückt war, das Grundstück. Der Sockel jedoch hat seine alte Form bewahrt, bei der wie am Gesamtbau Versatzstücke aus dem Wehrbau dominieren. Die schräg gestellten Sandsteinkanten mit bossiertem Mauerwerk verleihen der Eingangzone etwas Herrisch-Autoritäres – ein Gestus, der die Funktion des Gebäudes betonte, das ausschließlich dem Militär vorbehalten war.

In ihren fein aufeinander abgestimmten Einheiten hatte die Fritzlarer »Allee« zu Beginn des 20. Jahrhunderts also ein Gesicht erhalten, in dem sich die gesamte politische, soziale und geistige Struktur der Zeit spiegelte. Die besser wohnende Oberschicht grenzte sich von den weniger Vermögenden nicht ab. Vielmehr war man über Park und Festgelände für den Austausch untereinander offen.

»Der Todfeind des Malerischen ist die Isolierung der einzelnen Form. Damit die Bewegungsillusion zustandekommt, müssen die Formen zusammenrücken, sich verflechten, ineinander verschmelzen.«[2] Mit diesen Sätzen umschrieb der Kunsthistoriker Heinrich Wölfflin schon 1915 eine Gefahr, die ihre bedrohliche Kraft von den fünfziger Jahren an entfalten sollte. Die Nachkriegsstadtplanung, gekennzeichnet von offensichtlichem Unverständnis für Zusammenhängendes und ausgewiesenem Mangel an Gefühl für Proportionen, hat vielen Gesamtanlagen der Gründerzeitjahre ihren Charme geraubt. Und paradoxerweise war es die Schönheit und der Komfort dieser Straßen, in Fritzlar wie in Homberg, die ihren Niedergang beschleunigte. Als stadtkernnahe Gebiete boten sie sich gerade wegen ihrer breiteren Straßenprofile und ihrer Geräumigkeit als Flächen für kommerzielle Nutzung an. So ist das Problem historistischer Stadtensembles weniger der Zerfall als eine Spezialform der Zerstörung – das Kaputtbauen. »Es wäre vielleicht das kleinere Übel, auf einen einzelnen Bau verzichten zu müssen, als die Veränderungen des gesamten Umfelds hinnehmen zu müssen«, umreißt Katharina Thiersch, Oberkonservatorin für den Schwalm-Eder-Kreis, das Problem. Und das ist heute noch immer aktuell.

Die »Allee« in Fritzlar verlor innerhalb weniger Jahrzehnte entscheidende Charakteristika. Das begann 1955, als der baufällige Giebel des Kasinogebäudes abgetragen und durch ein Dach ersetzt wurde, das die vorgenommene Enthauptung kaum vergessen läßt. Anfang der sechziger Jahre büßte der ehemalige landwirtschaftliche Betrieb (Nr.4) seinen weiten Garten zuungunsten eines schmucklosen Grau-in-Grau-Mietshauses ein, das sich wenig an der Qualität seiner Nachbargebäude störte und den unteren Teil zusätzlich mit der Einrichtung eines »City-Kaufhauses« verschandelte. Traurig-billige Schaufensterwerbung gereicht bis heute weder dem Gebäude noch der Gesamtanlage zur Ehre.

Der vordere Teil des »Allee«-Parks wurde geopfert, um hier die zentrale Haltestelle für den städtischen Busverkehr einzurichten. »Der Verkehr – die Dynamik unserer Zeit«, so der Titel eines Fritzlarer Stadtheftes von 1968, konnte sich nun über die »Allee« ausbreiten, als Zubringer in die Innenstadt oder aus ihr heraus.

Eine rigide Städtebaupolitik machte auch vor den Linden und Kastanien nicht halt. Ehemals vorhandene Vorgärten wurden, weil pflegebedürftig, zunächst sich selbst und dann der Axt überlassen. Wo heute noch Grün wächst, besteht dies auf der »Allee« aus krausem Wacholderbuschwerk, einem traurigen Etwas an Osterglockenbeeten und hier und da noch vereinzelt in alten Linden als stummen Zeugen einer besseren Zeit. Oder es ragt wie vor Haus Nr. 12 eine Tanne auf, die da nie gestanden hat und auch

Die »Allee« in Fritzlar

nicht hätte stehen dürfen, da sie die Fassade verdeckt, statt zuzulassen, daß man sie entdeckt.

Aber es sind nicht nur die geschichtsblinden sechziger und siebziger Jahre, die den Gedanken an die »Kunst« beim Bauen vergaßen – pfleglicher ging man auch in den achtziger und neunziger Jahren nicht vor. Der Zersetzungsprozeß ist nur subtiler geworden. War es damals, mangels Schutzbestimmungen für Gesamtanlagen, noch leicht, denkmalwürdige Bausubstanz zu tranchieren, stoßen die Vetorechte der heutigen Konservatoren bei dem Schlüsselargument der Wirtschaftlichkeit an ihre Grenzen. 1991 wurde dem Bauunternehmer Stegner die Erweiterung des Baumarktes an der »Allee« Nr.16 mit der Begründung genehmigt, daß eine bestehende Einrichtung an dieser Stelle lebensfähig erhalten werden sollte. Ein Container-Bau, mit klinikweißem Kunstoff verkleidet, degradiert seitdem das eigentliche Schaustück – die Villa – zur bloßen Staffage. Fast hämisch wirken das rot-weißgrüne Banner des Unternehmens, kläglich die Steinexponate vor dem Schaufenster. Die genehmigte Planung, so die Denkmalpflegerin Thiersch, sah eine Eingrünung durch rankende Gewächse vor. Die aber wurde vom Bauaufsichtsamt des Kreises nie durchgesetzt.

Noch schlimmer war es zwei Jahre zuvor gekommen. Der letzte alte Garten vor dem Eingang zur Villa paßte nicht mehr zum modernen Marketingkonzept des Unternehmens. Die Aufstellung von Blockhütten machte das Niedermähen von jahrzehntealtem Busch-und Strauchwerk zur unaufschiebbaren Aufgabe. Ohne die gebotene Einschaltung von Stadt und Denkmalbehörde wurden vollendete Tatsachen geschaffen, die aber auch für die Fritzlarer Bürger schließlich die Grenze des schlechten Geschmacks überschritten. »Da gab es einen Aufstand«, erinnert sich Karl Hans Krug, Besitzer eines benachbarten Jugendstilhauses, »zahlreiche Privatpersonen, aber auch Seniorenverbände schalteten sämtliche Behörden der Stadt ein, auch die Denkmalpflege, jedoch ohne Erfolg.« Die Hütten stehen heute nicht mehr, doch der alte Garten noch viel weniger. Da blüht und wächst zwar wieder etwas im Vorfeld, doch weit entfernt von der Anmut früherer Zeit, wie Anwohner glaubhaft bestätigen. Als Werkplatz für Angestellte des Marktes scheint er eine zeitgemäßere, aber wenig erquicklichere Bestimmung gefunden zu haben.

Neben dem Willen zur Zerstörung läßt sich hier und da auch Bereitschaft zur Aufwertung entdecken, meistens mit enttäuschendem Ergebnis. Karl-Hans Krug, der im Haus Nr.8 eine Zahnarztpraxis führt, würde gern das verlassene Grün seines Vorgartens zumindest wieder befestigen, doch hindert ihn daran, »keine klaren Aussagen zu haben, wie die Gestaltung der Einfahrt, die in eine Gasse übergeht, einmal aussehen soll«. Nach dem Hauskauf nämlich war ihm mitgeteilt worden, daß die Stadt noch ein Stück des Vorgartenbezirks zum Ausbau der Gasse benötige.

Ohne genaue Pläne in der Hand zu haben, lohne aber eine Investition nicht, lautet das ernücherte Fazit.

Die Zukunft des Geländes an der »Allee« bleibt weiter gefährdet. »Wir sind auf dem besten Weg, die Allee wieder in den Mittelpunkt zu rücken«, sagt zwar Bürgermeister Karl-Wilhelm Lange und verweist darauf, »daß im hinteren Bereich die ›Allee‹ wieder hergerichtet wird für Kinder und Jugendliche.«

Von einer möglichen Begegnungsstätte für Jung und Alt spricht er, fährt dann aber fort, daß auch denkbar sei, »eine Tiefgarage im vorderen Bereich unterzubringen«. Spätestens an diesem Punkt schließen sich diese Denkansätze gegenseitig aus. Denn außer den damit einhergehenden Vorstellungen von einem weiteren Ausbau für den Verkehr bedeutet ein solches Vorhaben Ausschachtungen, bei denen ein Großteil des Parkgeländes in Mitleidenschaft gezogen würde. Abgesehen davon, daß Jahrzehnte ins Land gehen müßten, bevor hier wieder eine ansehnliche Bepflanzung die Oberfläche schmückt.

Es dürfte ein utopisches Unterfangen sein, die »Allee«, die die Visitenkarte der Stadt sein könnte, durch eine Vermehrung durchfahrender und parkender Kraftfahrzeuge attraktiv zu machen. Schon heute ist dieser Bereich eher eine Zone, in der mehr geeilt als verweilt wird und die Zahl der Fußgänger knapp unter der der vereinzelten Bäume liegt.

Die »Ziegenhainer Straße« in Homberg – Die Supervermarktung einer Prachtstraße

Schon vor der preußischen Annektion war diese Ausfallstraße nach Süden für die Stadt Homberg von verkehrsstrategischer Bedeutung, stellte sie doch ein Teilstück der sogenannten »Langen Hessen« dar, einer Handelsstraße, die Frankfurt und Leipzig miteinander verband. Eine tiefgreifende Umwandlung erfuhr die Straße mit Beginn der Wilhelminischen Epoche. Auch hier wurde innerhalb von nur 25 Jahren eine kaum besiedelte Vorstadtstraße zur Vorzeigestadt ausgebaut. Es waren zwei bedeutsame Momente der Stadtgeschichte, die diese Entwicklung begünstigten. Zum einen der Neubau des »Königlichen Lehrer-Seminars« (1877/78) und zum andern der Bau der nahegelegenen Bahnstecke Koblenz–Berlin (1879) mit der anschließenden Errichtung des Bahnhofs.

Es ist heute nahezu vergessen, daß die »Ziegenhainer Straße« um 1900 offziell »Bahnhofstraße« hieß, wie ein Fluchtlinienplan von 1899 offenbart. Das läßt aufhorchen, da die Bahnhofstraßen in fast allen Städten des preußischen Kaiserreichs zu Prachtstraßen ausgebaut wurden, gleich ob in Marburg, Gießen oder Bad Wildungen. Ein Blick auf alte Fotografien liefert Indizien für ein gleich repräsentatives Verlangen in Homberg. Nicht nur, daß im Jahr 1879 zu beiden Seiten der Straße Linden angepflanzt und die Fahrbahn damit zur Allee aufgewertet wurde, auch die Straßenränder erfuhren eine Bebauung, wie sie sonst nur den gediegensten Meilen in europäischen Großstädten zuteil wurde. So war der Gehstreifen in drei Bahnen aufgeteilt: die Baumreihe, der eigentliche Bürgersteig und schließlich noch ein schmaler Schotterstreifen, so daß der anschließende Vorgarten von den Fußgängern und diese wiederum von der Straße abgeschirmt waren. Eine kompositorische Feinheit, die beweist, wie behutsam Stadtplaner und Architekten in dieser Zeit auf die jeweiligen Bedürfnisse eingingen. Der neue städtebauliche Reiz des großformatigen Lehrer-Seminars trug ein übriges dazu bei, die Attraktivität dieses neuen Stadtquartiers zu bereichern. Mit der seit 1835 in Homberg ansässigen kurfürstlichen Bildungseinrichtung für angehende Lehrer hatte die Stadt einen in das Land ausstrahlenden Wirtschaftsfaktor von quasiuniversitärer Bedeutung, dessen Prestige durch einen Hotelbau, ein Gasthaus, durch die Villa des Bankiers Most und schließlich den Neubau der Kaiserlichen Post an dieser Straße weiter gesteigert wurde. Außerdem fungierte ein schräg gegenüber dem Seminargebäude liegendes komfortables Fachwerkhaus als städtisches Kasino, so daß die heutige »Ziegenhainer Straße« um 1900 den neuen gesellschaftlichen Mittelpunkt der Stadt verkörperte – mit üppigen Gärten, die diese Straße gleichzeitig in ein Naherholungsgebiet verwandelten.

Im Zusammenspiel mit ihrer natürlichen und gestalteten Umgebung bildeten die Ursprungsbauten ein Ensemble von zeittypischem Zuschnitt. Die topographische Lage des Lehrerseminars scheint mit Ziel auf Fernwirkung hin gewählt zu sein. Es ist mit der Fassade nach Osten ausgerichtet, also nach der Seite, von der aus die meisten fotografischen oder gemalten Ansichten Hombergs in dieser Zeit entstanden. Es ist die malerische Seite der Stadt, mit Burg und Kirche als Blickfang, zu der sich nun das stattliche Schulgebäude aus rotem Backstein – wie ein neues Schloß – hinzugesellte. Die Wirkung als Prachtbau, als Kathedrale des Bildungsbürgertums, war wohlkalkuliert: die Architektur spart nicht mit Reminiszenzen an Herrschaftsarchitektur. Die Dreiflügelanlage ist ein Motiv des Schloßbaus, während der Mittelrisalit, mit seinen gotischen Maßwerkfenstern, und die seitlichen Teile mit einer Blendbogengalerie unter dem Gesims, unübersehbar Sakralarchitektur zitieren. Imposant ist auch die Eingangszone, die noch heute etwas von der landschaftsgartenähnlichen Formung und Bepflanzung ahnen läßt, die sie einst zierte. Gestaltet war sie nach fließenden und dynamischen Raumvorstellungen mit geschwungenen Wegen, wie sie der englische Maler William Hogarth[3] als Stilprinzip verankert und der Englische Garten es aufgenommen hatte. Der heutige schräge Zugang hat zumindest die Erinnerung daran gewahrt, war aber früher kurvig um ein Blumenrondell herum geführt.

In den oberen Straßenabschnitt eingebettet wurde um 1900 ein neues Postgebäude. Im Zusammenspiel mit Seminargebäude, Hotel Paulstich und Kasino vervollständigte es den gleichsam eigenständigen städtisch-öffentlichen Bezirk. Als neobarocker, zweigeschossiger Pavillonbau aus gelben Ziegeln, linksseitigem Risalit mit pilastergerahmtem Portal und Mansardendach paßte er sich den Würdeformen seiner Nachbarn an.

Den ersten Akzent für die Nutzung dieser Straße als repräsentativem Wohnort setzte der gründerzeitliche Villenbau des Bankiers Most Mitte der 1890er Jahre. Typologisch vergleichbar mit der Villa Stegner in Fritzlar, schiebt sich der traufenständige Bau aus rotem Backstein nach drei Seiten hin in das Blickfeld: Zum einen, von der Stadt her kommend, mit der durch Lisenen aus gelben Klinkern gegliederten Giebelseite, zum anderen, stadteinwärts, durch eine Pergola im antikisierenden Stil. Weiter wird man auch eine erstaunliche Entdeckung machen, wenn man sich von dem höchsten Punkt der Straße diesem Bau nähert. Zur Straßenseite hin läßt sich der Risalit seitlich angeschnitten wahrnehmen. Der Grundriß zeigt, daß dieser Bau von der sonstigen Fluchtlinie leicht zur Straße hin verschoben ist. Der Effekt ist gewünscht: die Villa will auch aus der Ferne bemerkt werden.

Eine Luftbildaufnahme aus den fünfiger Jahren zeigt, wie sich die Ziegenhainer Straße mit den voll belaubten Linden noch in jüngerer Zeit durch einen eigenen Charakter von den Nachbarstraßen abgehoben hat.

Doch auch in der »Ziegenhainer Straße« hat es die Eigendynamik des beschleunigten Lebens vermocht, die vornehme Eleganz früherer Tage in das Einerlei eines innerstädtischen Einkaufsmilieus zu verwandeln. In den sechziger Jahren wurde mit dem Abbruch des alten Hotels Paulstich und seiner Ersetzung durch den Volksbank-Betonkasten der Akzent in Richtung »Schnell, einfach, billig« verschoben. Dort, wo die Baumeister der Vorzeit kunstvoll mit Sattel- und Walmdächern ihr Können ausspielten, haben Supermärkte und Spielcenter mit kahlen Dachleichen das Niveau der Straße im doppelten Wortsinn abgeflacht. Die Eingangszone einer Bäckerei mit angeschlossenem Getränkemarkt wirkt durch Verbundpflaster öde und abgestorben.

»Ornament ist ein Verbrechen« lautete eine Losung der Moderne, das Fehlen von Ornamentik nicht weniger. Eine schaudernde Spezialität der jüngeren und jüngsten Vergangenheit sind aber Ladenvorbauten, die an alte Fassaden wie Bauchladen angeklebt worden sind. Selbst eine so bemühte Glas-Kunststoff-Konstruktion wie das Volksbank-Reisebüro vor dem alten

Homberger Postgebäude wirkt wie ein Plastikstuhl in einem Barockzimmer.

Einen mutigen Schritt unternahm die Stadt jedoch 1986 mit dem Rückbau der »Ziegenhainer Straße«, »um den zur Zeit immer noch fließenden Durchgangsverkehr herauszunehmen«, wie es der Planentwurf von 1985 formulierte.

Ein Kompromiß, dem zwar die gerade Linie der Achse zum Opfer fiel – Parkplatzbuchten machen die Wegeführung unruhig – der aber mit der gleichzeitigen Wiederanpflanzung von Linden eine Aufwertung darstellt. Der Bürgermeister der Stadt Homberg, Helmut Blau, begrüßt denn auch die Entwicklung »von einer Bundesstraße, die sie früher war, in eine innerörtliche Straße, wo der Fußgänger sich auch wohlfühlen kann«. Noch wirkt aber auch der etwas breitere Bürgersteig wie ein ungeliebter Straßenrand.

Ein Beispiel dafür, daß guter Wille ohne ästhetische Unterfütterung leicht ins Gegenteil umschlagen kann, ist auch der jüngste Plan der Kommune. Am unteren Ende, wo die Ziegenhainer Straße ins flache Land ausläuft, soll ein Kreisel entstehen. »Das bedeutet, daß die historisch gewachsene Straßenführung der ›Langen Hessen‹ erstmals unterbrochen wird, dort wo sie am wenigsten verfälscht ist«, sagt Dr. Klaus Lambrecht, Leiter des Umweltamts des Kreises und Anwohner an der Ziegenhainer Straße. Für Bürgermeister Blau ist das kein Argument, da die Straße »ja optisch als durchgehende Straße erhalten bleibt und außerdem ein Kreisel einen Eingang in die Stadt deutlich macht«. Aber müssen eine Verengung der Fahrbahn und die gewünschte Tor-Situation ausgerechnet durch einen Kreisel herbeigeführt werden? »Hier«, gibt die zuständige Denkmalpflegerin zu bedenken, »könnte dasselbe auch mit einer Baumgruppe erreicht werden.«

Wie die Beispiele in Fritzlar und Homberg zeigen, führt der Schutz historischer Gesamtanlagen auf einen Weg, der mit vielen Problemen gepflastert ist.

Das Interessengefüge aus Anwohnern, städtischen Ämtern und Denkmalpflege ist wohl zu heterogen, als daß alle Beteiligten an demselben Strick ziehen könnten. »Der Denkmalschutz steht gleichrangig neben anderen öffentlichen Belangen«, erläutert Konservatorin Thiersch die Situation. »In allen Planungsfragen haben die Gemeinden auch die Planungshoheit. Und wo kommerzieller Druck vorhanden ist, mitzuhalten mit den Oberzentren, weil man auf Steuereinnahmen angewiesen ist, geschieht es, daß auch die mittleren Städte Aspekte des Denkmalschutzes hintanstellen.«

So bleibt wohl nur eine Politik der kleinen Schritte. Von Anwohnern wird die fehlende Beratung durch fachkundige Seite beklagt. Oft wissen

Bürger gar nicht, daß ihr Gebäude unter Denkmalschutz steht und welche denkmalrechtlichen Anforderungen bestehen. Durch Beratung könnten viele behördliche Wege vereinfacht und Fehlinvestitionen verhindert werden, rechnet Dr. Klaus Lambrecht vor. Aber in diesem wie in anderen Bereichen muß wohl erst eine ästhetische Gewissensbildung vorangehen. Behauptungen wie: »Wer für die Schönheiten einen Blick hat, wird das auch so feststellen«, so der Homberger Bürgermeister, reichen nicht aus, um die benötigte Identifikation mit der gebauten Umwelt zu fördern. Eine andere Form der Aufklärung tut not, vor allem wenn Personalengpässe, wie sie von der Seite der Denkmalpflege beklagt werden, Beratungsmöglichkeiten einschränken. Für den Fritzlarer Stadtarchivar und Gästeführer Clemens Lohmann ist es beschlossene Sache, den Bereich der »Allee« mit in das touristische Programm der Stadt aufzunehmen. Vielleicht ein Ansatz, der Schule machen kann. Denn noch immer gilt der Goethesche Grundsatz: »Man erblickt nur das, was man weiß.«

Martin Maria Schwarz ist Journalist und lebt in Marburg.

Anmerkungen

1 Die *Fritzlarer Zeitung* vom 31. August 1899 schilderte ausführlich den Beschluß der Stadtverordentenversammlung, die Garnison in der Stadt erhalten zu wollen und für die Erbauung von Kasernen-Neubauten auch finanziell aufzukommen.
2 Heinrich Wölfflin, *Über das Lineare und das Malerische in der Kunst,* 1915.
3 William Hogarth, in: Analysis of Beauty, 1753.

Christa Schell

Reihenhäuser außer der Reihe

Siedlungsbauten der fünfziger Jahre

Denken Sie, wenn Sie an die fünfziger Jahre denken, eigentlich auch immer nur an den Kalten Krieg und Konrad Adenauer? Oder eher an den Gummibaum und die Wiederbewaffnung, den Nylonstrumpf und die Neonröhre? Oder gar an die »Freiwillige Selbstkontrolle der Filmwirtschaft« und die »Aktion Saubere Leinwand«? Und dann an »Sissi, die junge Kaiserin« und den »heimatlosen« Freddy Quinn? Oder umgekehrt. Bloß nicht mehr dran denken, mögen Sie sagen, an diese bleierne Zeit, für die das Wort spießig nicht mehr erfunden werden mußte.

Die fünfziger Jahre: »Mädchenwunder«, »Wirtschaftswunder« und eine neue Wohnung im sozialen Wohnungsbau. Nur: Die Pläne waren in der Regel alt. Und das Kinderzimmer war sogar noch ein bißchen kleiner, als es die »Reichsgaragenordnung« für die Garage der dreißiger Jahre vorsah. Was Wunder, daß sich da der staatlicherweise so gerne gesehene »Wille zum Kind« in Grenzen hielt. Wo nicht, sah es übel aus. Nachzulesen in Wolfgang Koeppens Roman *Das Treibhaus*: »Der Bergmann betrat die von den Sachverständigen geforderten Mindestquadratmeter. Er teilte sie mit seiner Frau und seinen Kindern und mit Verwandten, die das Schicksal, Unglück und Arbeitslosigkeit plötzlich zu ihm getrieben hatten, und mit Schlafgängern, deren Geld er brauchte, um die Raten für die abscheulichen, die unpraktischen, die viel zu großen und zu großspurigen Möbel zu zahlen, für das Schlafzimmer ›Erika‹, das Wohnzimmer ›Adolf‹, diese Schreckenskammern und Hausfrauenträume in den Schaufenstern der Abzahlungsgeschäfte... Was waren diese Siedlungen denn anderes als die nationalsozialistischen

Siedlungen der Kinderreichen, als SA-und SS-Siedlungen, nur billiger, nur enger, nur schäbiger, nur dürftiger? Und wenn man die Blaupausen betrachtete, es war der Nazistil, in dem weitergebaut wurde, und wenn man die Namen der Baumeister las, es waren die Nazibaumeister, die weiterbauten, und Heineweg und Bierbohm hießen den braunen Stil gut und fanden die Architekten in Ordnung. Das Programm des nationalsozialistischen Bundes der Kinderreichen war Heinewegs und Bierbohms Programm, es war ihre Bevölkerungsbeschwichtigung, es war ihr sozialer Fortschritt.«

Und so etwas, liebe Leser, will der Denkmalschutz am Ende wohl auch noch konservieren. Stimmt. Wenn auch nicht das beschriebene Modell einer Bergarbeitersiedlungswohnung. Aber die deutschen Konservatoren haben in der Tat die fünfziger Jahre entdeckt. Und, schenkt man einer Broschüre Glauben, die das Deutsche Nationalkomitee für Denkmalschutz herausgegeben hat, dann sind sie sogar besser als ihr Ruf. »Mit dem sogenannten ›Wirtschaftswunder‹« – heißt es da – »endete ab Mitte der fünfziger Jahre eine kurze Epoche des Aufbruchs und Übergangs, in der die Traditionen und Kräfte der Vergangenheit überlagert wurden von Hoffnungen auf ein neues, anderes Leben: eine Zeit der Hoffnungen und Widersprüche, deren Spuren im Bild der Städte durch die Folgen eines rasanten Wirtschaftswachstums mehr und mehr verwischt wurden.«

Ein Verehrer dieser Zeit, ein *aficionado*, wie er es nennt, ist Dr. Michael Neumann, Oberkonservator beim Landesamt für Denkmalpflege Hessen, Außenstelle Marburg. »Damals begann eine Suche«, sagt Neumann. »Funktionalismus, neue Sachlichkeit, Bauhaus, alle diese Strömungen, die sich in den zwanziger Jahren und auch schon vor dem Ersten Weltkrieg gezeigt haben, waren plötzlich wieder zu Orientierungspunkten geworden. Es waren Bauphasen, die sich historisch weniger belastet gaben als die zu Kaiser Wilhelms und Adolf Hitlers Zeiten. Neben den genormten Mietskasernen der Nachkriegszeit entstanden damals besonders in städtebaulicher Hinsicht sehr schöne, in die Landschaft hineinkomponierte Siedlungen, die differenziert in eingeschossige und zwei- bis dreigeschossige Zeilen gegliedert, mit Eck- und Kopfbauten ausgestattet, Zwischenräume und grüne Lebensräume bildeten. Wenn Sie mit mir durch eine solche Siedlung gehen, werden Sie irgendwann den Charme dieser Zeit verspüren.«

Wie zum Beispiel die belgische Siedlung im nordhessischen Arolsen. Wer mit dem Marburger Oberkonservator dort spazierengeht, wird ihn entdecken, den Charme jener Zeit und jener, wenn auch nur kurzen Ära deutscher Baukunst, in der man den rechten Winkel gewissermaßen links liegenließ und sich an den »Bewegungsabläufen in der Natur« orientierte, am »Organhaften«, »Freibewegten«, »Unkalkulierbaren«, wie es Michael Neumann formulieren würde. Warum die belgische Siedlung sogar ein Kulturdenkmal wurde, kann man in einem Papier des Landesamtes für Denkmalpflege Hessen, Außenstelle Marburg, gezeichnet Neumann, nachlesen:

»Der Gesamtorganismus der Siedlungsanlage und die Zuordnung der Bauten zueinander ist von zwingender funktionaler wie künstlerischer Qualität, so daß man ohne weiteres von einer Mustersiedlung der Wiederaufbauzeit sprechen kann, in der die Architekten sozusagen im kleinen eine Bauausstellung über die Lösung des Siedlungsproblems der Nachkriegszeit vorgestellt haben. Der Name des Architekturbüros Bode ist über Hessen hinaus für die Entwicklung der Nachkriegsmoderne in der Architektur von Bedeutung. Seine Beiträge beeindrucken durch das rückhaltlose Bekenntnis zur klassischen Moderne, in der neuste skandinavische und amerikanische Entwicklungen verarbeitet worden sind. Die Siedlung ist auch aussagekräftiges Belegstück für eine abgeschlossene Phase europäischer Geschichte nach dem Zweiten Weltkrieg und somit von geschichtlicher Bedeutung.«

Denkmalpfleger Neumann nennt die Siedlung exemplarisch: »Sie unterscheidet sich von den Normsiedlungen des sozialen Wohnungsbaus, der nach dem Krieg mitunter in großer Monotonie Verbreitung gefunden hat. Der Architekt Paul Bode, der in ganz Deutschland durch seine Kinopaläste bekannt geworden ist, hat die Siedlungszeilen in sich gestaffelt und sie in einem terrassierten Terrain eingebettet. Sie sind so ausgerichtet, daß jede Wohneinheit den gleichen Anspruch auf Licht, Luft und Sonne erhält. Der Charakter der Siedlung ist ein sehr offener, man kann sagen, ein demokratischer. Es ist eine Orientierung am Skandinavischen, vor allen Dingen am schwedischen Siedlungsbau, zu spüren. Dank seiner kontinuierlichen Weiterentwicklung im sozialen Wohnungsbau war Schweden nach dem Krieg ein von Architekten und Stadtplanern vielbesuchtes Land geworden. Man konnte dort zur Kenntnis nehmen, daß die Menschen dort sehr viel souveräner und offener mit ihrem Privatbereich umgehen. Das war Siedlungsbau ohne Zäune.« Um das Jahr 1952 herum geplant und in hundert Tagen fertiggestellt, war das Arolser Kulturdenkmal mit den zweiundsechzig Wohnblocks und den Reihenhäusern vielleicht schon damals als eine Art Denkmal gedacht. Denen zu Ehren, die Europa mit von der Naziherrschaft befreit hatten: den alliierten Soldaten der belgischen Armee. – Ein kleines Mahnmal im einstigen Fürstentum wo sich der barocke Reichsfürst Graf Friedrich Anton Ulrich seinerseits ein Denkmal hatte setzen lassen. Nicht eine Bombe fiel auf die schmucke Kleinstadt mit ihrem prächtigen Schloß im Versailler Stil, den breiten Straßen und einem ziemlich dunklen Fleck in der jüngeren Geschichte. Arolsen, die »Stadt im Walde«, »die Stadt der SS«, zu der sie der auf dem Schloß geborene Erbprinz Josias und Kommandierende General des SS-Regiments »Germania« gemacht hatte. Arolsen, die Stadt, in der Altnazis sich bis in die siebziger, achtziger Jahre hinein mehr oder weniger ungestört trafen, um die ungeheuerlichen Verbrechen von damals zu feiern. – Wie dem auch sei, die repräsentativen Bauten aus dem 18. Jahrhundert stehen seit langem unter Denkmalschutz. Die vergleichsweise unscheinbare »Belgische Siedlung« unterdessen auch. Die Familien, die über Jahrzehnte dort wohnten, sind nach dem Fall der Mauer in ihre Heimat zurückgekehrt. Die Häuser im Flandern- und im Masurenweg, in der Pommernstraße und im Neuen Garten wurden verkauft.

Zeit, sich ein bißchen umzusehen. Und wir haben Glück. »Kaiserwetter« in »Hessisch-Sibirien« und mit Bernd Gero Altwasser, dem Leiter des Hochbauamtes in Arolsen einen kompetenten Mann zur Seite. Nur: wie begeht man eigentlich ein Kulturdenkmal, wenn es eine Siedlung ist? Am besten durch die Tür, bekanntermaßen die Visistenkarte eines Hauses. Früher, so heißt es, wurde der Übergang zwischen drinnen und draußen sorgfältig gestaltet, jedem Detail galt die Aufmerksamkeit. Das galt offensichtlich auch hier, wie der Leiter des Hochbauamtes ausführt:

»Typisch für die fünfziger Jahre sind ja schräge und runde Formen. Man sieht, daß die Stützkontruktion des Daches ein Rundrohr ist, ein etwa dreizölliges Rundrohr. Das steht nicht senkrecht, sondern es ist schräg geneigt, und oben schließt es nicht mit einer Waagrechten ab, sondern in einer Gegenschräge zur Neigung des Daches. Das Dach neigt sich also vom Haus weg, während die Tragekonstruktion sich zum Haus hin verneigt, das sind also kleine Details, die Bode dann mit seinen Zeichnern im Stil der Gesamtkonstruktion entwickelt hat. Es entspricht dem damaligen Zeitgefühl, Sie kennen ja die Nierentische, die Sessel, die dazugehören, und in dieses Zeitgefühl hat man versucht, auch eine Gestaltung der Haustürvordächer einzufügen.«

Irgendwie sehen sie lustig aus, diese kleinen »geneigten« Dächer aus Glas auf den zierlichen runden Rohren, und wie sie sich gegeneinander »verneigen«. Und dann auch noch die »geneigte«, »schräge« oder wie immer gear-

Belgische Siedlung in Arolsen

tete schiefe Lage der Häuser am Hang. Reihenhäuser, jedoch in Dreier-, Vierer- oder Fünfergruppen gestaffelte und »sägezahnartig«, im Abstand von jeweils zwei Metern, miteinander verbunden, was Platz schafft und in der Tat leicht und luftig aussieht. Und der Straßenverlauf vom Stettiner und Brabanter Weg und der Tilsiter Straße ist auch nicht gerade das Nonplusultra an Symmetrie, sondern wohl haargenau das, was der Marburger Oberkonservator Neumann ein Charakteristikum der frühen fünfziger Jahre nennt. Eine Art Gartenstadtarchitektur, die das Laubholz hofierte, insbesondere die schlanke Birke, und pastellfarbene Töne bevorzugte. Schenkt man Michael Neumann Glauben, ließ sie sich vom musikalischen »Befreiungsschlag« des Boogie inspirieren und entwickelte aus der »Boogiedrehung« heraus »architektonische Schwingungen und Kurven«, wie sie offenbar auch unserem verkannt spießigen Nierentisch und der nur scheinbar kitschig verbogenen Tütenlampe innewohnten. – Mit den Augen eines Konservators gesehen, sind der filigrane, parkähnliche Charakter des Kulturdenkmals und die gestalterische Liebe zum Detail ein wenig gefährdet – wie fast überall, wo Siedlungsbauten nicht mehr genossenschaftlich bzw. gemeinnützig verantwortet werden, sondern Privateigentum wurden. »Eigentum verpflichtet«, heißt es. Und die neuen Eigentümer verpflichtet es nicht selten zur Individualität und ihrerseits zu einem gestalterischen Willen. Nur, daß dieser Wille das Herz eines wahren Denkmalpflegers schwer werden läßt, wenn er nur daran denkt, was die Baumärkte so alles bieten: Stellwände, Palisadenzäune, Waschbetonplatten, Parabolspiegel, Hollywoodschaukeln, Kunststoffmatten, voluminöse Geräteschuppen, Hundehütten aus wuchtigem Holz. Dazu kommt dann auch noch die Gartenindustrie mit ihrem immergrünen pflegeleichten Einerlei: Scheinzypressen, Goldzypressen sowie Fichten und nochmals Fichten. Den am Kauf eines Reihenhauses Interessierten schickte das Landesdenkmalamt denn auch ein Schreiben mit diversen »Auflagen, Hinweisen und Empfehlungen«, wie die Belgische Siedlung in Arolsen gemäß Paragraph 2, Absatz 1 des Hessischen Denkmalschutzgesetzes am besten zu schützen sei. Und das liest sich in Auszügen so:

»Das äußere Erscheinungsbild der Siedlung ist in allen Teilen der verschiedenen Straßen und Blöcke zu bewahren. Dies bezieht sich auf die Dacheindeckung, den Putz, die Balkonbrüstungen, die Hauseingänge und die Grundstücksteilung. Sämtliche Veränderungen, die an dem Kulturdenkmal Belgische Siedlung vorgenommen werden, bedürfen der Genehmigung. Hier vorab zur Information eine Aufzählung von baulichen Veränderungen, die auf keinen Fall genehmigt werden können: Erweiterungsbauten, Aufstockungen, Veränderung der Fensterformate, Veränderung der Eingangssituation (inkl. Vordach mit Tragkonstruktion), Abmauerung der Grundstücksgrenzen, Schließung der Veranden und Balkone durch feste Bauteile und Stellwände, Anbringung von Solaranlagen und Parabolspiegeln an den Hauswänden und auf den Dächern. (Arolsen ist verkabelt.) Um das Erscheinungsbild der Siedlung nicht wesentlich zu beeinträchtigen, dürfen die Grundstücke zum Nachbarn als 80 cm hohe Abgrenzung durch Hecken oder Büsche (Laubgehölze) – dem Charakter der gartenstadtähnlichen Anlagen entsprechend – eingefaßt werden. Dies bezieht sich auch auf die Abschirmung des Veranda-Bereichs.«

Für die neuen Eigentümer war es nicht ganz einfach, plötzlich ein Haus zu haben, an dessen »Erhaltung ein öffentliches Interesse« besteht, wie es im hessischen »Gesetz zum Schutze der Kulturdenkmäler« heißt, und zwar aus »künstlerischen, wissenschaftlichen, technischen, geschichtlichen oder städtebaulichen Gründe.« Noch schwerer fällt das Verstehen, wenn es sich dabei um das handelt, was die Denkmalpflege ein »Ensemble« nennt bzw. eine »Gesamtanlage«, wie unsere Belgische Siedlung eine ist. Bezaubernd schön ist sie übrigens auch von innen: das für das Kasseler Architekturbüro Bode charakteristische quergestellte Treppenhaus, mit einem Fenster bis unters Dach, helle, großzügig geschnittene Räume, zwei Kinderzimmer, ein großes Bad, Balkon, Terrasse. Der berühmte »Freisitz«. Auch er ein Zeichen der Zeit und für die Denkmalpflege höchst schützenswert. Nur: ohne ein Abschirmelement sitzt man wirklich im Freien. Ohnehin wohnt man dicht an dicht. Doch was, wenn sich die beiden benachbarten Familien, nun nicht ganz grün sind? Eine achtzig Zentimeter hohe Hecke ist da in der Tat so gut wie überhaupt keine Hecke. Und die dünnen Wände sind wirklich ziemlich dünn – nicht zuletzt ein aus der Not der Zeit geborenes Charakteristikum unserer filigranen Bauweise. Gebaut wurde schließlich mit dem, was da war, und viel war nicht mehr da, außer eben vielen Trümmern und den vielen Menschen, die kein Dach mehr über dem Kopf hatten und dringend eines brauchten. Dreieinhalb Millionen Wohnungen wurden in den Jahren 1949 bis 1956 fertiggestellt. Der Anteil an Sozialwohnungen lag teilweise bei 70 Prozent, die durchschnittliche Wohnungsgröße bei 58 Quadratmetern. Verglichen damit war das ca. 138 Quadratmeter große Reihenhaus in Arolsen in der Tat so etwas wie ein Solitär in der Siedlungsgeschichte der Nachkriegszeit.

Und weil wir gerade in der Nähe sind, sollten wir noch schnell einen Blick auf jene Stadt werfen, in der der Planer der nordhessischen Siedlung, Paul Bode, geboren wurde – auf Kassel, eine der am meisten zerstörten Städte Hessens und vielleicht sogar die hessische »Fünfziger-Jahre-Stadt« schlechthin. Und eine siedlungsgeschichtliche Fundgrube noch dazu. Angefangen bei der historischen Hugenottensiedlung in der Kasseler Oberneustadt, von der die Denkmalpflege sagt, die wohlproportionierte Kargheit ihrer Architektur ähnele der der fünfziger Jahre, über die in einem Straßendreieck angeordneten 76 Wohnhäuser der Kasseler Ausgabe der architektonisch »weit über der Zeit« stehenden Belgischen Siedlung, mit einem Kinderspielplatz und ihren typischen Sammelgaragen, bis hin zur Siedlung am Pferdemarkt, die als der Inbegriff einer »Architektur der Bescheidenheit« gilt, wie sie für die frühen Fünfziger kennzeichnend war.

Eine Architektur freilich, die sich am bodenständigen Bauen des von den Nazis hofierten »Heimatschutzstils« orientierte und traditionelle Materialien verwendete. Eine »Anpassungsarchitektur«, schreibt der Autor Joachim Petsch, die »im sozialen Wohnungsbau und bei öffentlichen Bauten wie Polizeikasernen und Autobahnmeistereien eine große Rolle spielte.« Eine Tradition, die nicht weiter verwunderlich ist. Eine Stunde Null hat es eben auch in der Architektur und der Stadtplanung nicht gegeben. Zu diesem Thema heißt es in der eingangs erwähnten Schrift des Deutschen Nationalkomitees für Denkmalschutz:

»Schließlich hatten viele der Architekten, die nach 1945 zu entwerfen begannen, ihre Ausbildung und Berufspraxis in zwei Gesellschaftssystemen erhalten und vertieft, in denen gegensätzliche kulturelle Vorstellungen zur Geltung kamen: in der Weimarer Republik und unter dem Nationalsozialismus. In der Gleichzeitigkeit unterschiedlicher Gestaltungskonzepte traten nach 1945 Widersprüche offen zutage, die in den frühen fünfziger Jahren zu einer erstaunlichen Vielfalt architektonischer Ausdrucksformen führte.«

Womit wir wieder beim Thema sind: beim Eigenheim und beim Kleinsiedlungsbau und dem nationalsozialistischen Erbe, das zum »Doppelgesicht des Wohnungsbaus in der frühen Bundesrepublik beitrug, wie es der Architektur- und Kunstkritiker Wolfgang Jean Stock formuliert hat: »Auf der einen Seite die wuchernde Verbreitung der freistehenden Bausparkassen-Häuschen, Adenauers ›Bollwerke gegen den Bolschewismus‹ in Fortsetzung der NS-Ideologie, auf der anderen Seite ein oberflächlicher Amerikanismus mit der Tendenz zu immer höheren Geschoßbauten.«

Dazwischen gibt es aber noch etwas, und zwar auch in Kassel: eine Art Mustersiedlung des sozialen Wohnungsbaus, die berühmte »Auefeldsiedlung«. Eine, wie es heißt, »späte Frucht« der bereits vor der Jahrhundertwende im englischen Mutterland der Industrialisierung entstandenen Gartenstadtbewegung, mit ihrer architektonischen Antwort auf das erbärmliche Wohnen der Arbeiterschaft in der Mietskaserne. Die Gartenstadt Auefeld wurde zwischen 1951 und 1954 von der ›Neuen Heimat‹ auf einem Areal von 165 000 Quadratmetern für 2 500 Menschen gebaut, sogenannter Massenwohnungsbau, der, wie es bei der Denkmalpflege heißt, an das »sozialpolitische Niveau der zwanziger Jahre« anknüpfte, und an das Konzept der »aufgelockerten«, »durchgrünten« Stadt, die alte Hierarchien und die Entfremdung des Stadtmenschen von der Natur aufheben sollte.

Vier- bis fünfgeschossige Punktbauten finden sich hier, die Dreiraumwohnungen sind zwischen 55 und 68 Quadratmeter groß. Eine Schule, eine Kirche, ein Altenheim, ein paar Läden gibt es. Und natürlich Gärten. Und freistehende Einfamilienhäuser und Reihenhäuser, funktional und filigran, schlicht und dennoch schön, wie das Bauhaus es wollte. Nur: vergleichsweise ungeliebter, aus der Not geborener sozialer Wohnungsbau eben, und für unsere Wohnansprüche in der Tat ein bißchen zu klein. Das sieht auch die örtliche Denkmalpflegerin Marlies Fines-Sauer nicht anders.

»Die Diskrepanz zwischen dem ursprünglichen reinen Bauhausgedanken und den heutigen Wohnraumansprüchen führt natürlich dazu, daß Anbauten, Umbauten, physikalische Verbesserungen am Gebäude vorgenommen werden und auch ständig Anträge gestellt werden, sie weiter vorzunehmen. Das führt natürlich zu einer Vermischung der ursprünglichen Siedlungsstruktur und gefährdet die Unverwechselbarkeit der Anlage. Die Bauhausarchitektur und darüber hinaus die Fünfziger-Jahre-Architektur sieht flächige Fassaden vor, das heißt: die Fenster mit ihren Deckleisten schließen bündig mit dem Mauerwerk ab, mit Vorderkantenputz. Wenn jetzt zusätzlich Wärmedämmung angebracht wird, verändern sich die Fassaden. Wir versuchen natürlich, den Wünschen der Menschen Rechnung zu tragen, und so bieten wir zur Erweiterung der Wohnzimmer jetzt zum Beispiel ebenerdig den Anbau eines Wintergartens an, von dem Material her Stahlglaskonstruktion, um es filigran zu halten, und dem ursprünglichen Gestaltungswillen des Architekten auch heutigen Bedürfnissen Rechnung zu tragen.

Die Kasseler Gartenstadt Auefeld steht seit 1986 unter Denkmalschutz. Ein Kulturdenkmal von beträchtlichem Ausmaß. Nur: Es ist ein bißchen zu spät, um zu retten, was im Grunde genommen kaum mehr zu retten ist. Schließlich gleicht schon heute, zumindest was die Eigenheime anbelangt, so gut wie kein Haus mehr dem anderen, was in der Tat nicht Sinn der Sache einer Siedlung ist. Schöner ist die Anlage dadurch mit Sicherheit nicht geworden, auch wenn es der Denkmalpflege nicht um Schönheit, sondern um das Charakteristische geht. Eigentlich schade. Wenn das so weitergeht, sieht man da, wo man eigentlich den eingangs erwähnten »Aufbruch« sehen müßte und die gebauten »Hoffnungen« auf ein »neues, anderes Leben«, in der Tat bald nur mehr das Spießige. Oder, mit den Worten des Deutschen Nationalkomitees für Denkmalschutz ausgedrückt, den »Bauwirtschafts-Funktionalismus« der sechziger Jahre, mit dem sich »jene Nivellierung vollzog, die schließlich zu einer breiten Kritik an der Architektur und Planung unserer Städte Anlaß gab.«

Christa Schell ist Journalistin und lebt in Frankfurt am Main.

Literatur:

1 »Architektur und Städtebau der Fünfziger Jahre«, Werner Durth, Niels Gutschow, Schriftenreihe des Deutschen Nationalkomitees für Denkmalschutz, Bd. 33.

2 »Eigenheim und gute Stub, Zur Geschichte des bürgerlichen Wohnens, Städtebau, Architektur, Einrichtungsstile«, Joachim Petsch, Dumont-Buchverlag Köln, 1989

Eva Ludwig

Jüdisches Leben in christlicher Mitte

Landsynagogen und Bethäuser in Hessen

Von Mittelkalbach über Oberkalbach führt der Weg nach Heubach, einem Dorf im Landkreis Fulda. Die Häuser links und rechts der Hauptstraße sind adrett und gepflegt. Ein Backsteinmäuerchen sorgt dafür, daß der Misthaufen nicht einfach so herumliegt. Ordentlich eingefaßt und aufgehäuft liegt er da. Ein Traktor tuckert die Straße entlang. Der Schulbus hält an und fährt weiter. Wenn gerade kein Auto vorbeifährt, füllt emsiges Hämmern und Sägen die Mittagsstille. Hier wird ein Dach repariert, da eine Fassade neu verputzt. Die Heubacher sind stolz auf ihr Dorf, und sie sorgen dafür, daß ihre Häuser anständig aussehen.

In der Ortsmitte gabelt sich die Hauptstraße und gibt den Blick frei auf ein altes schindelverkleidetes Haus. Das Gebäude hat zwei Eingänge. Beide sind verschlossen. Einige Fensterscheiben fehlen, andere sind zerbrochen, die Fensterlöcher sind mit Brettern vernagelt. Unter dem Portalvorbau stapeln sich zerlegte Pappkartons. »Also ehrlich, ich würde das abreißen«, sagte eine Heubacherin verdrießlich, die schräg gegenüber wohnt. Erst vor kurzem hat sie das eigene Haus neu verputzt. Um so mehr störe sie der Anblick des kaputten Hauses, klagt die Frau. Mit dieser Meinung steht die vierzigjährige Heubacherin im Dorf nicht allein. »Nun ja, ein Schandfleck ist es, fürs ganze Dorf«, sagt eine andere Heubacherin, und auch sie hat die Lösung parat: »Wegreißen, einen schönen Baum hinpflanzen, ein paar Bänke und einen Tisch hinstellen, das wäre besser.« Er habe sich an den Anblick gewöhnt, sagt ein Heubacher resigniert. Was ihn störe, sei der tagtägliche Wissensdrang der Touristen. »Das ist die Judenschule, das heißt in Heubach nur Judenschule«, gibt er Auskunft, wenn die Kurzurlauber aus Frankfurt und Fulda sich bei ihm nach dem alten Haus erkundigen. »Man muß sich schämen vor Gott und der Welt«, sagt er. Offensichtlich sind ihm die neugierigen Fragen der Leute von außerhalb unangenehm. Wäre die ehemalige Synagoge in seinem Besitz, er hätte sie längst abgebrochen.

Eine alte Frau aus dem Dorf erinnert sich noch gut an die Zeit, als in Heubach Juden lebten. »Wenn sie ihren Sabbat hatten, standen sie da auf der Treppe, dann gingen sie spazieren. Die Älteren erzählen sich noch davon, wenn sie zusammenkommen, dann heißt's, der Jude und der...« Sie lächelt. Vor dem Krieg war die Synagoge der Mittelpunkt des jüdischen Lebens in Heubach. »Es waren ja viele hier«, sagt die Frau. »Der Neubau, das war ein Judenhaus früher, aber das ist schon lange her. Da waren ja viele Häuser, wo Juden waren. Wir haben ja auch ein Judenhaus gekauft.« Ein alteingesessener Heubacher erinnert sich an die enge Nachbarschaft mit den Juden. »Da oben der eine hat mit Vieh gehandelt. Und die in unserem Haus wohnten, die hatten immer Stoffe und so Sachen.« Das Zusammenleben sei nicht schlecht gewesen, versichern die alten Heubacher. Sie seien immer mit den Juden ausgekommen.

»Meine Tante hat ein Haus gehabt da drüben, die waren über Nacht ruckzuck weg«, sagt eine Heubacherin. Was mit den jüdischen Nachbarn geschah, in welche Konzentrationslager sie deportiert wurden, darüber mögen die Heubacher nicht nachdenken. Jäh reißen die Erinnerungen und die nachbarschaftlichen Gefühle ab. »Man hat hier nichts gehabt gegen die Juden, wirklich nicht. Die haben halt zusammen gelebt hier, und dann sind sie weg, wo sie hingekommen sind, weiß niemand«, versichert die alte Frau. »Das wissen wir nicht, das wird niemand wissen«, bekräftigt eine andere.

Das wenige, was die Jungen über Heubachs jüdische Vergangenheit wissen, haben sie von den Alten. »Judentum und Heubach, da bin ich wahrscheinlich zu jung dafür, ich meine, ich bin '57 geboren, ich kenne das nicht mehr. Meine Eltern, die wissen das auch nicht mehr so, und die Großeltern sind ja schon gestorben. Aber was ich heute weiß, das habe ich halt noch so hier und da mal mitgekriegt von früher«, sagt die Heubacherin, die den Schandfleck Synagoge vor ihrem neu verputzten Haus lieber heute als morgen weghaben will. Sie findet es unwichtig, an das jüdische Leben in Heubach zu erinnern. Auch der Heubacher, dem die Touristen mit ihren tagtäglichen Fragen nach der ehemaligen Synagoge im Nacken sitzen, sieht keinen

Sinn darin, an das Judentum in Heubach zu erinnern. »Was heißt Gedenktafel, die Jugend weiß nichts mehr von den Juden, das sind noch die Alten, das sind noch mal zehn Jahre, dann sind die Alten tot, dann ist alles fertig, denke ich. Eine Gedenktafel kann man hinstellen, aber nicht hier, die Synagoge gehört weg und ein freier Platz hin, ein bißchen Grünanlage, das wäre das Ideale.«

Zwei Gedenktafeln vor der evangelischen Kirche in Heubach erinnern an die Opfer der beiden Weltkriege. Der Heubacher Heimatverein hat sie errichtet. In rotem Sandstein gedenken die Heubacher ihrer Toten. Die Namen und die Schicksale der Juden, die früher hier im Dorf lebten, stehen nirgendwo geschrieben. 1937 hat der letzte Heubacher Jude den Ort verlassen.

Was in Heubach oder anderswo in Hessen keiner mehr wissen will, damit beschäftigt sich Thea Altaras. Viele Jahre hat die jüdische Architektin aus Gießen sich mit dem Leben der hessischen Landjuden befaßt und die Geschichte ihrer Synagogen nach 1945 dokumentiert. Thea Altaras ist in die Dörfer gegangen. Wo sie eine Synagoge fand, fertigte sie Pläne an, erforschte die Geschichte und machte Fotos. 179 ehemalige Synagogen und Beträume konnte die Architektin bis heute in Hessen ausfindig machen. Für Thea Altaras ist die Heubacher Synagoge besonders bedeutsam, weil sich die ganze Geschichte des Ortes an dem Gebäude ablesen läßt. Die ehemalige Synagoge steht an einer markanten Stelle und prägt den gesamten Ortsteil. Nach den Worten von Thea Altaras liegt die kulturelle und historische Bedeutung des Gebäudes nicht nur darin, daß es einmal eine Synagoge war. Ursprünglich war es eine Zehntscheune, die etwa 1835 zur Synagoge umgebaut wurde.

Nicht persönlicher Mut oder politischer Widerstand, sondern purer Zufall hat die hessischen Landsynagogen vor den Pogromen im November 1938 bewahrt. Oft war es der Standort, der die jüdischen Bethäuser rettete. Sie befanden sich dicht neben anderen Gebäuden im Dorf, so daß die Feuersbrunst von der Synagoge auf die nebenstehenden Häuser überzugreifen gedroht hätte. Die Nähe zu den nichtjüdischen Nachbarn und die Brandgefahr für deren eigenes Hab und Gut hat so manche Synagoge vor den Flammen gerettet. Andere stehen heute noch, weil sie am 9. November 1938 bereits nicht mehr in jüdischem Besitz waren. Oft mußten die jüdischen Gemeinden schon vor 1938 ihren Grundbesitz zwangsverkaufen. Die Gebäude wechselten zu nichtjüdischen Besitzern und wurden deshalb nicht in Brand gesetzt. Auch die Synagoge in Heubach dürfte aus diesem Grund dem

Ehemalige Synagoge in Heubach

Feuer entgangen sein, denn sie bestand nur bis 1936. Danach kaufte die Gemeinde das Haus und nutzte es bis 1972 als Rathaus. Im Zuge der Straßenerweiterung wechselte die ehemalige Synagoge erneut den Besitzer und wurde 1982 Eigentum des Hessischen Straßenbauamts, also des Landes Hessen. Vor einem Jahr hat die Oberfinanzdirektion in Frankfurt die Synagoge vom Straßenbauamt übernommen. 90 000 DM hat das Land Hessen im vergangenen Jahr investiert, um die Synagoge vor dem völligen Verfall zu retten. Alles, was über die Sicherung des Gebäudes hinausgeht, so Thomas Schulte von der Liegenschaftsstelle der Oberfinanzdirektion, »muß auch unter einem gewissen wirtschaftlichen Aspekt gesehen werden«. Im Klartext heißt das: Die Kassen sind leer, die Mittel und Möglichkeiten des Landes Hessen begrenzt. Deshalb sucht das Land nach Investoren. Aufgrund der hohen Kosten will das Land das Gebäude möglichst rasch veräußern, und zwar zu einem Anerkennungsbetrag, dessen Höhe gering bemessen ist. Die Synagoge sei zum symbolischen Kaufpreis von einer Mark zu haben, versichert Schulte.

Nicht nur das Land Hessen, auch die zuständigen Denkmalpfleger hoffen, daß sich für die Synagoge in Heubach bald ein Käufer findet. Seit 1988 stehen alle ehemaligen jüdischen Bethäuser in Hessen unter Denkmalschutz, so auch die Synagoge in Heubach. Jürgen Obermeier von der unteren Denkmalschutzbehörde im Landkreis Fulda hat oft mit Privatleuten zu tun, die sich für denkmalgeschützte Gebäude interessieren. »Das Gebäude hier ist halt schwer an den Mann zu bringen«, sagt der Denkmalpfleger. Für eine Familie seien die insgesamt 280 Quadratmeter zu groß. Und wer am Wochenende im Grünen sitzen wolle, interessiere sich nicht für dieses Gebäude, weil es mitten im Ort sei. »Im Moment sind wir ein bißchen ratlos«, gesteht Obermeier. Er hofft auf eine rettende Idee. »Vielleicht ändern sich die Zeiten, ändern sich die Meinungen, vielleicht gibt's hier wieder mal den Anspruch, daß man ein Museum oder einen kleinen Laden einrichten will. Im Moment besteht nicht die Gefahr, daß das Gebäude einstürzt, denn das Land ist verpflichtet, dafür aufzukommen«, sagt Obermeier.

Die Zeit verrinnt, der Stein bröckelt aus den Fachwerken. Seit mehr als zehn Jahren steht die ehemalige Synagoge leer und verfällt. Wer das Haus sanieren wollte, müßte rund 1,2 Millionen DM investieren. Wenn nichts geschieht, werden über die bereits hineingesteckten 90 000 DM hinaus weitere Kosten entstehen, um das Gebäude zu sichern und vor dem Einsturz zu bewahren. Das Land Hessen möchte sich von dieser finanziellen Bürde befreien, aber bis jetzt will keiner die Synagoge haben. Schon gar nicht die Gemeinde Heubach, denn die hat das ungeliebte alte Haus längst aufgegeben. Bereits Anfang der achtziger Jahre, als Heubach in das hessische Förderungsprogramm zur Dorferneuerung aufgenommen wurde, war die Synagoge das Aschenputtel. Das gesamte Dorf putzte sich heraus. Nur das jüdische Bethaus, das neben der Synagoge eine Schule, die Wohnung des Rabbiners und ein Ritualbad beherbergte, wurde vergessen. Heruntergekommen und verwahrlost steht das Aschenputtel in der Dorfmitte, ein Sinnbild des Zerfalls und der Mißachtung. Der Ortsvorsteher Gerhard Müller ist der Ansicht, daß das Land Hessens den Zeitpunkt der Sanierung versäumt hat und versichert: »Wenn das vor fünf Jahren saniert worden wäre, hätten die Leute noch mehr Verständnis gehabt, da eine Million oder 1,2 Millionen reinzustecken, aber jetzt bei der Bausubstanz, die ja mit fünf Prozent angegeben wird, sieht keiner mehr einen Sinn darin, das Gebäude zu sanieren. Das hat in keiner Weise irgend etwas mit den Juden zu tun, in keiner Weise. Der Zeitpunkt der Sanierung ist vorbei, und jetzt ist das Gebäude so schlecht, daß niemand es verstehen würde, wenn da Geld hineingesteckt wird.«

Bevölkerung und Ortsbeirat sind sich einig. Sie wollen den Abriß. Im vergangenen Jahr, so Müller, stimmte der Ortsbeirat geschlossen dafür. Die Gemeindevertretung habe dann nur beschlossen zu prüfen.

»Sie ist nicht ganz so resolut, wie wir uns das eigentlich wünschen,« sagt Müller. Auch der Bürgermeister sei seiner Meinung nach nicht hart genug gegenüber dem Land Hessen, um den Abriß zu fordern. Die Gemeinde Heubach hat andere Prioritäten gesetzt. Der Kindergarten ist zu klein und soll um eine dritte Gruppe erweitert werden. Das Bürgerhaus soll ebenfalls vergrößert werden, denn es fehlt ein Saal mit Bühne. Das Sporthaus befindet sich im Bau. Für das ehemalige jüdische Bethaus sieht die Gemeinde Heubach keine sinnvolle Nutzung.

Der Holocaust hat das Landjudentum in den hessischen Dörfern und Gemeinden fast vollständig vernichtet. Vor 1933 nutzten die jüdischen Gemeinden in Hessen insgesamt 373 Synagogen und Beträume. Heute sind es nur noch 14 Synagogen, die wieder als solche dienen. Sie befinden sich nicht auf dem Land, sondern in den Städten, und zwar in Frankfurt, Offenbach, Darmstadt, Bad Nauheim, Gießen, Kassel, Wiesbaden und Marburg. Vor 1933 konnte jeder die nächste Synagoge zu Fuß erreichen. Sie war in Romrod oder in Trutzhain, in Ungedanken oder in Heubach. Da es heute in diesen kleinen Orten keine Juden und keine jüdischen Gemeinden mehr gibt, ist die nächste jüdische Gemeinde in der Stadt zuständig. Für Heubach ist das die jüdische Gemeinde in Fulda. 1987 sollte die Synagoge von Heubach nach Gießen versetzt werden, weil die jüdische Gemeinde in der Stadt sie wieder als Gotteshaus nutzen wollte. Das Projekt scheiterte, weil der Landesrabbiner sein Veto einlegte. Auch die Vorsitzende der jüdischen Gemeinde in Fulda, Linde Weiland, ist generell dagegen, eine Synagoge von ihrem angestammten Ort wegzutragen. Die gegenwärtige Lage in Heubach sieht auch sie sehr kritisch. Einerseits vertritt sie die Ansicht, daß die Synagoge vor dem Verfall und vor dem Vergessen bewahrt werden muß. »Man soll zeigen, daß in Heubach eine solide jüdische Gemeinde lebte, die sogar eine eigene Synagoge besessen hat. Man darf diese Zeit nicht einfach ausradieren.« Andererseits habe sie sich aufgrund von Gesprächen mit den ortsansässigen Bürgern der Meinung nicht erwehren können, daß die Synagoge, sollte sie tatsächlich restauriert werden, immer eine Angriffsfläche für Haß bieten könnte. »Solange die Ortsbewohner mit dem Haus an sich nichts zu tun haben wollen, sondern im Gegenteil sich feindlich dagegen stellen, sehe ich keine Zukunft für den Umbau eines solchen Hauses, sondern fürchte sogar, daß eine Finanzierung der Restaurierung dieses Hauses allerhöchstens noch Haß schüren könnte statt abbauen«, so das Fazit von Linde Weiland.

Den Spuren der Juden aus ihrem Dorf sind die Heubacher nie gefolgt. Wie andere jüdische Gemeinden, mußten auch die Juden aus Heubach ihre Synagoge und ihren Besitz aufgeben und den Weg ins Konzentrationslager gehen. Ein freiwilliger und rechtmäßiger Verkauf der Synagogen war nur vor 1933 möglich. Nach 1933 wurden die Besitztümer der deportierten Juden in der Regel aufgeteilt, ihre Privathäuser und Synagogen zu sehr niedrigen Preisen zwangsverkauft. Von Zwangsverkauf wollen weder die heutigen Besitzer ehemaliger jüdischer Häuser in Heubach noch der Ortsvorsteher Gerhard Müller irgend etwas wissen.

Wie alle Erinnerung an jüdisches Leben in Deutschland, fällt auch die Erinnerung an das Landjudentum und an die Landsynagogen schwer. Die vielen kleinen Orte, die vor 1933 jüdische Gemeinden beherbergten, darunter Romrod, Baumbach, Schmalnau oder Ziegenhain, sind die letzten Zeugen einer durch die Nationalsozialisten zerstörten Geschichte und Kultur. Die Alten, die sich noch an das Zusammenleben mit den Juden erinnern, sind schon gestorben oder wollen nicht darüber reden. Die Jungen interessieren sich nicht dafür.

Thea Altaras bewahrt nicht nur Geschichte und Architektur der ehemaligen Landsynagogen vor dem Vergessen. Die Ergebnisse ihrer Forschungen sind in den beiden Büchern *Synagogen in Hessen – Was geschah seit 1945?* und *Das jüdische Rituelle Tauchbad* nachzulesen. Thea Altaras hat auch mit den Menschen in den Dörfern gesprochen und die Erinnerung an das Leben der Landjuden in Hessen bewahrt. »Die Landjuden waren genauso fromm wie die christliche Dorfbevölkerung. Der Säkularisierungsprozeß hat viel später begonnen als in der Stadt, sowohl für die Christen als auch für die Juden. Die Juden waren einfache Leute, sie lebten eigentlich bäuerlich wie ihre christliche Umgebung, hielten aber sehr streng an ihren religiösen Gesetzen fest.« Jeder im Dorf wußte, wer Jude war, da Juden am Samstag nicht kochten, schrieben oder fuhren. Das wußten die Christen, denn sie kannten die wichtigsten religiösen Gesetze und Feiertage ihrer jüdischen Nachbarn. Da die Juden am Freitagabend kein Feuer machen durften, kam ein christlicher Nachbar zu Hilfe. Zu Pessach buk der jüdische Bäcker die Mazzen, und die Juden gaben ihren christlichen Nachbarn von dem ungesäuerten Brot ab. »Man war ja auch befreundet mit den Nachbarn, und denen hat man solche Päckchen geschenkt, also Mazzen geschenkt, und noch heute gibt es alte Leute im Dorf, die sich daran erinnern, und die sagen, wie gut das war und wie schön, als die Juden damals ihr Fest hatten und die Nachbarn daran teilhaben ließen.«

Auf dem hessischen Land gab es kein Ghetto. Zwar wohnten die Juden in der Nähe der Synagoge, weil sie ja zum Gottesdienst immer zu Fuß laufen sollten. In der Nähe der Synagoge waren auch meistens die jüdische Bäckerei und die jüdische Metzgerei. Aber die Juden lebten Tür an Tür mit den christlichen Nachbarn. »In den meisten Fällen war das ganz normal«, sagt Thea Altaras. »Man lebte nachbarschaftlich zusammen, es gab Höhen und Tiefen, vom Miteinander bis im 20. Jahrhundert zum Gegeneinander.« Die Landsynagogen waren ein sichtbarer Ausdruck jüdischen Lebens in christlicher Mitte. Die Juden in Hessen lebten mit ihrer christlichen Umgebung eng verbunden, und ihre Synagoge gehörte selbstverständlich ins Dorf.

Die Synagogen, die man gemeinhin kennt, sind die großen Stadtsynagogen. Oft läßt ihre Architektur orientalische Einflüsse erkennen. Ein eindrucksvollles Beispiel dafür ist die Westend-Synagoge in Frankfurt. Im Gegensatz zum Rundbogenstil und zu den romanisierenden Elementen der Stadtsynagogen sind die Landsynagogen vergleichsweise schlicht. Während die prunkvollen Stadtsynagogen die Gleichberechtigung und die große israelitische Gemeinde nach außen repräsentierten, waren die Landsynagogen einfache und bodenständige Gotteshäuser. Ortsansässige Handwerker bauten sie mit den ortsüblichen Materialien. Über 80 Prozent der Gebäude waren früher Wohn- oder Wirtschaftsgebäude, die zu Synagogen umgebaut wurden. Wirtschaftsgebäude waren dazu besonders geeignet, da sie die Höhe hatten, um eine Frauenempore einzubauen. Im Wirtschaftsteil wurde die Synagoge eingerichtet, in dem übrigen Teil waren dann die Wohnung für den Rabbiner und die Schulräume untergebracht.

Thea Altaras ist fasziniert von der schlichten Schönheit der Landsynagogen, deren zurückhaltende, aber sehr authentische Architektur man viel zu lange verkannt habe. »Sie fallen nicht gleich ins Auge, aber ihre Architektur ergibt zusammen mit dem ganzen Dorf ein vollständiges Bild.«

Im Gegensatz zur stolzen Stadtsynagoge, die herausragt und auffällt, fügt sich die bescheidene Landsynagoge harmonisch in die Gesamtarchitektur des Dorfes ein. Besonders verbreitet sind Fachwerksynagogen, da diese der heimischen Bauweise in den hessischen Dörfern entsprachen. Die meisten entstanden in der ersten Hälfte des 19. Jahrhunderts, wie zum Beispiel die Synagogen in Heubach, Ronneburg-Altwiedermus oder in Gründau-Lieblos. Neben den Fachwerksynagogen entstanden massiv gebaute Synagogen, zum Beispiel in Großkrotzenburg, Michelstadt oder Schlüchtern.

Seit vielen hundert Jahren lebten Juden in Hessen. Bereits im 12. Jahrhundert kamen sie in die Wetterau. Im Vogelsberg gehen ihre Spuren zurück bis ins 13. Jahrhundert. Thea Altaras setzt sich dafür ein, daß ihre ehemaligen Synagogen erhalten und sinnvoll genutzt werden. »Da diese Gebäude einmal einem gemeinnützigen Zweck dienten, sollen sie auch heute einer angemessenen neuen Nutzung zugeführt werden. Die Synagogen sind die letzten Zeugen der jüdischen Landbevölkerung, die in den zwölf Jahren des nationalsozialistischen Regimes unwiederbringlich vernichtet wurden. Deshalb sollen ihre ehemaligen Bethäuser mit neuem Leben erfüllt werden, und vor allem die Ortsansässigen sollen sich mit dem Gebäude identifizieren. Sie sollen wissen, daß das einmal ein jüdisches Gotteshaus war, und durch eine Gedenktafel sollen auch die nachfolgenden Generationen erfahren, daß in diesen Ortschaften seit Jahrhunderten Juden lebten.«

Der Holocaust hat das Bewußtsein über das jüdisch-christliche Zusammenleben in den hessischen Dörfern ausgelöscht. Nach 1945 leugneten die nichtjüdischen Besitzer die Geschichte und machten die Synagogen unkenntlich. Sie entfernten bauliche Merkmale, die das Gebäude als Synagoge auswiesen, beseitigten Davidsterne, Gesetzestafeln oder hebräische Inschriften sowie Bogenfenster und Rundöffnungen. Thea Altaras versteht diese Umbauten als eine Fortsetzung der 1938 vollzogenen Zerstörung der Synagogen. Erst nach 1988, als alle ehemaligen Synagogen unter Denkmalschutz standen, hat man über eine angemessene neue Nutzung der ehemaligen jüdischen Bethäuser nachgedacht. Eine der ersten Synagogen, die instandgesetzt und renoviert wurden, war die in Gelnhausen. 1981 erwarb die Stadt Gelnhausen das ehemalige Synagogengebäude, um es mit großem Einsatz und Engagement aller Beteiligten zu sanieren. 1986 wurde das Haus als Stätte der Begegnung der Öffentlichkeit übergeben. Es folgten Hadamar, Großkrotzenburg und schließlich Auerbach, wo der Auerbacher Synagogenverein 1984 erste Überlegungen für eine Renovierung anstellte, die 1986 erfolgte. Seither dient die ehemalige Synagoge für religiöse und kulturelle Veranstaltungen.

Das Landesamt für Denkmalpflege sieht in jedem Zeugnis der ausgelöschten jüdisch-deutschen Geschichte, sei es eine Synagoge, ein Friedhof oder ein rituelles Tauchbad, Denkmalwerte, die es zu bewahren gilt. Nach 1945 war das Bewußtsein über den kulturellen Wert der ehemaligen jüdischen Kultstätten in den Ortsgemeinden, bei Denkmalpflegern und Politikern noch weitaus weniger entwickelt als heute. 66 Synagogen wurden zwischen 1945 und 1993 abgerissen. Nur 14 von insgesamt 245 Synagogen in Hessen wurden bis heute renoviert. Sie dienen als Theater, Konzertsaal, Museum oder Stätte der Begegnung. Die meisten ehemaligen Synagogen werden nach wie vor von den nichtjüdischen Besitzern als Abstellraum, Garage, Scheune, Lager, Werkstatt oder Sparkasse genutzt. Weniger als die Hälfte tragen Gedenktafeln.

Eva Ludwig ist Journalistin und lebt in Offenbach.

Literatur

1 Thea Altaras, *Synagogen in Hessen – Was geschah seit 1945? Teil I*, Königstein 1987
2. Thea Altaras, *Das jüdische Rituelle Tauchbad und Synagogen in Hessen, Teil II*, Königstein 1994.

Hans Sarkowicz

»Dort war mein sehnsüchtiger Aufenthalt«

Geburtshäuser und Arbeitsstätten berühmter Hessen

Der Baedeker Hessen-Nassau aus dem Jahre 1922 ist eine interessante Lektüre. Er offenbart nicht nur, wo es zum Beispiel in Kassel Pilsner Urquell und Coburger Hofbräu zu trinken gab oder welche Wiesbadener Nobelhotels noch von französischen Besatzungstruppen belegt waren, sondern er zeigt auch auf sorgfältig zusammengefalteten Karten, wie die größeren Städte Hessens vor 75 Jahren aussahen. Frankfurt etwa wirkte großenteils noch ländlich. Ginnheim, Eschersheim oder Eckenheim waren zwar schon eingemeindet, aber der Weg in die Stadtteile führte über freies Feld. Keinem Baedeker-Benutzer wäre es allerdings eingefallen, mit der Straßenbahn oder der Droschke dorthin zu fahren. Denn die empfohlenen Sehenswürdigkeiten lagen in der Altstadt oder in Sachsenhausen. Ganz oben auf der Liste dessen, was der Reisende unbedingt bestaunt haben mußte, stand das Goethehaus, dem der Baedeker fast eine ganze Seite widmete.

»Am Großen Hirschgraben 23«, heißt es da, »das ursprünglich 1592 erbaute Goethehaus, die Wohnung der Eltern Goethes, in der der Dichter geboren wurde und seine Jugendjahre 1749-65 verlebte. Das Gebäude ist 1863 durch das Freie Deutsche Hochstift angekauft und im Innern so wiederhergestellt worden, wie es nach dem Umbau von 1755 war.«

Und dann wird aufgezählt, wer alles im Haus logierte: die »Frau Rath« Goethe im Erdgeschoß, der französische Königsleutnant Thorenc und der Weimarer Herzog Karl August im ersten Stock, Goethes Schwester Cornelia im zweiten Stock und der junge Dichter selbst im dritten.1922 konnte der ergriffene Besucher noch in den Zimmern stehen, wo Goethe das Licht der Welt erblickt und den *Götz,* den *Clavigo,* den *Werther* und die Anfänge des *Faust* verfaßt hatte.

Heute ist das nicht mehr möglich.

Am 22. März 1944, auf den Tag genau 112 Jahre nach Goethes Tod, sanken Haus und Museum in Schutt und Asche, wie die meisten Gebäude der Frankfurter Altstadt. Auch andere Künstlergedenkstätten sind in den Feuernächten des Zweiten Weltkriegs verschwunden. Der Baedeker von 1922 nannte z.B. für Kassel noch ein Louis-Spohr-Museum in der Friedrichstraße, das an das Wirken des Komponisten in der ehemaligen Residenz erinnerte, oder das Wohnhaus der Brüder Grimm in der Wildemanngasse, von dem 1945 nicht einmal mehr Mauerreste zeugten. Auch die »Kasseler Grimm Sammlung« in der Hessischen Landesbibliothek fiel zum größten Teil dem Krieg zum Opfer.

In anderen hessischen Städten sieht es ähnlich aus, denn auf kulturgeschichtlich wertvolle Gebäude nahmen die alliierten Bomberstaffeln genausowenig Rücksicht wie auf andere, »gewöhnliche« Häuser. So sind überall in Hessen Bauten verschwunden, die an Künstler, Wissenschaftler und Politiker erinnerten. Wer sich z.B. in Darmstadt auf die Spuren Lichtenbergs oder Büchners machen will, der begegnet höchstens noch Gedenktafeln. Das Haus Grafenstraße 39, in dem Büchners Eltern lebten und wo *Dantons Tod* entstand, verbrannte im September 1944 ebenso wie die Wohnung der Familie Lichtenberg in der Luisenstraße.

Wiedererstanden ist das fast vollständig zerstörte Pädagog, in dem Lichtenberg von 1752 bis 1761 seine Ausbildung erhielt. Als 1979 die historisch ungesicherte Rekonstruktion der ersten Lateinschule in Darmstadt begann, da geschah das gegen den Widerstand der Denkmalschützer, die die Kopie als geschichtslose Verfälschung ablehnten. Aber eine Bürgerinitiative und das Hochbauamt der Stadt ließen sich nicht beeindrucken. Noch 30 Jahre vorher hätte niemand daran Anstoß genommen. Ganz im Gegenteil: Der Neuaufbau des Frankfurter Goethehauses wurde von allen Beteiligten als vordringlich gefordert. Bereits vor der Zerstörung hatte die damalige Hochstift-Leitung alle Vorkehrungen für eine Rekonstruktion getroffen. Die Einrichtungsgegenstände waren ausgelagert worden, von den Tapeten hatte man Muster genommen, alle Details des Hauses waren genauestens vermessen und erfaßt. Schon 1951, nach vierjähriger Bauzeit, konnte das Haus wieder eröffnet werden, das Goethe in seinen Jugenderinnerungen *Dichtung und Wahrheit* ausführlich beschreibt. Darin heißt es u.a. über das »alte Haus«, das »eigentlich aus zwei durchbrochenen Häusern bestand«: »Eine turmartige Treppe führte zu unzusammenhängenden Zimmern, und die Ungleichheit der Stockwerke war durch Stufen ausgeglichen. Für uns Kinder, eine jüngere Schwester und mich, war die untere weitläufige Hausflur der liebste Raum, welche neben der Türe ein großes hölzernes Gitterwerk hatte, wodurch man unmittelbar mit der Straße und der freien Luft in Verbindung kam. [...] Im zweiten Stock befand sich ein Zimmer, welches man das Gartenzimmer nannte, weil man sich daselbst durch wenige Gewächse vor dem Fenster den Mangel eines Gartens zu ersetzen gesucht hatte. Dort war, wie ich heranwuchs, mein lieber, zwar nicht trauriger, aber doch sehnsüchtiger Aufenthalt.«

Auch die Umbauarbeiten nach dem Tod der Großmutter schildert Goethe so genau, daß sie sich im Detail nachvollziehen lassen. Seine Angaben waren schon 1863 die Grundlage für die Wiederherstellung des aus Privatbesitz erworbenen Hauses.

Goethes Spuren in Hessen sind sorgfältig konserviert, besser als die anderer Künstler oder Wissenschaftler, denn der Dichter wurde schon zu Lebzeiten verehrt. Als sich der Wiener Dietmar Grieser 1982 aufmachte, die hessischen Goethe-Orte in literarischen Lokalaugenschein zu nehmen, da fand er neben denen in Frankfurt, Darmstadt und Wetzlar u.a. noch solche in Wiesbaden, Winkel, Geisenheim, Rüdesheim, Hanau, Offenbach, Bad Homburg, Bad Schwalbach, Weilburg, Dieburg, Gießen, Kassel, Fulda, Gelnhausen, Hünfeld, Schlüchtern, Bischhausen, Eberstadt, Eltville, Burg Ziegenberg und Butzbach. Da Goethe auf seinen Reisen Tagebuch führte und eine ausführliche Korrespondenz unterhielt, läßt sich heute noch mit Sicherheit sagen, wo er sein Haupt zur Ruhe bettete, eine Sehenswürdigkeit betrachtete oder ein wohlfeiles Mahl einnahm. Vor allem in und um Wetzlar, wo Goethe als Praktikant am Reichskammergericht lediglich vom 25. Mai bis zum 11. September 1772 lebte, sind die Spuren überdeutlich zu besichtigen. Verantwortlich dafür sind *Die Leiden des jungen Werthers.* Der Briefroman über eine unglückliche Liebe hatte schon kurz nach Erscheinen ein wahres Werther-Fieber ausgelöst und ganze Pilgerscharen nach Wetzlar gezogen. Als Dreiundzwanzigjähriger war Goethe in die Freie Reichsstadt gekommen, um etwas zu lernen, aber die Arbeit in den tristen Kanzleistuben bedeutete ihm wenig. Er ging lieber zur Ritterrunde im Gasthaus Zum

Kronprinzen oder in das kleine Dorf Garbenheim, »ungefähr ein gute Stunde von der Stadt«, wo er die Sommertage aus vollem Herzen genoß: »Eine gute Wirtin schenkt Wein, Bier, Kaffee, und was über alles geht, sind zwei Linden, die mit ihren ausgebreiteten Armen den kleinen Platz vor der Kirche bedecken, der ringsum mit Bauernhäusern, Scheuern und Höfen eingeschlossen ist. So vertraulich, so heimlich hab' ich nicht leicht ein Plätzchen gefunden, und dahin laß' ich mein Tischchen aus dem Wirtshaus bringen und meinen Stuhl, trinke Kaffee da und lese meinen Homer.«

Das Gasthaus wurde 1866 bei einem Brand zerstört; das Ensemble hat sich geschlossen nur als Modell im Garbenheimer Heimatmuseum erhalten. Und natürlich im Werther. Dort heißt das Dorf allerdings Wahlheim, auch Werther liest seinen Homer, aber es ist nicht der Kaffee, der seinen Geist beflügelt, sondern es sind gewöhnliche Zuckererbsen, die er sich im Wirtsgarten selbst pflückt und in Butter brät.

Der Erfolg Wetzlars als Goethestadt beruht ganz wesentlich darauf, daß sich der Werther auch autobiographisch lesen läßt und die historischen Vorbilder für Orte und Personen leicht zu identifizieren sind. Selbst das Ballhaus, in dem Goethe am 9. Juni 1772 mit Charlotte Buff, der Tochter des Deutschordensamtmannes, zum erstenmal zusammentraf und wo im Roman Werther mit seiner Lotte tanzt, ist ermittelt und wird sorgfältig gepflegt. Seit 1992 ist in dem ehemaligen Jägerhaus der Grafen von Nassau-Weilburg in Volpertshausen das Heimatmuseum von Hüttenberg untergebracht. Und im ersten Stock glänzt der im Stil der Zeit renovierte Ballsaal, der für Goethe so schicksalhaft werden sollte.

Der junge Dichter machte dem »wünschenswerten Frauenzimmer« den Hof, aber aus dem Techtelmechtel konnte sich nichts Ernstes entwickeln, denn Lotte war bereits vergeben: an Johann Christian Kestner, der sie später auch heiraten und mit ihr nach Hannover ziehen sollte. Der ehemalige Deutschordenshof, in dem Charlotte Buff geboren war, erhielt schon 1864 ein Lottezimmer und heißt seit 1922 Lottehaus. Er ist, heute als Städtisches Museum, mit einer reichen Sammlung aus dem Besitz der Familie Kestner und mit einer kostbaren Werther-Sammlung eine der Kultstätten der Goethe-Forschung und -Liebhaber. Trotz Zerstörungen im Zweiten Weltkrieg hat sich das Ensemble in einer schönen Geschlossenheit erhalten. Auch das Zimmer am Schillerplatz, in dem der Gesandschaftssekretär Karl Wilhelm Jerusalem am 29. Oktober 1772 wegen einer unglücklichen Liebe seinem Leben ein Ende setzte, kann heute besichtigt werden, stilecht, wie im

Werther beschrieben, mit Lessings *Emilia Galotti*, »auf dem Pulte aufgeschlagen«. Der Selbstmord des mit Goethe bekannten Jerusalem und die eigene unerfüllte Liebe zu Charlotte Buff gaben den Stoff für *Die Leiden des jungen Werthers*, dessen rascher Erfolg wesentlich dazu beigetragen hat, daß in Wetzlar nie die Spuren des Genies verwischt wurden.

Das Zimmer, in dem Goethe während seines kurzen Aufenthalts logierte, ist allerdings nicht mehr zu besichtigen. Aber die Stelle, das aus dem 18. Jahrhundert stammende Haus Kornmarkt 7, ziert zumindest eine Gedenktafel.

Andernorts war man in diesem Punkt großzügiger. Als der schon lange in Weimar lebende Goethe im Sommer 1814 seine erste große Reise an den Rhein unternahm, war er auch Gast der Familie Brentano in Winkel. Franz Brentano, ein Stiefbruder von Clemens Brentano und Bettina von Arnim, hatte zehn Jahre zuvor zusammen mit seiner Frau ein schlichtes, langgestrecktes Haus mit Mansarddach in dem Weinort gekauft, das schon bald zu einem beliebten Treffpunkt der Romantiker wurde. Auch Goethe war von dem Genius loci angetan und notierte begeistert:

»Die herrliche Lage des Gebäudes läßt nach allen Seiten die Blicke frei, und so können auch die Bewohner, zu welchen ich mich mehrere Wochen dankbar zählte, sich ringsumher, zu Wasser und Land, fröhlich bewegen. Zu Wagen, Fuß und Schiff erreichte man auf beiden Ufern die herrlichsten, oft vermuteten, öfters unvermuteten Standpunkte.«

Goethes mit Kirschbaummöbeln eingerichtetes Zimmer ist originalgetreu erhalten und wird von den Brentanos ebenso sorgfältig gepflegt wie die anderen historischen Räume, die an die Familie der Besitzer erinnern.

Das Brentanohaus in Winkel, das besucht werden kann und in dem regelmäßig kulturelle Veranstaltungen stattfinden, ist ein Musterbeispiel für lebendigen Umgang mit den Zeugnissen der Vergangenheit. Denn der notwendige Schutz einer historischen Stätte verbindet sich nicht immer mit dem Wünschen der heutigen Eigentümer. Dabei spielt es kaum eine Rolle, ob es sich um privaten oder öffentlichen Besitz handelt. Selbstverständlich können nicht alle Orte, die der Fuß einer bedeutenden Persönlichkeit berührte, im ursprünglichen Zustand erhalten werden – und es hat natürlich auch etwas Lächerliches, auf einem Messingschild zu lesen, wo Goethe gelegentlich seinen Allerwertesten plazierte, oder wo der aus Rußland zurückkehrende Napoleon für eine Nacht abstieg. Aber bei Stätten von kulturhistorischem Rang wäre manchmal ein sorgfältigerer Umgang angemessen.

Das macht ein Vergleich zwischen dem Brentanohaus in Winkel und der Gerbermühle in Frankfurt deutlich.

Die Gerbermühle in Oberrad, den Landsitz der Bankiersfamilie Willemer, hatte Goethe 1814 und 1815 mehrfach besucht. Am 28. August 1815 feierte er dort sogar seinen Geburtstag. Ihre Attraktivität für Goethe verdankte die Gerbermühle der Hausherrin, Marianne von Willemer, in die sich der über Sechzigjährige verliebte. Beide tauschten Gedichte aus, die Goethe sowohl im Brentanohaus als auch in der Gerbermühle zu seinem *Westöstlichen Divan* formte. Während in Winkel noch die Atmosphäre dieser Tage zu spüren ist, hat sich die Gerbermühle zu einem im Sommer überlaufenen Ausflugslokal entwickelt. Dessen heutiger Besitzer nutzt zwar die Werbewirksamkeit des Namens Goethe, aber von dem Nimbus des Ortes ist nichts mehr zu spüren.

Immerhin steht die Gerbermühle noch, was auch in unseren Tagen nicht selbstverständlich ist. Daß vor einhundert oder zweihundert Jahren Geburts- und Wohnhäuser von bedeutenden Schriftstellern, Malern oder Wissenschaftlern ohne Bedenken abgerissen wurden, erklärt sich aus einem anderen Verhältnis zu den Zeugnissen der Vergangenheit. Aber wenn sich heute immer noch ökonomische Interessen durchsetzen gegen den Wunsch, ein Kulturdenkmal zu erhalten, dann wirkt das mehr als befremdlich. Ein besonders gravierendes Beispiel ist der Umgang der Stadt Bad Homburg mit dem Erbe des Dichters Friedrich Hölderlin, der von 1798 bis 1800 und von 1804 bis 1806 in der damaligen Residenz der Landgrafschaft Hessen-Homburg gelebt und dort einen wesentlichen Teil seines literarischen Werkes geschaffen hatte. Hölderlins erster Aufenthaltsort war bereits 1820 abgerissen worden – in einer Zeit, in der der Dichter nur ganz wenigen Eingeweihten bekannt war. Seine letzte Wohnung in der Haingasse verwandelte sich Anfang der sechziger Jahre in einen Neubau. Um das letzte erhaltene Gebäude, in dem Hölderlin von 1804 bis 1805 lebte, entbrannte Ende der siebziger Jahre ein heftiger Streit. Für den Erhalt des Hauses engagierten sich u.a. Yehudi Menuhin, Heinrich Böll, Peter Härtling, Peter de Mendelssohn, Stephan Hermlin und Günter Grass, der im Mai 1979 an die Bürgeraktion »Rettet das Hölderlinhaus« schrieb:

»Das Abreißen scheint ein gesamtdeutscher Aspekt zu sein. Als hätte nicht schon der Krieg das meiste und Kostbare zerstört; nun sollen auch die letzten Spuren verwischt werden, damit ja niemand auf den Gedanken kommt, Deutschland sei eine Kulturnation.« Und Heinrich Böll resümierte bitter: »Es geht nicht nur um die Häuser großer und berühmter Dichter, es geht um unser aller Haus, wenn wir diesen Abrißwahnsinn zu unterbrechen bzw. zu stoppen versuchen.«

Aber selbst die Eintragung in die vorläufige Denkmalliste und weitreichende Pläne für eine Nutzung nach der Renovierung halfen nichts. Überraschend und mit Billigung der Denkmalschützer wurde das für die Wohnkultur des 18. Jahrhunderts typische Gebäude im Herbst 1983 niedergelegt und durch einen maßstabsgetreuen Neubau ersetzt, weil die Kosten für Instandsetzung und Unterhaltung angeblich zu hoch gewesen wären. An der nagelneuen Außenfassade wurde eine Gedenktafel angebracht, so daß zumindest die auswärtigen Besucher noch das Gefühl haben können, an einem historischen Ort zu stehen.

Andere Städte und Gemeinden in Hessen gehen bedachter mit ihrem kulturellen Erbe um. Sie sind stolz darauf, bauliche Zeugnisse zu besitzen, die an ihre berühmten Bürger und Besucher erinnern.

Es würde zu weit führen, alle diese kleineren und größeren Gedenkstätten in Hessen zu erwähnen: das (in den letzten Jahrhunderten stark umgebaute) Geburtshaus des *Simplicissimus*-Autors Johann Jakob Christoffel von Grimmelshausen in Gelnhausen etwa, das langjährige Wohnhaus von Konrad Duden in Bad Hersfeld oder das Gut der Familie Savigny, Hof Trages, wo Achim von Arnim, die Geschwister Brentano und Caroline von Günderrode als Gäste weilten und sich zum Teil mit Spottversen und Illustrationen auf den Wänden verewigten. Das Brentano-Zimmer im Herrenhaus und das Günderrode-Häuschen sind ihren Aufenthalten gewidmet. In Hof Trages wurden auch 200 Briefe der Brüder Grimm an Friedrich Carl von Savigny gefunden.

Die in Hanau geborenen Wilhelm und Jacob Grimm hatten lange im Kinzigtal gelebt. Als Kinder waren sie 1791 mit ihren Eltern nach Steinau gezogen und hatten dort sieben Jahre gewohnt, ehe sie nach Kassel gingen. Der Vater, der Gerichtsamtmann Philipp Wilhelm Grimm, war bereits 1796 gestorben. Von da an mußte die Mutter die sechs Kinder mit dem verbliebenen Rest des Vermögens ernähren. Die Brüder merkten wenig von den Sorgen ihrer Mutter. Für sie war es im Rückblick eine reiche Kinderzeit. Als der Malerbruder Ludwig Emil Grimm im Juli 1815 auf dem Weg von Kassel nach Frankfurt einen Abstecher nach Steinau machte, da hatte er ein »unbeschreibliches Gefühl«: »Der Eilwagen fuhr den Steinweg hinein sehr langsam wegen des schlechten Pflasters, die Leute saßen vor den Türen auf den Treppen und belasen Gemüs oder Salat und hatten mir alle bekannte Gesichter. An unsrer alten Wohnung vorbei, am Amtshaus, am Tor, wo das Storchennest drauf war, auf den Kumpen, da sah ich das Rathaus, die Kirche, das Schloß und den Platz unserer Kinderjugend.«

Davon hat sich bis heute viel erhalten. Im Amtshaus, der ersten Steinauer Wohnung der Familie Grimm, und im Schloß sind sorgfältig gepflegte Gedenkstätten eingerichtet, die Erinnerungsstücke, Bilder, Briefwechsel und Erstausgaben versammeln.

Daß das Andenken an einen großen Schriftsteller und Naturwissenschaftler auch lebendig gehalten werden kann, wenn das Geburts- oder Wohnhaus nicht mehr steht, machen die Aktivitäten des Vereins für Heimatgeschichte in Ober-Ramstadt deutlich. Am 1. Juli 1742 wurde im dortigen Pfarrhaus Georg Christoph Lichtenberg geboren. Das Gebäude ist schon lange abgerissen, aber in der Stadt finden regelmäßig Ausstellungen und Tagungen über das literarische Werk und vor allem über die physikalischen Experimente des späteren Göttinger Professors statt.

Wenn Lichtenberg nicht auch Satiren und Aphorismen geschrieben hätte, wäre es um sein Nachleben sicherlich schlechter bestellt. Denn im Gegensatz zu Dichtern werden bedeutende Naturwissenschaftler nach ihrem Tode nur selten so verehrt, daß die Räume, wo sie lebten oder arbeiteten, noch erhalten sind. Ausnahmen gibt es wenige, und sie bleiben, zumindest in Hessen, den ganz Großen vorbehalten. An Philipp Reis etwa, den Erfinder des Telephons, erinnern in Gelnhausen das Geburtshaus in der Langgasse und in Friedrichsdorf eine Gedenkstätte in dem Gebäude, in dem der Lehrer am Institut Garnier bis zum seinem Tode lebte. Wie Reis experimentierte, läßt sich heute in der musealen Anordnung noch genau nachvollziehen. Es ist beeindruckend zu sehen, wie einfach – aus heutiger Sicht – es war, den berühmten Satz »Ein Pferd frißt keinen Gurkensalat« zu übertragen, auch wenn damals noch niemand an den praktischen Nutzen einer solchen Erfindung glauben mochte – warum um alles in der Welt sollten auch zwei Menschen über Mikrophon und Kabel miteinander reden? Selbst Kaiser Franz Joseph von Österreich, dem die Erfindung 1863 in Frankfurt präsentiert wurde, hielt sie für eine nette Spielerei ohne Zukunft. Entsprechend haben sich die authentischen Orte der Experimente auch nicht erhalten, denn niemand hatte ein Interesse daran.

Ganz anders war es bei Justus von Liebig und seinen Forschungen. Schon zu Lebzeiten genoß der in Darmstadt geborene Chemiker einen außeror-

Analytisches Labor, Liebig-Museum in Gießen

dentlichen Ruf. 28 Jahre lang war er in Gießen Professor und begründete u.a die Agrikulturchemie, die mit Hilfe der Mineralstoffdüngung die Landwirtschaft weltweit revolutionierte. Auch er hatte es zunächst nicht leicht, sich mit seinen Ideen durchzusetzen. Daß eine Pflanze ausschließlich von Mineralstoffen leben kann, war Mitte des 19. Jahrhunderts noch unbekannt. Gegen die allgemein akzeptierte »Humustheorie«, die ein Gemisch aus tierischen und pflanzlichen Stoffen als wachtumsnotwenig ansah, setzte er seine Mineralstofftheorie, die er seinem skeptischen Freund, dem schwedischen Chemiker Berzelius, so erklärte: »Sieh den Wald oder die Wiese an und sage mir, wo auf dem Sandboden, der keine Spur Humus enthält, nach 100 Jahren der Kohlenstoff hergekommen ist, den Du als Holz oder Heu wegnehmen kannst?«

Die Entwicklung der künstlichen Düngung (»Als Prinzip des Ackerbaus muß angesehn werden, daß der Boden in vollem Maße wieder erhalten muß, was ihm genommen wird.«), die Bestimmung von Kohlenstoff und Wasserstoff in organischen Verbindungen, die Synthese wichtiger chemischer Verbindungen und vieles mehr gelangen Liebig in seinem Gießener Laboratorium, das sich wie durch ein Wunder in seltener Vollständigkeit erhalten hat und heute zu den fünf wichtigsten Chemie-Museen der Welt zählt. Untergebracht ist es in einer ehemaligen Kaserne, die der Universität von dem 4. Großherzoglichen Infanterieregiment nicht ganz freiwillig überlassen worden war. Seit 1824 hatte Liebig sein »Chemisches Laboratorium« eingerichtet, dem 1839 ein »Pharmaceutisches Laboratorium«, eine Bibliothek, das »Analytische Laboratorium« und ein Hörsaal angegliedert wurden. Seit 1920 sind die Räume Museum. Glücklicherweise richtete eine Fliegerbombe 1944 nur geringen Schaden an. Wenn man als Besucher im ehemaligen Privatlaboratorium Liebigs seinen Eintrittsobulus entrichtet hat, taucht man in einen Kosmos ein, der plastisch die Leistungen von Forschern vor Augen führt, die mit einfachsten Mitteln die Grundlagen unseres heutigen naturwissenschaftlichen Weltbildes mitgeschaffen haben. Besonders beeindruckend ist das in seiner Schlichtheit kaum zu übertreffende »Analytische Laboratorium« mit der Apparatur zur Kohlenstoff-Wasserstoff-Analyse. Hier nahm die organische Chemie ihren Anfang.

Mit welch einfachen Mitteln große Werke geschaffen werden können, demonstriert auch das Stammhaus der Kunstschreiner- und Malerfamilie Kaulbach in Arolsen. Seit 1816 läßt sich die Werkstatt nachweisen, in der handwerklich herausragende Möbelstücke des Empire, des Biedermeier und des Historismus entstanden. Erhalten ist die rekonstruierte Werkstatt im Erdgeschoß des Hauses, in dem auch der Maler und Goethe-Illustrator Wilhelm von Kaulbach 1805 geboren wurde. Der wuchtige Bau aus der Mitte des 18. Jahrhunderts ist einer der ältesten in der ehemaligen nordhessischen Residenz. Neben der Werkstatt beherbergt er ein Museum, das anschaulich die Geschichte der Familie dokumentiert. Eigentlich sollte dessen Ausstellungsfläche verdoppelt werden. Aber die Stadt, die noch eine Gedenkstätte für den ebenfalls in Arolsen geborenen klassizistischen Bildhauer Christian Daniel Rauch unterhält, mußte das renovierungsbedürftige Haus an einen privaten Investor verkaufen, dessen Pläne nun eine Verkleinerung des Museums vorsehen.

Die finanziellen Nöte der öffentlichen Hand lassen private Initiativen immer wichtiger werden, ohne deren tatkräftige Unterstützung schon manches

Büchnerhaus in Goddelau zu Beginn der Renovierung

Denkmal zerstört worden wäre. Auch das kleine, unscheinbare Wohnhaus der Malerdynastie Tischbein im ehemaligen Hainaer Klosterbezirk war schon fast vergessen und verfallen, ehe sich Bürger aufmachten, für Erhalt und Ausgestaltung zu sorgen. Nach der Sanierung wird der Verein der Freunde des Klosters Haina in den Räumen ein kleines Museum über die Familie Tischbein einrichten und Sonderausstellungen veranstalten.

Eine in jeder Hinsicht bemerkenswerte Initiative kümmert sich auch um das Geburtshaus von Georg Büchner. 1683 hatte sich der fürstliche Wingertmeister Johann Jakob Schneider in Goddelau ein Fachwerkhaus erbaut, in dem am 17. Oktober 1813 Georg Büchner das Licht der Welt erblickte. Ein Dichter, und ein revolutionärer noch dazu, galt in der kleinen Gemeinde lange Zeit nicht viel. Erst 1931 wurde an dem Gebäude eine Gedenktafel angebracht, was den beklagenswerten Zustand des Gemäuers aber nicht verbesserte. Auch daß es 1977 unter Denkmalschutz gestellt wurde, brachte kaum Veränderungen. Schließlich entschloß sich die Gemeinde Riedstadt (zu der Goddelau unterdessen gehörte) zum Kauf. Und damit begannen die Probleme erst recht. In dem Haus wurde eine Art Sozialstation untergebracht, bis sich die Gemeinde zu einem mutigen Schritt entschloß. Obwohl der gesamte Haushalt des 20 000 Einwohner zählenden Ortes nur 37 Millionen DM umfaßte, wurde eine aufwendige Renovierung beschlossen und im Januar 1995 ein Förderverein gegründet, damit zumindest ein kleiner Teil der auf über eine Million Mark geschätzten Kosten durch Spenden eingebracht werden könnte. Bei den Goddelauer Bürgern stieß dieser finanzielle Kraftakt mit zunächst ungewissem Ausgang nicht nur auf helle Begeisterung. Aber der Bürgermeister und die Mitglieder des Fördervereins ließen sich von ihrem einmal eingeschlagenen Weg nicht mehr abbringen. Mit Erfolg. Im Rahmen einer vom Hessischen Rundfunk initiierten Aktion stiftete die Landesbank Hessen-Thüringen 100 000 DM, weitere Spender folgten. Goddelau ist in den Medien präsent und darf sich schon jetzt darauf freuen, mit dem sanierten und als Museum gestalteten Büchnerhaus einen touristischen Anziehungspunkt ersten Ranges zu besitzen. Die Renovierung des Geburtshauses ist abgeschlossen; noch fehlt Geld für die Gestaltung des Grundstücks und der Nebengebäude. Aber bei der Findigkeit der Goddelauer und bei dem Interesse, das unterdessen an der Büchner-Gedenkstätte herrscht, muß niemandem darum bange sein.

Hans Sarkowicz ist Leiter des Programmbereichs Kultur und Wissenschaft beim Hessischen Rundfunk und lebt in Gelnhausen.

Christoph Mohr

Das Neue Frankfurt

Architektur der klassischen Moderne

Seit der Kritik an der Zerstörung der gebauten Umwelt in der Stadt und auf dem Dorf zu Ende der sechziger Jahre unseres Jahrhunderts hat die historische Architektur, soweit sie dem vorindustriellen, handwerklich geprägten Idealbild entsprach, die Gegenrolle zur negativ besetzten Architektur der Moderne aus Beton und Stahl spielen müssen. Aber auch an der Architektur des Historismus, besonders in ihrer Ausprägung des späten 19. Jahrhunderts, entwickelte sich, getragen vor allem von der jüngeren Generation, eine Neigung für das Liebenswerte und Überflüssige des Ornaments und des Dekors. Im Laufe der siebziger und achtziger Jahre wurde das noch Vorhandene inventarisiert und denkmalpflegerisch aufbereitet, das späte 19. Jahrhundert und die Zeit bis zum Ersten Weltkrieg von der Kunstgeschichte in die Abfolge des historischen Formen- und Stilkatalogs eingearbeitet.

Dies alles geschah vor dem Hintergrund der Zerstörung intakter Wohngebiete der Jahrhundertwende, deren Architektur gegenüber einem als bedrohlich erscheinenden Betonbrutalismus in Form von Hochhäusern oder Wohnmaschinen besondere, als menschlich empfundene Dimensionen gewann.

Wenn man annimmt, daß die neue Wertschätzung der städtischen Architektur des Historismus aus dem Überdruß am Funktionalismus der Sparsamkeit und Bescheidenheit der Nachkriegszeit sowie der Ablehnung der Trabantenstadtprojekte auf der grünen Wiese der sechziger Jahre entstanden ist, so stellt sich die Frage, weshalb man sich um deren Wurzeln, um die klassische Moderne, die architektonischen Zeugnisse des Neuen Bauens oder der Neuen Sachlichkeit zwischen den beiden Weltkriegen denkmalpflegerisch bemüht.

Es ist die Abfolge von Stilen seit der Antike und ihre Wiederaufnahme und Variation, die als Wesensmerkmal mit den Baudenkmalen gemeinhin zusammengesehen werden. Ein Bruch in der Abfolge der Stile ergab sich jedoch schon im späten 18. Jahrhundert, als im Gefolge der Aufklärung und der beginnenden Technisierung die verborgene Vernunft der Maschine sich neben dem Architekturdekor und dem Ornament installierte und auf die Architektur einwirkte. Gleichzeitig mit dem Stilpluralismus des 19. Jahrhunderts haben sich in der Endphase des Historismus Tendenzen entwickelt, die nach einer grundlegend neuen Vorstellung von Architektur und Kunst drängten und nach dem Ersten Weltkrieg eine zentrale Position einnahmen. Begriffe wie das »Neue Bauen«, die »Neue Sachlichkeit«, »Funktionalismus«, bezeichnen eine neue Geisteshaltung in der Architektur, die nach der Erfahrung der zerstörerischen Kraft der Technik im Ersten Weltkrieg darauf zielte, die Technik in der Architektur und besonders im Wohnungsbau zum Wohle des Menschen nutzbringend anzuwenden. Schauplätze dieser Entwicklung waren die deutschen Großstädte, wo die soziale Seite der Architektur betont und große Wohnungsbauprogramme aufgelegt wurden. Vergleichbar nur noch mit Berlin war Frankfurt am Main eine Stadt, die zwischen 1925 und 1930 einem experimentellen planerischen Laboratorium glich, in dem die Lebenszusammenhänge des Großstadtmenschen in Architektur neu gedacht wurden. Dazu gehörten großangelegte Programme, die Wohnungsnot zu beheben und gleichzeitig die in der Zeit des Wilhelminismus ausgeuferte Stadt an ihren Rändern städtebaulich neu zu fassen. Die City als Ort der Wirtschaft und der Kultur sollte durch Solitärbauten und Regulationsmaßnahmen an der Umstrukturierung der Stadt im Sinne einer homogenen Großstadtgestaltung teilhaben. Der führende Planer des »Neuen Frankfurt«, wie sich die Bewegung in einer eigenen Zeitschrift gleichen Namens nannte, Ernst May dazu 1926: »Langsam verläßt die Architektur die Bahnen des Epigonentums und erkennt die Stilgesetze unserer Zeit. [...] Die veränderte geistige Einstellung des Menschen zum Lebensproblem entwickelt das neue Wohnhaus. Der Irrsinn der Menschenzusammenpferchung in den steinernen Massen der Mietskasernen weicht einer weiträumigen Auflockerung der Städte. Der moderne Städtebau ist die Funktion der neuen Einstellung des Menschen zum Leben.«[1]

Wie sahen nun die Ergebnisse dieses emphatisch formulierten Aufbruchs aus?

Zwischen 1925 und 1930 ist es immerhin gelungen, für zehn Prozent der Frankfurter Bevölkerung neuen Wohnraum zu schaffen. Rund um die Stadt entstand ein Kranz mit mehr als 20 Siedlungen, darunter Zickzackhausen, Bornheimer Hang, Westhausen, Praunheim, Römerstadt oder die Siedlung Höhenblick in Eschersheim. Obwohl die sozial- und architekturgeschichtliche Bedeutung dieser planerischen Leistungen über die Grenzen Deutschlands hinaus anerkannt wurde, ist es bislang nur in Einzelfällen gelungen, Bauunterhaltung und nötige Modernisierung im Sinne einer erhaltenden Denkmalpflege zu betreiben.

Gerade bei dieser vom Ornament befreiten Architektur ist jedes strukturelle und gestalterische Detail wichtig, weil davon die ganze architektonische Wirkung abhängt. Bei falscher Behandlung dieses Aspektes gerät die Architektur der klassischen Moderne leicht in die Nähe belangloser Allerweltsarchitektur. Die konservatorischen Anforderungen sind deshalb höher als bei traditionellen Baudenkmälern, deren Denkmalbedeutung leichter zu vermitteln ist, weil der Alterswert auch durch Patina erzeugt wird, die sich bei den Bauten der Moderne nicht einstellen will.

Die politischen Parteien und die von der Stadt abhängigen Siedlungsgesellschaften waren und sind nicht bereit, umfassende Erhaltungskonzepte mitzutragen, weil das Bewußtsein für die kulturgeschichtliche Bedeutung dieser Großanlagen fehlt. Für deren Erneuerung waren nach dem Krieg keine finanziellen Rücklagen gebildet worden.

Die Krise der öffentlichen Haushalte in den letzten Jahren hat nun dazu geführt, daß sich die Kommunen von dem Ballast des überalterten Wohnungsbestandes mit den geringen Mieteinnahmen trennen wollen. Es steht eine Privatisierungswelle bevor, die von der Denkmalpflege mit Sorge betrachtet wird, denn anstelle einer Siedlungsgesellschaft stehen ihr dann eine große Zahl von Individuen als Denkmaleigentümer mit individuellen Wünschen gegenüber. Mit der Siedlung Höhenblick im Frankfurter Stadtteil Eschersheim wurde 1995/96 der Anfang gemacht. Von den 76 Einfamilienhäusern als Doppelreihenhäuser mit je 107 bis 126 qm sind jüngst einige an Private verkauft worden.

Die Siedlung Höhenblick war die erste Siedlung, die 1926/27 als erster Bauabschnitt der großangelegten Niddatalbebauung, dieser für den Wohnungsbau sehr fruchtbaren Phase der Weimarer Republik, am Ginnheimer

Siedlung Höhenblick in Frankfurt kurz nach Fertigstellung

Hang realisiert wurde. Nach dem Bebauungsplan von Ernst May und Herbert Boehm sowie architektonischer Bearbeitung von Ernst May und C.H. Rudloff wurde ein maßvoller Komplex von circa 100 Wohnungen, größtenteils als Einfamilienhäuser mit 5 bis 6 Zimmern und eigenem Garten erstellt. Die gärtnerische Ausgestaltung der Siedlung stammt vom Gartenbaudirektor Max Bromme. Die Anlage hatte den Krieg und, mit Ausnahme gestalterischer Details wie Fenster und Türen, auch die letzten fünfzig Jahre relativ unverändert überstanden.

Die Frage war: Würden die Käufer die baukünstlerische Komponente und den kulturgeschichtlichen Hintergrund der Häuser schätzen und deshalb denkmalpflegerische Anforderungen bei Bauunterhaltung und Instandsetzung akzeptieren?

Das junge Ehepaar, das im Frühjahr 1997 das Haus in der Fuchshohl 52 bezog, erfuhr erst von dem Makler, daß die Siedlung unter Denkmalschutz steht. Martin Füllenbach kannte so etwas »sonst nur von dem kleinen Schlößchen am Park!« – »Oder vom Stilaltbau«, ergänzt seine Ehefrau Marion Werner, »wir hatten uns zuvor auch eine Eigentumswohnung in einem Altbau angesehen, und da war das gesamte Haus unter Denkmalschutz. Aber daß der auch für diese Reihenhäuser gelten kann und sie zum Ernst-May-Komplex und dieser ganzen Bauhaus-Idee gehören, darauf sind wir dann erst durch das Haus selbst gestoßen.«

Das Ehepaar schätzt die Lage ihres Hauses in der May-Siedlung: »Es ist sehr nah zur City und gleichzeitig doch Außenbezirk, was den Freizeitwert der Wohnlage erhöht. Es liegt fern vom Autolärm, und doch sind wir in drei Minuten zu Fuß an der Nidda.«

Mit dem Schnitt des gerade mal sechs Meter breiten und zehn Meter langen zweistöckigen Reihenhauses mußte sich Marion Werner allerdings erst anfreunden: »Für mich war das völlig neu, und ich habe bisweilen noch große Probleme damit. Aber ich denke, daß dieser Stil Haus so der Prototyp des Reihenhauses ist. Wie auch die Küche der Prototyp der Einbauküche ist. Ich habe neulich in der *Brigitte* einen Bericht über die österreichische Architektin Grete Schuette-Lihotzky gelesen, die diese Küche konzipiert hat. Sie hat REFA-Aufnahmen gemacht: wie lang sind die Wege beim Kochen, wie lang sind die Wege zum Eßtisch. Ich finde es schon ganz interessant, sich heute damit auseinanderzusetzen.«

Doch wie in den meisten der May-Häuser ist die Küche nicht mehr original erhalten. In den genau geplanten und bis auf den Zentimenter ausgenutzten sieben Quadratmetern der Frankfurter Küche von Grete Schuette-Lihotzky war für die späteren elektronischen Haushaltshilfen wie Spül- oder Waschmaschinen kein Platz mehr. Die neuen Besitzer in der Fuchshohl haben von der ursprünglichen Küche nur noch Reminiszenzen vorgefunden. Trotzdem findet Martin Füllenbach: »Man kann nicht sagen, daß wir diese alte Küche noch erleben. Aber die Idee, die dahintersteckt, ist faszinierend: ein sehr funktionales und sehr an den Bedürfnissen der Bewohner ausgerichtetes Bauen, das weniger auf eine Außenwirkung abzielt.«

Was das Ehepaar im Gegensatz zu den üblichen Reihenhaussiedlungen als angenehm erlebt, ist die architektonisch gelungene Mischung von Nähe und Distanz: »Es ist architektonisch so gelöst, daß man sich nicht auf die Pelle rückt. Der Bewuchs hier, mit zum Teil sehr alten und großen Bäumen und Sträuchern, tut da sein übriges.« Martin Füllenbach ist das Wohnen im

Reihenhaus vertraut. Mit der gleichförmigen Gestaltung, die das Maysche Konzept vorsieht, hat er keine Probleme: »Ich finde das persönlich eigentlich ganz schön, weil ich gerade die Vielfalt von Reihenhaussiedlungen zum Teil erschreckend finde – wenn sich jeder Nachbar auf sechs Meter Hausbreite selbst verwirklicht, vom Jägerzaun bis zum Barockstil. Wir hatten uns die Gestaltungsrichtlinien vom Denkmalamt angeschaut und können eigentlich gut damit leben.«

Als das Ehepaar das Haus übernahm, fand es eine Mischung aus Elementen der zwanziger und Modernisierungen aus den fünfziger und siebziger Jahren vor. »Kunststoffenster und Original, Sprossen und keine Sprossen, Originalgriffe und Plastikgriffe. Wir haben auch noch ein paar Originalfensterflügel im Keller stehen, die haben wir uns gesichert. Wir haben uns entschieden, die Fenster einheitlich zu gestalten, in blau, so wie das ursprünglich vorgesehen war, weil wir das auch ganz schön finden.« Und Marion Werner fügt hinzu: »Wir wollten die Ursprünglichkeit da bewahren. Der Treppenaufgang, diese Holzform ist so schön, wir wollen da kein Glas oder Stahltreppengeländer neu anbringen.«

Das Bemühen der neuen Besitzer im Höhenblick, an die einstige Gestaltung wieder anzuknüpfen, stellt sie auch vor ungeahnte praktische Probleme: »Die Türgriffe, die sind auch so eine Sache, die haben wir neu vernickeln lassen. Es sind ja Proportionen von vor dem Zweiten Weltkrieg, wie es sie heute nicht mehr gibt. Man kriegt keine Schrauben mehr für die Türrosetten, man bekommt die Griffe nicht mehr in dieser Form, es braucht alles sehr viel Zeit, bis man so die einzelnen Gegenstände beisammen hat.«

Der Stil, die Formen und Konzepte der neuen Sachlichkeit, so stellt das Ehepaar fest, liegen ihnen nicht fern. Die Empfehlungen der Denkmalschutzbehörde haben die Eigentümer des May-Hauses daher nie als »knebelnde oder massiv einschränkende Auflagen« empfunden, sondern als »konstruktive« Anregungen. »Das war überhaupt ein sehr interessanter Effekt«, berichtet Martin Füllenbach, »als wir sagten, wir kaufen so ein Haus, und wir beide zum ersten Mal mit dem Namen, dem Konzept und den Ideen von Ernst May zu tun bekommen haben, da stellten uns plötzlich alle möglichen Freunde und Bekannte Bücher zur Verfügung. Und je mehr wir lernten, die Geschichte des Ganzen zu sehen, desto mehr konnten wir das geschichtlich einordnen. Diese Kargheit wird verständlich, wenn man sie in den Kontext stellt, das heißt wann wurde gebaut, und wie waren damals die Verhältnisse. Das war für diese Zeit sicher ein Riesenschritt nach vorne, daß jeder Zugang hat zu Licht, Luft und Sonne, daß jeder ein eigenes Bad zum Beispiel zur Verfügung hat und eine eigene Küche. Heutige Standards sind ein bißchen höher, aber nicht dramatisch höher. Man kann nicht sagen, daß wir heute hier im Höhenblick spartanisch leben!«

Wie die ersten Erfahrungen mit privatisierten Häusern aus den berühmten Siedlungen des Neuen Frankfurt gezeigt haben, ist bei den neuen Individualeigentümern offensichtlich mehr denkmalpflegerisches Bewußtsein vorhanden, was die Ursprünge und Bedeutung dieser Architektur und ihre Instandhaltung betrifft, als in der städtischen Siedlungsgesellschaft und den sie kontrollierenden politischen Gremien. Das, was in der relativ offenen städtebaulicher Situation der Siedlung am Höhenblick an positiven Erfahrungen im Umgang mit der privatisierten historischen Bausubstanz zu sammeln war, kann wahrscheinlich nicht auf geschlossene große Systeme wie etwa die Römerstadt mit ihren über 1000 zusammenhängenden Hauseinheiten übertragen werden. Bis auf eine bescheidene Maßnahme der fachgerechten Außeninstandsetzung eines Musterblockes im Einvernehmen zwischen Denkmalpflege und Siedlungsgesellschaft sind die riesigen Erhaltungs- und Modernisierungssprobleme in den Großsiedlungen der Weimarer Republik der Römerstadt ungelöst.

Infolge der gesellschaftlichen Umwälzungen nach 1918 sind neben den großen Siedlungsprojekten des Neuen Bauens der zwanziger und dreißiger Jahre auch neue Formen kollektiven Wohnens erdacht und entwickelt worden. Der neue Typus des städtischen Angestellten, heute würde man Single sagen, verlangte nach neuen Wohnformen. Wohneinheiten mit Ein- oder Eineinhalb-Zimmer-Appartements, Wohnanlagen für ledige Frauen, Boarding-Houses nach amerikanischem Vorbild oder auch altengerechtes Wohnen waren neue Begriffe, die neue bauliche Lösungen erforderten.

Ein ungewöhnlicher Versuch, kollektive Wohnformen architektonisch zu formulieren, ist das Henry-und-Emma-Budge-Heim, ein Altenheim für Juden und Christen auch im Geist des Neuen Frankfurt, geplant 1928 und 1930 an der Hansaallee errichtet. Die Planungsgeschichte ist bezeichnend für den Internationalismus und die Aufbruchstimmung der zwanziger Jahre. Der Schweizer Werner M. Moser, der Holländer Mart Stam und der Deutsche Ferdinand Kramer, allesamt Vertreter einer rigorosen Avantgarde in der Architektur mit einer starken Betonung des sozialen Anspruchs ihrer Projekte, hatten mit ihrem gemeinsamen Entwurf den Wettbewerb gewonnen.

Ehemaliges Alterswohnheim der Budge-Stiftung in Frankfurt/Main. Eingangshalle mit Treppe zum Obergeschoß

Kramer aus der Erinnerung zu dem Projekt: »Wir wollten kein Altersheim im bisher üblichen Sinne, keine Kasernierung alter Menschen und keine entwürdigende Bevormundung, sondern ein kollektiv bewirtschaftetes Rentnerhotel [...] Alle Vorteile, alle Reize einer eigenen Wohnung sollte dieser Bau bieten und dazu Gleichheit, das heißt, dasjenige Element, das den

Gemeinschaftssinn fördert und alle gleichberechtigt und gleichpflichtig macht.«[2]

Der Grundriß in Form eines großen H hat beide zweigeschossigen Flügel mit den einhundert verglasten Appartements nach Süden ausgerichtet, der kurze Mitteltrakt birgt die zentralen Einrichtungen. In der Innen- und Außenwirkung dominieren die Transparenz des Glases, das Weiß der Wände mit wenigen blauen Akzenten. Die Möblierung erfolgte mit Bugholzmöbeln. Alles in allem ein behutsamer Vertreter der Moderne, der die alten Leute wohl nicht erschreckt hat, und doch gleichzeitig eine weit in die Zukunft weisende Lösung des gemeinsamen Wohnens.

Der Gebäudekomplex hat den Krieg überdauert und diente bis 1994 den amerikanischen Streitkräften als Zahnklinik. Seitdem steht der Bau leer und droht zu verfallen. Seine gestalterischen Qualitäten sind heute durch entstellende Umbauten und falsche Anstriche überdeckt, aber im Prinzip noch vorhanden Der Bund als Eigentümer tut sich offensichtlich schwer, den Komplex dem alten Eigentümer, der Interesse am Rückerwerb zeigt, wieder rückzuveräußern. Nach 1933 war der Bau verkauft worden. Unter den Nationalsozialisten konnte das jüdische-christliche Projekt nicht mehr fortgesetzt werden. 1936 wurde das Altersheim geschlossen. Jetzt wäre die Budge-Stiftung, die mittlerweile über ein neues Haus in Frankfurt verfügt, interessiert, den Komplex zurückzukaufen, um ein neues, zeitgemäßes Modell betreuten Altenwohnens zu realisieren, wiederum unter Berücksichtigung des jüdisch-christlichen Aspekts.

Ob die Wunschvorstellung der Denkmalpflege und des ehemaligen Eigentümers und Kaufinteressenten hinsichtlich der Revitalisierung und Wiedereinsetzung der ursprünglichen Nutzung als jüdisch-christliches Altersheim sich erfüllen wird, wird die Zukunft zeigen. Jedenfalls wäre dies ein Akt geglückter Denkmalpflege auch im Hinblick auf das ursprünglich intendierte Ziel.

Neben solchen »reinen« Vertretern der internationalen Avantgarde in der Architektur, die aufgrund ihres auf die pure Form reduzierten Äußeren den Denkmalpflegern besondere Probleme in der Erhaltung und Vermittlung bereiten, gibt es auch andere Strömungen im Neuen Bauen, die sich traditionsbewußter und versöhnlicher gegenüber der Architekturgeschichte zeigen. Etwa Vertreter einer aus Norddeutschland bis nach Hessen wirkenden expressiven Backsteinmoderne, die sich in Siedlungen in Kassel oder Einzelbauten in Darmstadt oder Frankfurt erhalten hat. Auch ein repräsentatives Beispiel einer internationalen Strömung der konservativen Moderne, wie sie sich in den Ausstellungsgebäuden am Pariser Trocadéro oder in amerikanischen Beispielen der Zeit niedergeschlagen hat, ist in Hessen erhalten. Das ehemalige Verwaltungsgebäude der IG-Farbenindustrie in Frankfurt am Main, nach 1945 von den Amerikanern belegt, vor kurzem geräumt, wird jetzt unter Berücksichtigung denkmalpflegerischer Standards für die Universität Frankfurt umgenutzt. Hier ist die technische Modernität der Stahlskelettkonstruktion des Poelzig-Baus von 1928/30 durch die Verkleidung mit Muschelkalk unsichtbar und damit für den gebildeten Durchschnittsbetrachter, der nur die scheinbar werkgerechte, solide Quaderung wahrnimmt, in seinem Denkmalwert leichter verständlich als die bescheidenen und spartanischen Bauten der radikalen Moderne, deren sachgerechte Erhaltung den Denkmalpflegern nicht nur in Hessen schwergemacht wird.

Dr. Christoph Mohr ist Hauptkonservator beim Landesamt für Denkmalpflege in Wiesbaden und lebt in Frankfurt am Main.

Anmerkungen

1 Ernst May in: *Das Neue Frankfurt* (1926), H 1, S.2-7.
2 Ferdinand Kramer, »Kollektiv – Die Entstehung des Budgeheims«, in: *architese* 2, März 1980, S. 14f.

Dieter Bartetzko

Zeugnis, Gedächtnis, Ärgernis

Architektur des Dritten Reichs in Frankfurt und Kassel

Massenveranstaltungen, Zeitung, Radio und Film waren die wichtigsten Propagandamittel des Dritten Reichs. Dichtauf folgte die Architektur. In ihr, die eine Wochenschau zutreffend als »Worte aus Stein« bezeichnete, konservierten die Nationalsozialisten die flüchtigen Botschaften ihrer Reden und Appelle. Vor allem aber speicherten NS-Bauten die inbrünstige Stimmung, in die Partei und Volksgenossen sich gegenseitig hineinsteigerten, und verlängerten sie in den Alltag.

Autorität, Hingabe und Zeitlosigkeit waren die Grundmotive der NS-Architektur. Unter ihrem Diktum verstand man die neoklassizistischen Pfeilerreihen, die symmetrisch geordneten Monumentalkuben und penibel abgezirkelten Platzanlagen der Staatsarchitektur als Abbilder der Führung und der formierten Volksgemeinschaft. So, wie dabei Schinkels Klassizismus und die griechische Antike zu vagen, aber einprägsamen Stimmungsbildern zeitloser Würde und Macht vermengt wurden, erhielten die Alltagsbauten im Dritten Reich geschichtsträchtige regionalistische Züge. Je nach Landschaft boten Fachwerkschablonen oder Klinkerwände, Haustein oder Rauhputz, Steildächer und Erker einen Folklorismus, der allgemeinverständlich die angeblichen ewigen deutschen Stammeseigenarten ausdrückte.

Im staatlichen Festgewand ebenso wie in der alltäglichen Tracht verbürgte die vordergründig zeitlose Architektur des NS-Regimes durch ihr bloßes Dasein und ihre scheinbare Dauerhaftigkeit die absurde Behauptung vom »Tausendjährigen Reich«. 1937, in seiner Kulturrede auf dem Nürnberger Reichsparteitag, verband Hitler die Ewigkeitsansprüche der Diktatur mit denen ihrer Architektur: »Die großen Kulturdokumente der Menschheit aus Granit und Marmor stehen seit Jahrtausenden. Und sie allein sind ein wahrhaft ruhender Pol in der Flucht all der anderen Erscheinungen. Deshalb sollen unsere Bauwerke hineinragen gleich den Domen unserer Vergangenheit in die Jahrtausende der Zukunft.«

Mit Ausnahme der wehrtechnischen und einiger Industriebauten wurden alle Bauwerke im Dritten Reich gestaltet, als seien sie immer schon Geschichte gewesen: Man baute Denkmale. Folgerichtig verwandte die Diktatur auch große Sorgfalt auf die wirklichen historischen Bauten. Denkmalpflege wurde zur Inszenierung von Denkmälern und damit eine der wichtigsten Aufgaben der sogenannten »Baukunst im Neuen Reich«.

Bald nach der sogenannten Machtübernahme setzten in vielen Städten Altstadtsanierungen ein. Mit ihnen begannen sich die Stadtkerne zu dreidimensionalen Potemkinschen Dörfern nationalsozialistischer Weltsicht und des Traditionsverständnisses der NS-Propaganda zu wandeln. Wie in vielem, so erntete auch hier das Regime, was die Weimarer Demokratie vorbereitet hatte. In allen größeren Städten Deutschlands hatte man während der zwanziger Jahre über die Notwendigkeit diskutiert, die oft verwahrlosten Stadtkerne zu sanieren, im Extremfall sogar abzureißen. Der chronische Geldmangel der Republik hatte umfassende Maßnahmen verhindert. Doch die Pläne lagen vielerorts bereit.

Frankfurt, beachtet wegen seines vorbildlichen modernen Massensiedlungsbaus, war auch Vorreiter in Sanierungsfragen gewesen. Die Führungsposition ergab sich notgedrungen. Denn Frankfurt besaß eine der ausgedehntesten, aber auch baufälligsten Altstädte Deutschlands. Hunderte von Fachwerkhäusern, die teilweise bis in die Gotik zurückreichten, prägten ihr Erscheinungsbild. Zwischen ihnen erhoben sich gleich Inseln steinerne Patrizierburgen des Spätmittelalters und einige barocke Palais. Es war paradoxerweise der Wohlstand der prosperierenden Handels- und Bankenstadt Frankfurt, der im neunzehnten Jahrhundert den historischen Kern an den Rand der Verslumung getrieben hatte: Wohlhabende Bürger verließen die engen Gassen und bezogen die neuen luftigen Wohnviertel, das Handwerk kapitulierte vor der Industriekonkurrenz und schloß die Werkstätten und Läden, der Einzelhandel zog in die neuen Straßen rings um die zur Einkaufsmeile gewordene Zeil. Klein- und Trödelhändler rückten nach, Arbeiter und Tagelöhner mit ihren Familien bezogen die in billige Kleinstwohnungen unterteilten Altstadthäuser.

Ernst May, Stadtbaurat und Schöpfer des legendären »Neuen Frankfurt«, war entsetzt von den Zuständen. Er hielt 1929 auf dem Denkmalpflegekongreß in Würzburg eine aufsehenerregende Rede. In ihr bezeichnete er Bemühungen, die gesamte Altstadt zu erhalten, als verantwortungslos. Denn damit zwinge man Menschen, in luft- und lichtlosen Gemäuern eher zu vegetieren als zu leben. Seine Vision zeichnete dagegen ein »Neues Frankfurt« auf dem Boden des historischen. Nur die traditionellen Wahrzeichen sollten bewahrt werden. Dazu das besonders alte und pittoreske Viertel zwischen Dom und Römer, dessen Bauten Ernst May als Gästehäuser der Stadt Frankfurt akribisch restaurieren lassen wollte.

In Frankfurt erregte Mays Vortrag Unruhe, wenn nicht gar Entsetzen. Nicht nur Kunsthistorikern schienen seine radikalen Thesen das Wetterleuchten eines bevorstehenden Untergangs. Selbst kleinere Sanierungen in einigen besonders heruntergekommenen Vierteln und die moderat-moderne Ergänzungsarchitektur des städtischen Zollamts, mit dem Werner Hebebrand 1926 eine klaffende Abrißlücke neben dem Domturm füllte, vermochten das Mißtrauen nicht zu zerstreuen. Ebenso aber fürchtete man das altstädtische Gewinkel. Denn wie viele Altstädte in Deutschland war auch die Frankfurter am Ende der Weimarer Republik Schauplatz heftiger Straßenkämpfe zwischen Kommunisten und Nationalsozialisten. Schon deshalb sprachen die Frankfurter von Gesindel, das die labyrinthische Altstadt beherrsche. Ein weiterer Beweis des Niedergangs waren ihnen die vielen Bordelle dort. Der Verruf war bis zu den Denkmalpflegebehörden vorgedrungen. So erklärte der hessische Landeskonservator kurz nach der sogenannten Machtübernahme, eine Altstadtsanierung in Frankfurt sei schon deshalb zu begrüßen, weil mit ihr »die Schlupfwinkel suspekter Existenzen und zwielichtiger Elemente ausgeräumt« würden.

So trafen im April 1933 die Versprechungen des neuen Oberbürgermeisters Friedrich Krebs auch bei denen auf offene Ohren, die dem Regime noch distanziert gegenüberstanden. Wiederholt, und mit beiläufigen Seitenhieben auf seinen aus dem Amt getriebenen jüdischen Vorgänger Ludwig Landmann, erklärte Krebs: »Ich werde alles daran setzen, aus der Stadt der Frankfurter Zeitung und Mayer Amschel Rothschilds wieder die deutsche Stadt und die Stadt Goethes werden zu lassen.« Zum Hauptbeweis dieses Wandels wurde bald darauf die Altstadtsanierung. Denn anders als in München, Nürnberg oder Berlin, in Dresden, Augsburg, Trier oder Weimar tauchten in Frankfurt am Main keine Pläne für großartige NS-Bauten auf.

Es ging das Gerücht um, die Stadt, die sich selbst wegen ihres hohen Anteils an jüdischen Bürgern gutmütig spottend »Jerusalem am Main« genannt hatte, werde nun planmäßig von den Nazis degradiert.

Auftrieb erhielten die Mutmaßungen, als das Regime den deutschen Städten Ehrentitel zuwies. Goslar zum Beispiel wurde zur »Stadt des Deutschen Bauerntums«, München die »der Bewegung«. Statt der Handels- und Bankenstadt Frankfurt aber winkte der Fuggerstadt Augsburg der Titel »Stadt des Handels«. Aus der »Stadt der Rothschilds« dagegen wurde 1935 die »Stadt des Deutschen Handwerks«.

Diesem die Wirklichkeit leugnenden Namen verdankt Frankfurt übrigens den einzigen Entwurf eines monumentalen NS-Staatsbaus. Clemens Klotz, einer der führenden Architekten im Dritten Reich, plante 1937 ein »Haus des Deutschen Handwerks«, mit Rotunde, Turm und symmetrischen Flügelbauten. Als Standort war der Untermainkai (damals Hermann-Göring-Ufer) vorgesehen. Von dem massigen Neubau sollte das 1931 eingeweihte, funktionalistisch gestaltete Gewerkschaftshaus Max Tauts regelrecht aufgesogen werden. Für den mainseitig geplanten weiten Aufmarschplatz war unter anderem der Abriß des Rothschildpalais vorgesehen. Die Arbeiten gediehen nie über das Modellstadium hinaus.

Eine andere hessische Großstadt wurde dagegen frühzeitig mit einem pompösen NS-Staatsbau ausgezeichnet: Zwischen 1936 und 1937 entstand in Kassel das Wehrkreisdienstgebäude von Kurt Schönfeld und Ernst Wendel. Seine monotonen Achsen und schablonisierten Fensterreihen bilden den wirkungssteigernden Hintergrund für einen monumentalen Portikus mit Freitreppe. Wie in einem gigantischen Bühnenbild tragen acht schlanke Kolossalpfeiler eine schmucklose, hohe und hartkantige Attika, über der ein steinerner Reichsadler mit gespreizten Schwingen das Hakenkreuz umkrallt. An bauästhetischem Raffinement ist das Kasseler Gebäude Clemens Klotz' »Haus des Deutschen Handwerks« weit überlegen. Während der Frankfurter Entwurf plump und einfallslos protzt, mischt das Wehrkreisdienstgebäude mit seinem bühnenhaft und denkmalartig inszenierten Portikus subtil klassische Moderne und Ewigkeitspathos. Seine federnde Pfeilerreihe nämlich erinnert an die Frankfurter Niederlassung der Reichsbank, die 1929 nach einem Entwurf des Reichsbankdirektors Wolff errichtet worden war. Mit dem deutlichen Zitat eines als modern anerkannten Großbaus verwies der Kasseler Großbau auf die propagierte Fortschrittlichkeit des Dritten Reichs und seiner Wehrmacht. Andrerseits demonstrierte das vage

Wehrkreisdienstgebäude in Kassel 1937, heute das Bundessozialgericht

Antikisieren des Portikus die Wahlverwandschaft der NS-Architektur mit der griechischen Antike, die nach 1933 auf die Formel vom zeitlosen »Heldischen Bauen« gebracht worden war. »Von Helden für Helden« lautete die unsichtbare Schrift, die das Kasseler Bauwerk an der Stirn trug.

Kassel war auch eine der Städte, in denen radikal saniert wurde. Seine Altstadt war ähnlich verwinkelt wie die Frankfurter. Während man dort noch plante, wurden in Kassel schon Straßendurchbrüche vollzogen und Dutzende von Neubauten in vereinfacht historischen Formen errichtet.

1936 feierte Kassel den ersten Abschnitt der Sanierung, den sogenannten »Freiheiter Durchbruch« zwischen Martinsplatz und Graben. An einer breiten neuen Straße reihten sich Grobkopien Alt-Kasseler Bürgerhäuser, zwischen denen einige restaurierte Altbauten für einen Rest Authentizität sorgten. Im selben Jahr wurden Pläne veröffentlicht, auf denen der geplante Zustand der gesamten Kasseler Altstadt aufgezeigt wurde. Wären sie durchgeführt worden, hätten nur straßenseitige Häuser längs verkehrsgünstig breiter Gassen überdauert. Alles übrige sollte ausgekernt werden, so daß am Ende eine gleichsam altstädtisch verbrämte, aufgelockerte Wohnsiedlung mit weiten Binnenhöfen und bequemen Durchgangsstraßen geblieben wäre.

1941 endeten die Sanierungsarbeiten in Kassel. Bis dahin waren 500 alte Wohnungen beseitigt, mehr als 2 000 renoviert und 1 500 Hinterhauswohnungen abgerissen. Bald darauf fiel die gesamte Altstadt den Bomben zum Opfer.

»Altstadtgesundung«, das dem biologistischen Denken des Nationalsozialismus entsprungene Schlagwort, machte auch in Frankfurt die Runde. In der Bedeutungshierarchie deutscher Städte 1935 an den Rand gedrängt, warf die Mainstadt ihren Ehrgeiz darauf, die Altstadt zu einer Art »Hans-Handwerk-Idylle« umzugestalten. Schon 1934 war ein Wettbewerb ausgeschrieben worden, der sechs Problemzonen des historischen Stadtkerns betraf. Die Ergebnisse wiederholten, was wenige Jahre zuvor im »Neuen Frankfurt« Ernst Mays bevorzugt worden war: Das Gros der Teilnehmer schlug behutsame Eingriffe in die historische Substanz und diskret moderne Ergänzungen vor. Oberbürgermeister Friedrich Krebs ging dies in jeder Hinsicht nicht weit genug. Die Behutsamkeit der Abrißvorschläge beschied er mit einem barschen »Flickwerk ist nicht am Platze«, die Neubauentwürfe waren ihm zu wenig historisierend. Eine mehrmonatige Überarbeitungsphase verzögerte die totale »Altstadtgesundung«.

Die Stadtverwaltung nutzte die Pause, um ihren vielverkündeten Vorsatz, »mit eisernem Besen aufzukehren«, in Stichproben zu testen: Man ordnete Blitzabrisse an. Der wichtigste traf ein Quartier in unmittelbarer Nähe des Frankfurter Rathauses Römer. Dort drängte sich auf einem dreieckigen Grundriß rund ein Dutzend historischer Bauten, deren älteste aus der Gotik, die jüngsten aus der Zeit des Klassizismus stammten. Daß sie bauhistorische Juwele waren, wußten nur architekturgeschichtlich Interessierte. Den meisten Frankfurtern aber war das Viertel als Refugium der Homosexuellen bekannt. Mit heimlicher oder offen bekundeter Genugtuung beobachteten deshalb viele Bürger die zügigen Abbrucharbeiten. Nach wenigen Wochen bot sich statt der verwinkelten Häuser und schummrigen Kneipen ein gepflasterter Platz.

Ab 1936 machte die sogenannte Altstadtgesundung sichtliche Fortschritte. In vielen Gassen wurde das zuvor verschieferte Fachwerk freigelegt und ergänzt. Der nun landläufigen Mittelalter-Vorstellungen entsprechende Eindruck gipfelte 1937 im neuen »Handwerkerhöfchen« zwischen Dom und Römer und dem »Kirschgarten« nahe dem Mainkai. An beiden Stellen waren spätmittelalterliche Hinterhäuser und Mietshäuser der Gründerjahre abgebrochen worden. Statt ihrer wuchsen neue Fassaden, die mit Fachwerk, Laubengängen und steilen Schieferhelmen die Höfe zu markanten Meistersänger-Kulissen wandelten.

All diese Maßnahmen ergänzten den vorhandenen Bestand, akzentuierten ihn im Sinne der NS-Ideologie, aber veränderten die Altstadt nicht völlig. Diese Aufgabe übernahmen zwei andere Sanierungsprojekte. Das eine wurde 1937 nahe dem Goethehaus begonnen. Dort, zwischen fünf mittelalterlich engen Gassen, hatte sich eines der ältesten Altstadtviertel erhalten. Es war ein traditionelles Bordellviertel. Dies gab den Ausschlag, trotz der bemerkenswert gut erhaltenen Bausubstanz und wider den Einspruch von Experten, unter denen sich Ernst Beutler, der Direktor des Freien Deutschen Hochstifts befand, das gesamte Areal abzureißen. An seiner Stelle wuchs die neue breite Eckermannstraße, beiderseits von Mietszeilen gerahmt.

Bei den Neubauten beschränkte man das historisierende Dekor auf ein Minimum: Es bestand in steilen verschieferten Satteldächern und rotsandsteinernen Fenster- und Türlaibungen, die das Baumaterial Alt-Frankfurts in Erinnerung riefen. Nur die Kopfbauten in Richtung Goethehaus wurden aufwendiger geziert. In ihren Erdgeschossen unterteilten rotsandsteinerne Pfeiler und Konsolen Läden und Restaurants. Schmiedeeiserne Gitter, Sprossen- und Butzenscheiben verstärkten den altväterlichen Eindruck, der in den aufragenden, an gotische Vorbilder erinnernden Dreiecksgiebeln gipfelte. Charakteristisch für das Weltbild der Nazidiktatur war dabei die obsessive Ordnung, mit der die Bauten mitten im Gewirr der umgebenden Gassen gereiht und plaziert wurden. Diese Demonstration starrer Geometrie und das rotsandsteinerne Dekor, in dessen unterschwellig martialischen Formen Festungsarchitektur anklang, konfrontierten das in Jahrhunderten gewachsene Weichbild der historischen Umgebung mit Bollwerken einer militärisch unterfütterten Handwerkerromantik.

Als in den Bombennächten im März 1944 ringsum alles in Trümmer sank, hielten die solide gemauerten und mit Stahlträgern verstärkten Neubauten der Eckermannstraße stand. Sie überdauerten auch die radikale Enttrümmerung, die 1951 rund um das rekonstruierte Goethehaus vonstatten ging. Mehr noch: An der Ecke zum Goetheschen Großen Hirschgraben war schon 1949 ein Kopfbau entstanden, der mit Satteldach, steilem Giebeldreieck und Rundbögen im Erdgeschoß die 1936 entwickelten Gestaltungsformen fortsetzte. Heute genießen ahnungslose Besucher das Ensemble von NS-Bauten als letzten Hauch von Altstadtatmosphäre. In den Häusern, die wenige Schritte vom Trubel der Hauptwache plakativ und deshalb eindringlich Alt-Frankfurt imitieren, haben sich Restaurants und Galerien etabliert. Den Bauten bekommt diese zivile Umnutzung gut. Denn ihr unterschwelliger Militarismus wird nun von einem urbanen modischen Design abgefedert, das je nach Trend wechselt und mit Idylle so wenig zu tun hat wie die von den Nazis propagierten arischen Handwerksburschen und -maiden mit den Großstädtern, die heute das Quartier benutzen oder bewohnen.

Räumlich kleiner, aber von politisch größerer Bedeutung war das zweite »Gesundungs«-Projekt: die Entkernung und Neubebauung des Hainer Hofs an der Nordseite des Frankfurter Doms. Den Namen trug das Areal, weil es jahrhundertelang eine Handelsniederlassung des nordhessischen Klosters Haina beherbergt hatte. Altstadtliebhabern war der Hainer Hof als leicht verwahrloste, aber pittoreske Idylle vertraut: Zwölf historische Bauten rahmten vor- und zurückspringend die unregelmäßige Hoffläche, auf der zusätzlich ein winziger barocker Pavillon Platz gefunden hatte. Ein Torhaus öffnete einen schmalen Durchgang zum Domplatz, ein zweites einen breiteren in Richtung Fahr- und Schnurgasse, den beiden Hauptverkehrsadern der Altstadt.

Unter den Altbauten ragten mehrere Sehenswürdigkeiten heraus. Die bekannteste war die spätgotische Bernhardskapelle, benannt nach Bernhard von Clairvaux, dem Patron des Klosters, und erbaut an der Stelle, an der der Heilige in Frankfurt 1146 eine seine berühmten Kreuzzugspredigten gehalten haben soll.

Neben der Bernhardskapelle, die 1860 zur Weinstube umgebaut worden war und seit der Jahrhundertwende leerstand, erhob sich das ehemalige Abtshaus, ein stattlicher dreigeschossiger Fachwerkbau des sechzehnten Jahrhunderts. Überboten wurde er vom »Württemberger Hof«, einem Barockbau, dessen Schauseite sich vom Hainer Hof weg auf die lebhafte Fahrgasse richtete. Mit seinen palaisartigen Dimensionen und dem aufwendigen Fassadenschmuck war das Gebäude eines der letzten Beispiele der ehemals berühmten Frankfurter Hotels, die es an Eleganz und Luxus mit Adelshöfen aufgenommen hatten. Es war 1906, nach heftigen Protesten der Bürger, dem geplanten Abriß entgangen und stand seitdem leer.

Immer wieder war gefordert worden, das verfallende Bauwerk zu restaurieren. Deshalb erregte die 1937 verbreitete Nachricht, der Württemberger Hof müsse samt dem Abtshaus und anderen historischen Bauten einem neuen Hainer Hof weichen, einigen zaghaften Widerspruch. Die Einwände wurden mißachtet. Als selbst der Bezirkskonservator Bedenken anmeldete, nahmen die Architekten der geplanten Umgestaltung intern Stellung. In ihrem Schreiben an das städtische Bauamt heißt es: »Der Bezirkskonservator scheint zu vergessen, daß es sich um keinen Umbau, sondern um einen Neubau handelt, aus dem unsere heutige Zeit sprechen soll und nicht eine verflossene Stilperiode. Das bedingen jetzt die städetbaulichen Belange.«

1938, in einer Rede des Oberbürgermeisters Friedrich Krebs, wurde alle Kritik nachträglich abgekanzelt: Bedenken gegen Abrisse, so Krebs, seien das »Geschrei von Altstadtfanatikern, die nicht einmal aus bösem Willen, sondern aus einer begrenzten Schau heraus die Dinge des Gemeinschaftslebens beurteilen«. Was man architektonisch unter Gemeinschaftsleben verstand, stellte der neue Hainer Hof vor aller Augen: Statt der unregelmäßg begrenzten Hoffläche war nun eine quadratische und mit Steinplatten gepflasterte Platzanlage entstanden, die sich zum Dom hin in einem längsrechteckigen breiten Aufgang fortsetzte. In diesem Bereich waren, um dem gegenüber gelegenen kaiserlichen Domportal die Altstadtkulisse zu erhalten, drei Altbauten instandgesetzt worden. Den eigentlichen Hof aber umgaben Neubauten. Sie schlossen sich zu einer Dreiflügelanlage zusammen, deren Hauptbau die Mittelachse zwischen Domdurchgang und Hof beherrschte.

Vordergründig war es darum gegangen, neue menschenwürdige Wohnungen im angeblich lichtlosen unhygienischen Bautengewimmel zu schaffen. Doch die 34 neuen Zwei-und Dreizimmerwohnungen, von denen ein Drittel ohne Bad war, fielen hinter die Standards selbst der »Wohnung für das Existenzminimum« in Ernst Mays »Neuem Frankfurt« zurück. Trotzdem wurden – und werden bis heute – die Sanierungsbauten als solider, dem historischen Ambiente angemessener Wohnungsbau gewürdigt. Die Zustimmung verdankt sich dem Geschick, mit dem die Architekten Schaupp und Assmann die Fassaden mit einer subtilen Mischung aus historischem Zitat und versteckt modernem Regelmaß gestalteten. Schon die deutlich untergeordneten Flügelbauten des Hofs erzielen bei geringem Aufwand starke Wirkung: Ihre rundbogig abschließenden Erdgeschoß- und Treppenhausfenster zeichnen ein fast gemütliches Achsenkreuz auf die Fassaden. Halb biedermeierlich, halb burgenartig ist der Eindruck. An der Außenseite der Anlage, längs der Fahrgasse, entstand der sogenannte Neue Württemberger Hof. Ihm verliehen einige wiederverwendete Rokoko-Schmucksteine, die beim Abbruch des historischen Gebäudes Hoes geborgen worden waren, den Anstrich von Authentizität.

Der Kopfbau, dem heutigen Betrachter ein stattliches, wenn auch etwas karges Neobiedermeiergebäude, signalisierte 1938 Staatspolitik. In heimat- und volkstümelnde Proportionen übertragen, beschwören seine architektonischen Leitlinien die Führerbauten Münchens und Berlins: So dienen fünf sandsteinerne Ergeschoßarkaden – eigentlich ein Zitat Alt-Frankfurter Bautraditionen – dazu, eine strenge Mittelachse zu markieren. Sie beginnt mit dem Relief eines Reichsadlers samt Hakenkreuz, der im Scheitel der Mittelarkade angebracht ist. Über ihm und einem Zwischengeschoß ragt dann auf mächtigen steinernen Unterzügen ein Balkon mit schmiedeeisernem Gitter. Er ist der einzige im ganzen Hof. Seine isolierte Position und der dekorative Aufwand charakterisieren ihn als Variante der Führerbalkone, ohne die kaum eine NS-Staatsarchitektur auskam.

Der aufragende Dreiecksgiebel des Kopfbaus verkündete die Aufgabe und Gründe dieser exponierten Architektur: Ein nach 1945 – ebenso wie das Hakenkreuz des Reichsadlers – beseitigtes Fresko zeigte einen trommelschlagenden Hitlerjungen mit wehendem blondem Haar und freudig erregtem Gesicht. Ein gemaltes Spruchband gab Aufschluß über die Bewegtheit des Buben. Es feierte unter dem Vorwand eines Gründungsdatums den sogenannten Anschluß Österreichs: »Im Jahre des Großdeutschen Reichs 1938« war dort zu lesen.

Den gemalten Trommeln hätten wirkliche folgen sollen. Geplant war nämlich, im neu gepflasterten Hainer Hof Formationen der Hitlerjugend zu nächtlichen Fahnenweihen aufmarschieren zu lassen. Während dieser Aufmärsche sollte der jeweilige Leiter vom Balkon des »Führerbaus« den Treueschwur der Hitlerjugend entgegennehmen. Die Idee für das Massenkult-Projekt war während der Überlegungen zu einer sinnvollen neuen Nut-

Hainer Hof in Frankfurt am Main 1938

zung der Bernhardskapelle geboren worden. Nach der Restaurierung, so die Vorschläge, sollte das Gebäude zum städtischen Fahnenheiligtum geweiht werden. Mehrere Skizzen entstanden, auf denen vor der Nordwand der restaurierten Kapelle eine zusätzliche, bastionsartig aufgemauerte Loggia zu sehen ist. Doch ehe die Pläne ausführungsreif waren, herrschte bereits die Planwirtschaft der Aufrüstung. Die Bauarbeiten wurden verschoben, fanden nie statt und die 1944 schwer beschädigte Bernhardskapelle wurde 1952 abgetragen.

So war Frankfurt in bescheidenem Maßstab doch noch in den Besitz einer staatspolitisch bedeutsamen NS-Architektur gelangt. Daß sie dies war, geriet nach 1945 rasch in Vergessenheit. In der Not der sogenannten Stunde Null sahen die Frankfurter Bürger im nur halbzerstörten Hainer Hof zunächst brauchbare Wohnbauten, die inmitten der Trümmerwüste der Altstadt wie eine letzte Insel aufragten.

Doch mag auch jene Scheu, mit der man damals generell der baulichen Hinterlassenschaft des Dritten Reichs gegenübertrat, am Vergessen mitgewirkt haben. Viele Deutsche starrten fassungslos auf die Massenekstasen, denen sie sich hingegeben hatten, und auf die Bauten, die deren suggestive Kulissen gewesen waren. So dürfte die Mehrheit zufrieden die Sprengungen beobachtet haben, mit denen in Berlin die sowjetischen Truppen, in Nürnberg und München die amerikanischen Streitkräfte den zentralen Staatsbauten der Nazidiktatur zu Leibe rückten.

Diese spontanen Rückgriffe auf das längst überholt geglaubte Schleifen besiegter Festungen waren eine nur zu verständliche Bilderstürmerei. Sie wollte es der Vernichtungswut des mörderischen Regimes wenigstens symbolisch mit gleicher Münze heimzahlen.

Als die erste Wut abgeebbt war und das Gros der erhalten gebliebenen NS-Bauten in die Obhut deutscher Behörden zurückkam, breitete sich ein sonderbarer Gleichmut aus. In Ost-Berlin wurden die stehengebliebenen NS-Ministerien kurzerhand zu solchen des neuen sozialistischen Staats. In West-Berlin übernahmen Behörden und Verwaltungen die Riesenbauten. Weimars monumentales Hitler-Forum übernahmen Hochschulfakultäten, München überließ, nachdem die sogenannten Ehrentempel der »Gefallenen der Bewegung« gesprengt worden waren, kunstwissenschaftlichen Instituten den Führer- und den Parteibau am Königsplatz. Nur in Nürnberg vollendeten deutsche Behörden die Sprengung der Türme auf dem sogenannten Marsfeld, an deren Betonmassen die amerikanischen Truppen noch gescheitert waren.

Erst in den letzten Jahren sind die Denkmäler der NS-Architektur wieder ins öffentliche Bewußtsein gerückt. Nürnberg machte mit Diskussionen und Dokumentationen während der späten achtziger Jahre den Anfang. Seit einigen Jahren klärt in der restaurierten »Goldenen Halle« der Zeppelin-Tribüne eine Ausstellung über die Funktionen des Reichsparteitagsgeländes und seiner monumentalen Bauten auf. Zur Zeit wird über einen Museums-Neubau beraten, in dem das sogenannte »Bauen im Neuen Reich« umfassender und intensiver dokumentiert werden soll. 1992 widmete das Deutsche Nationalkomitee Denkmalschutz seine Jahrestagung der Frage, wie mit dem baulichen Erbe des Dritten Reiches zu verfahren sei. Ihm folgten in jüngster Zeit Berlin und Weimar. In Berlin hat der Beschluß, Bundesministerien in NS-Bauten unterzubringen, eine breite Diskussion ausgelöst, ob und wie dies mit der einstigen diktatorischen Bestimmung der Bauten zu vereinbaren sei. Sie ist noch nicht abgeschlossen.

In Weimar provozierte die Rolle als Kulturhauptstadt Europas 1999 Debatten über die mögliche Umgestaltung und den dokumentarischen Wert des einstigen Hitler- beziehungsweise Gauforums, das mit drei unversehrten NS-Palästen eines der größten, geschlossen erhaltenen Denkmäler der NS-Architektur darstellt. Auf einem Kolloquium warnte der Kunsthistoriker Hans-Ernst Mittig: »Auftragswerke des NS-Regimes werden immer wieder so besprochen, als hätte Propaganda nicht zu ihren Funktionen gehört und als hätten die Architekten nur an die Weiterentwicklung traditionellen oder sogar modernen Bauens gedacht... Wo sie verfallen, droht der Verlust anschaulicher Geschichtszeugnisse, aber wo sie so im Wege stehen wie in Weimar, sind sie ein Ärgernis.« Auf derselben Veranstaltung monierte die Historikerin Karina Loos ein Verschweigen, das Verleugnung gleichkomme: »Das Hotel Elephant ist ein peinliches Beispiel, das die Schamröte ins Gesicht treibt. Obwohl der gesamte Bau 1937/38 neu errichtet wurde und die Wohnung Hitlers in Weimar beherbergte und symbolisierte, hofiert es nach wie vor sein äußeres Erscheinungsbild als Symbol deutscher Klassik und kann dies scheinbar auch unwidersprochen tun.«

Frankfurt, frei von einer derart signifikanten Anlage wie dem Weimarer Gauforum, kennt keine solchen Diskussionen. Man darf zweifeln, ob sie der Stadt zu wünschen sind. Dies, obwohl vor dem Hintergrund der Weimarer Diskussion plötzlich die architektonischen Übereinstimmungen zwischen dem dortigen Hotel Elephant und dem hiesigen Hainer Hof ins Auge springen. Hier wie da nämlich folgt die dekorative Systematik dem gleichen Muster: Beide Bauwerke zeigen Fassaden und Umrisse, die mit ihren Bögen, Sprossenfenstern und maßvollen Proportionen an die klassisch-schlichte Gestaltung von Goethes Haus am Frauenplan und seinem berühmten Gartenhaus an der Ilm erinnern. Deren vordergründig ziviler Impetus wird in den NS-Bauten durch hartkantige und betont massive Details militärisch und autoritär unterfüttert. In Weimar und auch in Frankfurt kulminieren sie in Führerbalkons, die einander fast aufs Haar gleichen.

Der heutige Hainer Hof aber ist ein stilles Altstadt-Refugium geworden. Eine Renovierung Mitte der achtziger Jahre hat sein Aufmarschplateau durch geschlängelte Wege mit Kopfsteinpflaster ersetzt, zwischen denen üppige Büsche und Kleinhölzer wuchern. Wer heute hierherkommt, findet einen intimen innerstädtischen Garten, umgeben von cremefarben renovierten Altbauten, die in Mietshauszeilen übergehen, die offenkundig dem sozialen Wohnungsbau der fünfziger Jahre entstammen. Soll man dies als ungehörige Tarnung tadeln, die dann den nichtsahnenden heutigen Bewohnern jene Schamesröte ins Gesicht treiben würde, von der Karina Loos beim Weimarer Hotel Elephant spricht?

Ähnliche Fragen wirft der sogenannte Neue Württemberger Hof an der zur Fahrgasse gerichteten Seite auf. In ihm residiert seit Jahren eine Antiquitätenhandlung. Ihr dient der NS-Bau mit seinen biedermeiernden Anklängen – und obwohl bei einer Renovierung seine Sprossenfenster entfernt wurden – als stimmungsvolle Kulisse. Mehr noch: In seinem heutigen baulichen Umfeld, das von der Anonymität eines verfehlten, halbherzig modernen Wiederaufbaus geprägt ist, gewinnt der Neue Württemberger Hof die Bedeutung eines letzten Zeugen der einstigen altstädtischen Intimität. Vielleicht ist es diese, von den Nazis gewiß nicht geplante Umkehr der architektonischen Botschaft des Hainer Hofs, die respektiert werden muß. Freilich bleibt die Tatsache, daß damit ein bedeutender und belastender Aspekt der Frankfurter und der deutschen Geschichte verdrängt wird. Die erste Adresse, an die diesbezügliche Mahnungen gerichtet werden müßten, sind die Institutionen der Kunstgeschichte und der Denkmalpflege. Denn weder das sonst akribisch auflistende *Handbuch der Deutschen Kunstdenkmäler,* der »Dehio-Hessen«, noch Frankfurts aktuelle, vom Stadtkonservator in Auftrag gegebene Denkmaltopographie verzeichnen den Hainer Hof oder die eingangs erwähnten NS-Bauten nahe dem Großen Hirschgraben. Dies bedeutet unter anderem, daß keines dieser Gebäude unter Denkmalschutz steht, obwohl sie alle so unscheinbare wie wichtige Denkmäler der propagandistischen Baukunst im Dritten Reich sind.

Auch in Kassel überwiegt das gewollte oder nichtsahnende Schweigen. Im einstigen Wehrkreisdienstgebäude residiert heute das Bundessozialgericht. Es mag der Monumentalismus der Anlage sein, der ihr eine Erwähnung im eben angesprochenen Dehio-Kunstführer eintrug. Sie lautet folgendermaßen: »Ehemaliges Generalkommando, jetzt Bundesarbeits- und Bundessozialgericht (Graf-Bernadotte-Platz). 1936-38 von Kurt Schönfeld und

Ernst Wendel. Repräsentativer Monumentalbau mit Ehrenhof im kühl-strengen Neoklassizismus des Dritten Reiches.« Wohlmeinende mögen in diesen Zeilen die Hinterlist einer Wissenschaft lesen, die mit dem Doppel-Adjektiv »kühl-streng« einen architektonischen Popanz vom Sockel stößt. Doch eher sprechen die lakonischen Sätze von Desinteresse. In Hessen hat man – trotz des sogenannten Börneplatz-Skandals oder des aktuellen Streits um die NS-Zeugenschaft des einstigen IG-Farben-Hauses – die Schwierigkeiten im Umgang mit dem baulichen Erbe der NS-Diktatur bisher übersehen.

Dr. Dieter Bartetzko ist Redakteur der Frankfurter Allgemeinen Zeitung und lebt in Frankfurt am Main.

Michael Neumann

Hoffnungsträger in Beton

Kirchenbauten der fünfziger Jahre

Ein langezogener Horn-Ton, wie von einem heiseren Elch. Pause. Dann zweimal kurzes Tuten. Pause. Ein paar hundert Menschen verstummen, starren gebannt auf den grauen Betonturm der evangelischen Phillippusgemeinde im Frankfurter Stadtteil Riederwald. Pause. Dann ein heftiger Knall. Der 37 Meter hohe Riese knickt scheinbar lautlos zur Seite. Ein paar Sekunden später ein weiterer Knall, und die 500 Tonnen Beton in Schräglage sacken senkrecht zu Boden. Für einen Moment bebt um 16.18 Uhr an diesem Samstagnachmittag die Erde, und eine riesige, graue Staubwolke hüllt die Objektive zahlloser Fotoapparate, Video-, Film- und Fernsehkameras ein. So war es irgendwann im Sommer des Jahres 1996 in einer Frankfurter Tageszeitung zu lesen. Gerade 35 Jahre, alt mußte jener schlanke städtebauliche Blickpunkt, der als symbolischer Bedeutungs- und Hoffnungsträger seinerzeit vom Kirchenvorstand erwünscht war, in sich zusammensacken. Seine Sanierung wollte sich, wie man berichtete, nicht mehr rechnen. Allein in Frankfurt sollen in den kommenden Jahren sieben Glockentürme zur Sprengung vorbereitet werden.

Vielleicht steht dieses Ereignis stellvertretend für den Anfang vom Ende vieler Glockenträger und Kirchengebäude. Nicht nur wegen der Korrosionsschäden, sondern auch wegen der Kirchenaustritte – die trotz intensiver Bemühungen beider Konfessionen zunehmen. Die 500 000 Kirchenaustritte nach der Wende sprechen für sich. Die versprengten Gemeinden, die sich einst nach dem Krieg wieder um ihre Kirche gruppiert hatten und sie zum Zentrum ihrer Gemeinsamkeiten machten, leben heute neben oder außerhalb der Kirche und sehen im virtuosen Glockengeläut oftmals eher eine Störung des Sonntagsschlafes als eine freundliche Einladung zum Gottesdienst.

Doch blenden wir zurück:

In keinem Zeitraum deutscher Geschichte sind so viele Kirchen gebaut worden wie in jenem Jahrzehnt, das auf das Jahr der Wirtschaftsreform 1948 folgte. Eine Dekade, die sich einerseits baulich durch Ruinenbeseitigung, Wellblechhütten, andererseits durch die Schwarzwaldhalle – die erste Hängedachkonstruktion auf deutschem Boden – charakterisieren läßt. Kirchenarchitektonisch war diese Zeitspanne gerahmt vom Notkirchenbau Otto Bartnings und Le Corbusiers sensationeller Betonkirche in den Vogesen, die dort 1955 eingeweiht worden war.

Der Humus der Architektur der fünfziger Jahre waren der Schutt und die Trümmer, die gescheiterten Hoffnungen einer irregeleiteten Nation, die nunmehr unter ganz anderen Vorzeichen auf einen Neuanfang setzte. Wir wissen mittlerweile, was aus den Trümmern emporgewachsen ist, und wir glauben, über jene Zeit bestens informiert zu sein. Soll man jedoch mit sichtbaren Beispielen aufwarten, fällt es schwer, konkrete Zeitzeichen – Zeugnisse der Architektur – zu benennen. Dem Durchschnittsbürger stehen für diese Jahre Erinnerungsfetzen ein, wie der Nierentisch, das Geträller von Caterina Valente, die Eisdielenromantik, der James-Dean-Kult und der Hula-Hopp, zumal gerade diese trivialen Erscheinungen des Alltags der vorangegangenen Lebensform im Dritten Reich in drastischer Weise widersprachen. Die gebauten Zeugnisse dieser Zeit hingegen – die von den Schwingungen eines neuen Lebensgefühls leicht und unbeschwert zum Ausdruck gebracht worden waren – sind, was den Alltag, was die Gebrauchs- und Nutzarchitektur betrifft, fast vollständig verbraucht, überformt, deformiert oder verschwunden. Das, was durch die wachsende Bauwelle der Wirtschaftswunderjahre der sechziger Jahre oder durch die Energiekrise der siebziger Jahre verschont geblieben ist und immer noch als Symbol der pubertierenden Republik, als Sinnbild einer architektonischen Neuorientierung gelten könnte, ist dem Zufall überlassen. Es kann mitunter nur noch in den Bauzeitschriften nacherlebt werden – oder aber es hat sich durch den Kirchenbau erhalten, da diese Architekturgattung dem wirtschaftlichen Veränderungsdruck bisher noch am wenigsten ausgesetzt war. Nunmehr aber sind diese Bauwerke durch die zunehmende Anonymität unserer Gesellschaft in ihrer zweckbezogenen, glaubenskritischen Grundeinstellung besonders gefährdet.

Betritt man die mitunter eigenwillig geformten Bauhüllen, denen vom Volksmund nicht selten bald Spitznamen verliehen worden sind, so kann man sich heute, 30 oder 35 Jahre nach ihrer Einweihung, angesichts der monumentalen Ausmaße, der architektonischen Weite und metaphysischen Leere schwer ausmalen, daß es jemals so viele praktizierende Christen gegeben haben soll, wie es Plätze in diesen Kirchen gibt. Allein in Hessen sind zwischen 1948 und 1968 tausend neue Kirchen gebaut worden.

Blicken wir auf die Anfänge zurück:

Kaum waren die Nachkriegsnotquartiere eingerichtet, begann die großorganisierte Trümmerbeseitigung, die bis 1948 weitgehend abgeschlossen war. Aus den vorhandenen wiederverwendbaren Steinmaterialien setzten sich die unermüdlichen sogenannten Trümmerfrauen mit dem Wiederaufbau der deutschen Städte selbst ein Denkmal.

Bevor die himmelwärts stürmenden Kirchtürme in den Trabantenstädten und ausgebrannten Stadtkernen zur Ausführung kamen, wurde ein Notkirchenprogramm der »Evangelischen Kirche in Deutschland« unter der Leitung des schon vor dem Krieg durch sensationelle Kirchenbauten bekannt gewordenen Architekten Otto Bartning umgesetzt. Er hatte vier Kirchentypen für 350 bis 500 Sitzplätze entwickelt. Als serienmäßig hergestellte Holzrahmenbauten konnten sie nach Anlieferung innerhalb von zwei bis drei Wochen montiert werden. Die Ausmauerung und Eindeckung sowie der Ausbau konnten durch die Gemeindemitglieder in Eigenleistung vorgenommen werden. Die ungewöhnlich anheimelnde und dennoch sakrale Erhabenheit der von Bartning entwickelten Typenkirchen kann heute noch an einem halben Dutzend jener Bauwerke nachvollzogen werden, die zwischen 1948 und 1951 im Rahmen des Behelfsprogrammes insgesamt achtundvierzigmal im Nachkriegsdeutschland errichtet worden sind. Dieses Notkirchenprogramm war ein Erfolg – sowohl in menschlicher als auch in technischer Hinsicht. Bartning wollte es nicht als Zeugnis materieller Not verstanden wissen, sondern aus dem Geist der Not entwickelt sehen. Seine Notkirchen zeigen sich heute noch, insofern sie nicht moderneren Großkirchen weichen mußten, in einem soliden und bautechnisch guten Zustand und werden von den betreffenden Gemeinden, sei es am Frankfurter Berg, im Gießener Stadtzentrum oder beim Darmstädter Südbahnhof hoch geschätzt und wohl behütet.

Von den Stammgemeinden in Eigenleistung aus den Trümmern errichtet, teilt sich in ihnen mitunter eine viel intensivere gottesdienstliche Atmosphäre mit als in jenen monumentalen Sakralbauten, die mit zunehmendem wirtschaftlichen Wohlstand immer gewaltigere Dimensionen erreichten. Schon auf der Kirchenbautagung in Berlin-Spandau im Jahre 1948 hatte ein Vertreter der reformierten Kirche, wohl wissend um die zukünftigen Probleme des Kirchenbaues, vor einer Ausweglosigkeit mit folgenden Worten gewarnt: »Viele kleine Kirchen müssen errichtet werden statt der großen vornehmen, gewissermaßen geistigen Wärmehallen.« Die Zeiten waren wohl zu hoffnungsfroh und zukunftsgläubig, als daß man den Mahnungen praktischer, bescheidener und missionarischer Art Gehör schenken wollte. Die zahlreichen, nicht standardisierten Notkirchen, die sowohl für katholische als auch evangelische ausgebombte Kirchengemeinden in ganz Deutschland entstanden und mitunter ein fast urchristliches Zusammengehörigkeitsgefühl vermittelten, haben dann aber doch sakralen Gehäusen weichen müssen, die, was die Zahl der Sitzplätze betrifft, eher auf Zuwachs und auf Festgottesdienste ausgelegt waren. In ihrer baulichen Erscheinungsform erzeugen sie nicht selten das Gefühl, daß die Zukunft allein der Volkskirche gehören sollte, und daß die zunehmende Prosperität eine dankbare, ständig wachsende Gemeinde mit sich bringen würde. Die Architekten und ihre Auftraggeber, vor allen Dingen die Pfarrer selbst, hatten wohl im Aufwind des hoffnungsfrohen Neubeginns vergessen, daß nach den sieben mageren Jahren die sieben fetten Jahre kommen und daß diese der Kirche bekanntlich immer recht abträglich sind. Mit der sich steigernden Konsumbereitschaft waren die Jahre der Not bald vergessen. Demut und Dankbarkeit, die der Kirche nach dem Krieg einen so großen Zulauf gebracht hatten, wurden von einer gewissen Gleichgültigkeit verdrängt. Das Resultat dieses Prozesses gab sich in seiner unerbittlichen Kälte jedoch erst viel später – als die großen neuen Kirchen längst standen – zu erkennen. Heute sind jene baulichen Zeugnisse durch gähnende Leere gefährdet. Was jedoch seit den ersten Stunden der freien Marktwirtschaft geplant und realisiert worden ist, zeigt eine Vielfalt, die in dieser Form in keiner anderen Baugattung kontrastreicher hätte Gestalt annehmen können – im Spannungsfeld zwischen frühchristlicher Askese einerseits und architektonischer Akrobatik andererseits. Gerade letztere kennzeichnet jene Architektur, die wir mit den fünfziger Jahren, den sogenannten »swinging fifties«, verbinden. An ihr tritt uns ein Höhenflug vor Augen, der einem Zitat des berühmten italienischen Architekten Luigi Nervi zufolge »um seiner selbst willen, sozusagen aus Vergnügen, das heißt aus der Freude am Bizarren und Extravaganten, eingeführt wurde«.

Die Pinonierleistungen von Hans Döllgast, Emil Steffann, Rudolf Schwarz oder Hans Schwippert, die sich mit den vorhandenen Trümmermaterialien in den Ruinen oder auf den Ruinen in elementaren, auf die Grundbedürfnisse zurückgeschraubten Bauformen zum Ausdruck brachten, sind im Sinne interpretierender Denkmalpflege längst zu Zeitdokumenten geworden. Sie legen das Vorgestern, das Gestern und das Jetzt offen dar, indem sie Ruinenfragmente und ausgebrannte Gehäuse in ihre Wiederaufbauten nicht nur mit einbezogen, sondern sie betont zu gestaltprägenden Elementen erhoben.

Das ehrliche Vorzeigen unheilbarer Narben war durch diese sogenannten Ruinenbaumeister für nachdenkliche Zeitgenossen längst zur Wiederaufbauideologie geworden. Sie hat in der Alten Pinakothek in München von Hans Döllgast oder der Paulskirche in Frankfurt/Main von Rudolf Schwarz exemplarische Verkörperung gefunden. Entdeckten sie dort ihr Ideal, in der sensationslosen Archaik, die dem Motto folgte: »In der Beschränkung zeigt sich der Meister«, gelang es einer neuen Architektengeneration, gestärkt durch Marshallplan und Währungsreform, sich mit der wieder zur Verfügung stehenden Fülle der Baumaterialien und neuen Fabrikationsmethoden für den Stahlbetonbau in Szene zu setzen. Angeregt durch die eleganten Formen des modernen Ingenieurbaues der Vorkriegszeit, wie z.B. den Pionierleistungen der Stahlbeton-Titanen, Eugène Freyssinet, Luigi Nervi und Eduard Torroja, konnten jene kühnen Gebilde entstehen, die wir als die typischen Bauwerke der fünfziger Jahre bezeichnen. In der Bundesrepublik eröffnete die 1953 errichtete Schwarzwaldhalle von Erich Schelling, die als die erste Hängedachkonstruktion Europas im Spannbetonverfahren angesehen wird, diese architektonische Tendenz. Jenes Jahr gilt als das Ende der nachdenklichen, von bescheidener christlicher Zurücknahme und Armut geprägten Phase, deren Stilmerkmale von einer leichten, durchsichtigen, lichtdurchfluteten, mitunter schwerelosen Sakralarchitektur abgelöst wurden. Hatten bisher Domenikus Böhm, Emil Steffan, Rudolf Schwarz und Otto Bartning in kirchenbaulicher Hinsicht den Ton angegeben, so trat nun eine neue Architektengeneration auf den Plan, die durch ineinandergreifende Raumschalen, Lichtbänder, das Wechselspiel von Transparenz und Masse, die Auflösung des orthogonalen Systems, schwimmende Schalen und sanftmodellierte Linien auf sich aufmerksam machte. Sie brachte ohne programmatische Bindung einen von Individualismen geprägten Kirchenbau hervor, dessen Vielfalt sich jeder typologischen Einordnung entzieht.

Im Vordergrund stand nun plötzlich die Dynamik des Raumes durch bauplastische Faltungen, Schwingungen, durch geheimnisvolle Lichtinszenierungen in Form von Mauerschlitzungen, Baufugenverglasungen und indirekten Lichtberieselungen, die man dort entdecken konnte, wo man über den Krieg hinweg dem Neuen Bauen, wie zum Beispiel in der neutralen Schweiz, verpflichtet gewesen war. Die herausragende Leistung stellte jedoch die 1954 eingeweihte Kirche von Ronchamp des berühmten französischen Architekten Le Corbusier dar. Sie wirkte für den Kirchenbau ästhetisch bahnbrechend, denn in ihr schien ebenso vom Umriß her wie innenräumlich all das zusammengefaßt, was man schon einmal in den stimmungsvollen Kirchen der Romanik wahrgenommen hatte und nun als Übersetzung in eine moderne Formensprache erleben konnte.

Nach Ronchamp machte sich zunehmend eine »Sowohl-als-auch-Haltung« und eine zunehmende Freude am Raumexperiment bemerkbar, die letztendlich eine stilartige Verfestigung verhinderte und dem schöpferischen Architekten einen Spielraum eröffnete, der sich immer stärker vom Formenkanon der traditionellen Kirche wegbewegte. Man denke hier besonders an Gustav Gsänger, der mit seiner St. Matthäus-Kirche in München ein kirchliches Pendant zur Schwarzwaldhalle geschaffen hatte, man denke aber auch an Olaf Andreas Gulbransson, den Sohn des großen Karikaturisten, der schon vor Ronchamp die Integration von bildender Kunst, Architektur und Landschaft gesucht hatte und die liturgische Spannung seiner Innenräume durch die Dynamik seiner Bauten, wie zum Beispiel in Rottach-Egern, demonstrierte. Die Architekturzeitschriften jener Jahre sind reich an Abbildungen von frisch eingeweihten Bauzeugnissen unterschiedlichster Art, die freilich von einem immergleichen Kreis von fünfzehn bis zwanzig Architekten entworfen wurden, die mittlerweile allesamt Berühmtheit erlangt haben. Hier sind die Namen Alexander von Branka, Josef Lehmbrock, Dieter Oesterlen, Egon Eiermann, Olaf Andreas Gulbransson, Horst Linde, Gustav Gsänger, Hans Schilling, Gerhard Langmaak, Alfons Leitl, Paul Schneider-Esleben, Hans Schädel und Heinrich Vogel zu nennen; außerdem, stellvertretend für die in Hessen ansässigen Architekten, Johannes Krahn, Giefer und Mäckler, Werner W. Neumann, Rainer Schell sowie Theo Pabst. Als die avantgardistischen Beispiele dieser Zeit sind in Hessen die in Frankfurt am Main von Giefer und Mäckler am Zoologischen Garten und Werner Wilhelm Neumann in der Gutleutstraße errichteten Kirchen hervorzuheben. Sie wurden 1953 erbaut, ebenso wie St. Michael im Frank-

Evangelische Kapelle in Glashütten im Taunus

furter Nordend von Maria und Rudolf Schwarz, und weisen einen parabelförmigen Grundriß auf, der von der allumfassenden Ummantelung ihrer gekurvten Linienführung bestimmt wird.

Mitunter entstanden von Raumkurven beherrschte, ondulierte Baukörper, entweder mit hauchdünnen Flachdecken mit durchhängenden Dachmembranen, baldachinartigen oder gefalteten Betondecken, sich durchkreuzenden Rippenunterzügen oder leichten Gittertragwerken. Einige hyperbolische Paraboloide, wie zum Beispiel in Glashütten im Taunus von

Breuhaus de Groot oder von Herbert Rimpel mit der Allerheiligenkirche in Wiesbaden, beweisen, daß man mit einem Seitenblick auf den Zeppelin- und Flughallenbau der zwanziger und dreißiger Jahre, neue mystische Lichträume für den Sakralbau zu schaffen verstand. Die Schrägung oder Biegung der Wand – wie zum Beispiel in St. Wendelin auf dem Sachsenhäuser Berg von Johannes Krahn – ist eines der typischen Elemente der Zeit. Trotz der für die fünfziger Jahre typisch gewordenen Tendenz, die Architektur durch gebogene Linien und kurvenförmige Räume zu rhythmisieren, bleibt der sakrale Kultbau mehrheitlich – vor allem im evangelischen Kirchenbau – traditionellen Leitbildern verpflichtet. Dennoch wird jetzt der von blockhaften Gestaltungsprinzipien bestimmte Kirchenbau durch Lichtflächen, Glasbänder und Schlitze aufgebrochen. Der scharf geschnittene Quader aus sauber gefügtem Bruchstein oder im schalungsrauhen Strukturbeton wird in Wandscheiben aufgelöst und entwickelt sich zum Lichtraum. Ein besonders monumentales Beispiel dieser Art zeigte 1957 Gottfried Böhm mit seinem von wandhohen Glasflächen aufgebrochenen kräftigen Baublock der Maria Fatima auf Kassel-Wilhelmshöhe, die durch ihren hohen nadelspitzen Betonturm nicht nur die städtebauliche Präsenz einer imposanten Baugruppe zeigt, sondern auch morgenländische Assoziationen erweckt. Daß zu der großen Anzahl erhabener kirchlicher Räume manch Überflüssiges, symbolisch Überfrachtetes in Szene gesetzt wurde, zeigt sich nicht nur in der artifiziellen Geste vieler Sakral-bauten, sondern auch in ihren unübersehbaren, freistehenden Glockentürmen, die einerseits die Kampanile der Frühromanik interpretieren wollten, andererseits mit ihren extravaganten Formen die Lust am Fabulieren verraten.

Vom Volksmund mitunter als »Himmelfahrtsrampen«, als »Seelenrutschen«, »Nonnenschaukeln« oder »Andachtssilos« bezeichnet, symbolisieren viele dieser Kirchenbauten die Zeit der bewegten Gefühle. Sie dokumentieren das neu gefundene Experimentierfeld jener Architekten, deren Gestaltungswille im Verwaltungsbau und im sozialen Wohnungsbau Sparzwängen unterworfen war, denen sich jedoch im Kirchenbau die Gelegenheit bot, ihren baukünstlerischen Ambitionen freien Lauf zu lassen.

Der Bauboom der fünfziger Jahre fand seine ungebrochene Fortsetzung in der darauffolgenden Dekade. Das Formenvokabular änderte sich allerdings dahingehend, daß die Schwingungen und gekurvten Linien zunehmend durch klare Kuben oder scharfkantige und spitzwinklige, zelt- oder bugartige Baukörper hart und kantig zu Ende gebracht wurden. Zur Veranschaulichung soll – stellvertretend für den Kirchenbau der sechziger Jahre – die expressive, kristalline Betonskulptur von Gottfried Böhm in Neviges (1967) dem weichen und steilgebauchten Kuppelbau von St. Rochus in Düsseldorf von Paul Schneider-Esleben aus dem Jahre 1955 gegenübergestellt sein.

Was Größe und Eigenwilligkeit betrifft, erhoben die Kirchen der sechziger Jahre den gleichen Anspruch, wie die der vorangegangenen Phase, bis sich diese Bauaufgabe zu erschöpfen begann. Schon zu Beginn der siebziger Jahre, gleich nach der ersten Energiekrise, spätestens aber als die rostroten »Rotznasen« an den hohen Betontürmen herunterzulaufen begannen, wurde offensichtlich, daß man zu groß und zu viel gebaut hatte. Die Lust am Beton begann sich in einen Frust am Rost umzukehren. Bei den meisten Betonbauten dieser Zeit hatte sich im nachhinein die DIN-mäßig vorgeschriebene Betonüberdeckung der Stahlarmierung als zu gering erwiesen.

Noch nicht ein halbes Menschenleben alt, sind die mitunter als architektonische Meilensteine des 20. Jahrhunderts gepriesenen und bewunderten Kirchen beider Konfessionen zu Bauunterhaltungsproblemen geworden. Sie bringen nicht nur die alleingelassenen Pfarrer zur Verzweiflung, sondern sie treiben auch die Landeskirchenämter mit ihren knapp gewordenen Haushaltsmitteln in eine ausweglose Lage. Die Symbole einer ganzen Bauära sind somit in Frage gestellt: seien es die Beispiele, die im Kielwasser des organischen Funktionalismus entstanden, seien es jene stillen Zeitzeichen, die in demonstrativer Bescheidenheit zu einer traditionsgebundenen Moderne tendierten, seien es die von modernistischen Dekorationsformen geprägten Einfälle, die den »swinging fifties« ihren Namen verliehen haben. Sie sind solange in Frage gestellt, bis man sich durchgerungen hat, die künftige Nutzung nicht mehr ausschließlich auf die sonntäglichen Gottesdienste kleiner Restgemeinden zu beschränken.

Natürlich sollte man die Bewährungserschlaffung des Betons nicht zum Anlaß nehmen, wichtige Gotteshäuser der fünfziger Jahre abzubrechen oder leichtfertig zu verändern. Nur um dem Profitdenken und den Forderungen des »sich rechnenden Nutzens« zu entsprechen, sollte man sich hüten, kleinmütige, gar zu populistische Aktivitäten in die Kirchen zu holen oder die zum Schweigen gebrachten Glockentürme als Werbeträger für fast-food-Ketten oder Autofirmen zu mißbrauchen. Statt dessen sollte man versuchen, den religiösen Kultraum auch als profanen Kulturraum zu nutzen. Denn die kirchlichen Gebäude selbst können nichts dafür, daß ihnen ihr Publikum abhanden gekommen ist. Es ist zu hoffen, daß intelligente Nutzungs- und Veranstaltungskonzepte diesen Bauten zu neuem Leben verhelfen. Sie stellen ein wichtiges Kapitel der deutschen Architekturgeschichte dar, über das es sich lohnen sollte nachzudenken.

Dr. Ing. Michael Neumann ist Oberkonservator beim Landesamt für Denkmalpflege in Marburg und lebt in Marburg.

Rudolf Schmitz

Der Traum eines Denkmalpflegers

Architektur der jüngsten Baugeschichte

Der Denkmalschützer einer großen Stadt hat einen seltsamen Traum. Mit ausgebreiteten Armen schwebt er über der City, ein heftiger Wind bläst ihm entgegen, verfängt sich in seinen Flügeln und treibt ihn unaufhaltsam rückwärts. Doch dem Engel gelingt es noch, einige segnende Gesten auszuführen und die Kristallisation der Metropole zur edelstahl- und glasglänzenden Legowelt aufzuhalten. Dort, wo sich nun das Raster nicht gänzlich schließen wird, bleiben Inseln einer unspektakulären und filigranen Architektur, von oben nur mit größter Anstrengung zu erkennen, weil bescheiden dimensioniert. Die Stadtbewohner, denen diese Stockung im Betrieb natürlich augenblicklich auffällt, haben den Engel am Himmel als Verursacher ausgemacht und brüllen ihm zu: »Was machst du da, was mischst du dich ein, laß uns doch abreißen und neu bauen, wir wollen höher hinaus, wir brauchen den Platz, wer will denn schon wissen, wie es hier früher einmal aussah?« Der Engel aber erwidert, so laut er kann – denn der Wind faucht ihm ins Gesicht und treibt auch seine Rede fort – : »Ihr törichten Wesen, erkennt ihr denn nicht mehr das Neckermann-Versandhaus von Egon Eiermann, das Juniorhaus von Berentzen, die Pfarrkirche St. Wendel von Johannes Krahn, die Oberfinanzdirektion von Köhler, Himmelreich und Schirrmacher, die Bethmann-Berufsschule von Schaupp und Sollwedel?« Da entgegnet dem Engel nur Hohngelächter, das stoßweise auf ihn eindringt wie das Zischen von Fliegenklatschen. Plötzlich findet er sich gefangen in einem viergeschossigen Käfig mit Flachdach und luftigen Streben und das Klatschen rückt immer näher, arbeitet sich die spiralige Auffahrt hinauf. Der Engel flattert in größter Not gegen die Stäbe seines Käfigs, aber draußen erwartet ihn schon die Menge und höhnt: »Nun sag uns, wozu ist dieser Käfig gut, den wir nicht brauchen können, durch den der Wind pfeift und der allenfalls dazu dient, einen schusseligen Engel zu fangen?« Dem derart Bedrängten kullern dicke Tränen über die Wangen, denn er kann sich selbst kaum noch erinnern, warum er einmal die Hand über dieses Gebäude gehalten hat. Dann aber kommen Bilder zurück aus vergangener Zeit, da gab es noch vierrädrige, farbig gespritzte Blechkarossen, jeder hatte sie, und alle waren stolz drauf. Sie verstopften die Straßen der Stadt und bildeten dann und wann Kolonnen, um wenigstens für einige Stunden in diesem Freiluftkäfig zu verschwinden. »Ahnungslose«, ruft der Engel deshalb in höchster Not, aber schon mit gewisser Erleichterung, »wißt ihr denn nicht, daß dies das City-Parkhaus von Meid und Romeick ist?« Da erhebt sich unten am Kornmarkt ein Raunen und Wispern, einzelne beschämte Lacher lösen sich aus der Menge, viele schlagen sich mit der Hand vor die Stirn, grüßen jetzt sogar freundlich und etwas verlegen nach oben, führen ihren Kindern kreisende Bewegungen vor, als drehten sie ein Rad in ihrer Hand. Schließlich zücken sie ihre digitalen Bildaufzeichner, um den zerzausten, jetzt aber glücklich lächelnden Engel einzuscannen, der immer noch hinter den Gitterstäben des City-Parkhauses verharrt, wie ein Götterbote, der sich verflogen hat und sein peinliches Mißgeschick zu genießen beginnt.

Dieser Traum, Sie haben es vielleicht schon gemerkt, kann nur geträumt werden von einem Denkmalschützer in Frankfurt, und zwar einem solchen, der sich erkühnt hat, die jüngere Architektur der fünfziger und beginnenden sechziger Jahre unter seine Fittiche zu nehmen. Und tatsächlich wird er sich in schwachen Stunden fühlen wie jener von Walter Benjamin entworfene Engel der Geschichte, den der Sturmwind des Fortschritts rückwärts davontreibt, während sich vor seinen schreckgeweiteten Augen die Trümmer der Vergangenheit häufen. Zwar möchte er sie zusammenfügen, kann sie aber längst nicht mehr erreichen. So oder so, der Konservator einer gerade vergangenen Architekturepoche ist zweifellos ein mythisches und janusköpfiges Wesen. Indem er etwas als schützenswerte Äußerungsform der Vergangenheit definiert, schaut er gleichzeitig zurück und voraus. Denn die Kriterien, was als Schwelle einer vergangenen Architekturepoche anzusehen ist und darin wiederum als ausdrucksstarkes, originelles und exemplarisches Bauwerk zu gelten hat, mögen definierbar und sogar konsensfähig sein. Doch immer auch geht es darum, diese Fremdheit, mit der uns Zeitge-

Parkhaus Hauptwache in Frankfurt

nossen etwas Vergangenes entgegenragt, als künftig bedeutsames Faktum zu begreifen. Also als etwas, das uns Aufschluß gibt über die sozialen, mentalen, ökonomischen und kulturellen Vorstufen unserer Gegenwart. Und da ist ein bestimmtes Vorstellungsvermögen gefragt, das antizipierend wirkt und eine Denkaufgabe löst, die von der Gesellschaft oder besser gesagt von der politischen Führungsschicht nur allzugern verweigert wird. Denn diese Denkaufgabe ist zu anspruchsvoll, zu unbequem und macht sich parteipolitisch schon gar nicht bezahlt.

Daß es in der Entscheidungstätigkeit des Denkmalschützers zu absurd wirkenden Phänomenen und Tatbeständen kommen kann, muß er in Kauf nehmen und zu vertreten wissen. Insofern ähnelt er dem Archäologen, dem Zoologen oder dem Anthropologen, die unpopuläre Forderungen erheben, weil sie auf die latente Einsichtsfähigkeit der Gesellschaft oder Menschheit bauen. So mag es manchem überaus bizarr erscheinen, daß zu den immerhin neunzehn Frankfurter Objekten der fünfziger Jahre, die ins Denkmalbuch des Landes Hessen als schutzwürdige Architektur eingetragen sind, auch das City-Parkhaus am Kornmarkt gehört. Denn einmal vorausgesetzt, daß nach der Jahrtausendwende entweder allgemeine Einsicht oder politischer Wille, oder das Ende der fossilen Energiereserven zur autofreien Stadt oder gar autofreien Gesellschaft führen, so wären die Parkhäuser tatsächlich als aussterbende Architekturgestaltung zu betrachten. Man hätte also im Herzen der Frankfurter Innenstadt, auf einem Filetstück der City, ein funktionsloses und zumindest in dieser Beziehung unbrauchbares Parkhaus, das unter Denkmalschutz steht und deshalb nicht nur tabu ist, sondern sogar mit aller nötigen Sorgfalt in seinem Originalzustand erhalten werden muß. Die autofreie Stadt würde also erhebliche Mittel investieren müssen, um das Denkmal einer vergangenen Form von Mobilität und gesellschaftlichem Konsens zu bewahren.

Dr. Heinz Schomann, der Frankfurter Stadtkonservator, der genau diese Maßnahme des Denkmalschutzes zu verantworten hat, ist sich der möglichen Absurdität eines solchen Tatbestandes durchaus bewußt: »Da muß man dann mobile Füllsel suchen und vielleicht die nicht mehr fahrenden Autos in bestimmten Objekten dort versammeln. Ich weiß es nicht, wär' aber immerhin reizvoll.«[1]

Apropos aussterbende Gattung. Wer im Frühjahr dieses Jahres durch die Hochstraße gekommen ist, wird sich überrascht die Augen gerieben haben angesichts einer Baumaßnahme, die sich um eine Art Saurierskelett herum entwickelte. Denn vom ebenfalls unter Denkmalschutz stehenden Stadtbad Mitte, Ende 1959 erbaut, waren dort nur noch die Betonrippen der Deckenkonstruktion zu sehen, die als einzige vom Abriß verschont wurden. Sie sind jenes Stück Originalsubstanz, das nun in einem dort entstehenden Hotelkomplex überleben soll. Das erinnert nicht wenig an genetische Taschenspielerei, wie sie Spielberg in seinem Film *Jurassic Park* als angeblich kaum noch utopische Zukunft servierte. Auch der Denkmalschutz riskiert bisweilen eigenartige und gewagte Kompromisse, deren Tauglichkeit die Zukunft erst noch beweisen muß.

Im Jahr 1987 hatte das Deutsche Nationalkomitee für Denkmalschutz eine Publikation mit dem Titel *Architektur und Städtebau der fünfziger Jahre* herausgegeben, um der öffentlichen Geringschätzung und eklatanten Gefährdung dieser jungen Baugeschichte entgegenzuwirken. Exemplarische Zeugnisse aus dem gesamten Bundesgebiet waren zusammengestellt und be-

Baustelle Neubau Hilton Hotel mit der Dachkonstruktion des ehemaligen Stadtbad Mitte

schrieben worden, um Qualität und »eigenständigen Gestaltwillen« dieser Zeit zu vermitteln. Die Broschüre formuliert schließlich den Appell, das Erbe der fünfziger Jahre nicht wegzuwerfen und durch pflegeleichte Erzeugnisse zu ersetzen. Gerade weil es sich hier um das eher ungeliebte Erbe einer Epoche des bescheidenen Anfangs handele, seien diese Bauten so schutzwürdig. Denn die ästhetische Form sei nicht um ihrer selbst willen zu achten und zu bewahren, sondern weil in ihr der privilegierte Schlüssel zur Mentalitäts- und Sozialgeschichte unserer Gesellschaft liege.

»Die Epoche der fünfziger Jahre«, so lesen wir, »markiert die Gründungsphase der Bundesrepublik. Hoffnungen auf eine neue Gesellschaft, auf die Kräfte der neuen Demokratie, auf neue Lebens- und Wohnformen manifestieren sich in städtebaulichen Leitbildern, Siedlungsformen, Bauprogrammen und Bautypen, die heute in ihrer ästhetischen Eigenart und historischen sowie sozialen Bedeutsamkeit erkennbar werden. [...] Die Bauten der fünfziger Jahre sind insbesondere geprägt durch technische Innovationen (schlanke Dimensionierung insbesondere von Stützen und auskragenden Dächern – Glas und Pilzdecken). Dazu treten besondere ästhetische Gestaltqualitäten durch hervorragende handwerkliche Ausführung. In der Tat markieren die fünfziger Jahre vor der Überschwemmung des Marktes durch Massenware die letzte ›handwerkliche Epoche‹ des Bauens.«[2]

Vor allem auch zeigten sie eine stilistische Vielfalt, die dann in den sechziger Jahren durch den sogenannten »Bauwirtschafts-Funktionalismus« eine erschreckende Nivellierung erfuhr und zunehmende Kritik auf den Plan rief. Sie kulminierte in dem von Alexander Mitscherlich erhobenen Vorwurf der »Unwirtlichkeit der Städte«.

Die oft demonstrativ schlichte Architektur der fünfziger Jahre mit ihren Idealen von Transparenz und Beweglichkeit trifft heute auf erhebliche Widerstände. Sie sind sowohl sachlicher als auch ideologischer Natur. Vor allem, wenn nicht die Demokratie der Bauherr war, sondern Privatleute und Konzerne, gilt diese Architektur als ärmlich und nicht repräsentativ genug. Im Zusammenhang mit der Entwicklung der Bautechnologie, aber auch den Erfordernissen des Energiesparens, werden derzeit viele Bauwerke der fünfziger und sechziger Jahre umgerüstet durch Vorhangfassaden, Isolierverglasung, breite Rahmen- und Brüstungselemente. Es gibt genug Beispiele solcher Modernisierungen, die dazu führen, daß sich ein feingliedriger Bau mit großen Glasflächen und dünnen Konstruktionen bis zur Unkenntlichkeit verändert und plötzlich als Heavy-Metal-Geschöpf dasteht. Schon deshalb gibt es im Schreibtisch des Denkmalschützers sogenannte »Denkmalschutzerwartungslisten«, die Optionen formulieren zur Verlängerung des Denkmalschutzes ins jeweils folgende Jahrzehnt.

Das ist eine Vorsichtsmaßnahme, die im Vorfeld einer definitiven Entscheidung dazu führen kann, unwiderrufliche und Originalsubstanz vernichtende Modernisierungen zumindest nachhaltig zu erschweren. Frankfurts Stadtkonservator Heinz Schomann weiß, wie schnell solche imagepflegenden Modernisierungssünden ohne entsprechende Vorbeugung geschehen sind: »Denn wenn man das nicht rechtzeitig tut, dann stellt sich heraus, daß durchaus ein filigranes Gebäude der 50er Jahre im Rallyelook der achtziger Jahre sich plötzlich verfremdet hat, und man kratzt sich betroffen am Hinterkopf.«

Denn auch wenn Frankfurts Entwicklung zur einzigen deutschen Stadt mit einer wirklichen Skyline schon in den fünfziger Jahren einsetzte, so waren doch die ersten Hochhäuser überaus bescheiden, wenn man sie mit heute üblichen Höhenflügen vergleicht. Das Hochhaus der AEG, der Bundesrechnungshof, das Fernmeldehochhaus oder das Bayer-Haus am Eschenheimer Turm – sie gehören noch zu einer Generation vertikal orientierter Bauwerke, die kaum die Kritik der Öffentlichkeit erregten, weil sie die Rolle städtischer Blickpunkte auf maßvolle Weise spielten. Erst das Anfang 1960 im Rohbau fertiggestellte Zürich-Hochhaus beendete die Phase der Zurückhaltung und läutete eine neue Ära der Hochhausbebauung ein. Diese zwanziggeschossige Stahlskelett-Konstruktion von Udo von Schauroth und dem Züricher Architekten Werner Stücheli besetzte zudem einen neuralgischen Punkt – in unmittelbarer Nähe der Alten Oper und am Eingang der Bockenheimer Landstraße und damit den großbürgerlichen Bauten des Westends. Es steckte damit so etwas wie einen Claim ab. Und tatsächlich begann in der Folge die von der Kommunalpolitik unterstützte Hochhausbebauung und Kommerzialisierung des Westends, an der sich schließlich heftige Bürger- und Studentenproteste entzündeten.

Außerdem war das Zürich-Haus tatsächlich ein Hochhaus neuen Stils: Der schlanke blaubebänderte Quader hatte eine elegante Curtainwall-Fassade. Die aus blau emailliertem Blech und Glas verklebten Fassadenelemente wurden einfach in das Stahlbetonskelett des Gebäudekerns eingehängt und an den Etageböden verschraubt. Nach oben hin hat das Zürich-Haus keinen sichtbaren Abschluß, auf ein auskragendes Flachdach wie bei der vorherigen Gebäude-Generation wurde verzichtet. Man bescheinigte deshalb diesem Bau den Charakter »illusionärer Unendlichkeit«.[3] Weil sich aber gegen dieses Hochhaus entschiedener Widerstand regte und man befürchtete, es könne das alte Opernhaus erdrücken, übte sich der Architekt Udo von Schauroth in beispielloser Vorwärtsverteidigung. Er ließ neben der Ruine des Rothschild-Palais einen Versuchsbau aufstellen – ein zehn Meter breites und eineinhalb Geschosse hohes Fassadenteil auf Betonstelzen. Diese anschauliche PR-Maßnahme, wie man heute sagen würde, erinnert an die Strategien von Hollywood, das sein amerikanisches Publikum mit filmischen Hochhausarchitekturen vertraut machte, bevor sie überhaupt gebaut wurden. Dem Frankfurter Publikum erschien das Zürich-Haus seinerzeit als überaus futuristisch. Das verdeutlicht auch ein emphatischer Bericht in der Frankfurter Neuen Presse vom 29. Mai 1962. Dort war zu lesen:

»Fast schwerelos wirkt das Hochhaus, es scheint zu schweben, und man sagt nicht zuviel, wenn man behauptet, daß dem Architekten Udo von Schauroth das Kunststück gelungen ist, das Opernhaus in seiner Wirkung noch mehr zu betonen. Wenn man durch die großräumigen Büros geht, die nicht nur von Experten eingerichtet wurden, sondern bei denen auch Psychologen, Akustiker, Techniker und Rationalisierer ein Wort mitredeten, meint man, nicht mehr im Jahr 1962 zu sein, sondern vielleicht zwanzig oder dreißig Jahre später.«

Dieser Zeitraum von einer Generation, also von circa dreißig Jahren ist es, der zu den Voraussetzungen der Denkmalfähigkeit eines Bauwerks gehört. Und tatsächlich gab es 1989 den Versuch, das Zürich-Haus unter Denkmalschutz zu stellen. Aber das Problem mit den Bauten der unmittelbaren Moderne ist, daß sie nicht in Würde altern können, daß sie keine positiv bewertete Patina ansetzen, sondern höchstens unansehnlich werden oder sich durch »unmoderne« Konstruktionsprinzipien oder Materialien zu erkennen geben. Das scheint den Normalbürger eher unangenehm zu berühren, als daß es pflegerische Impulse auslöst. Zwar spürt man, daß da etwas »fremd« in unsere Gegenwart hineinragt, aber diese Fremdheit wird nicht als Indiz einer historisch aufschlußreichen Schwelle verstanden. Kaum jemand sieht darin die Anschauungsmöglichkeit einer vergangenen Lebensform, die Stadtgeschichte oder Mentalität. Dabei könnten uns diese Architekturen doch dienlich sein, auch die Gegenwart besser zu verstehen, nämlich als ebenfalls vorübergehende Gestalt aus lebensweltlichen Normen und gesellschaftlichen Werten.

Für den Stadtkonservator Heinz Schomann wurde denn auch das Zürich-Haus zu einem exemplarischen Konfliktfall seiner Tätigkeit, der verdeutlicht, mit welchen Interessenkollisionen der Denkmalschutz der jüngsten Baugeschichte zu rechnen hat: »Ein Gebäude, das, wenn man es von außen sieht, bei kurzem Nachdenken sofort in die siebziger Jahre gesetzt würde, das aber tatsächlich in der Planung in die Mitte der Fünfziger, in der Ausführung in die Zeit von 1958/60 zurückgreift und in den Interieurs, also unten im Vestibül – exakt mit einem Terminus – ›nierenzeitlich‹ wirkt, außen aber eben sehr glatt und amerikanisch. Und diese Nahtstelle – also ein Gebäude, in dem sich zwei sehr kurzfristige Architekturepochen miteinander verzahnen –, das war uns so wichtig, daß wir sagten: dieses ist denkmalschutzwürdig. Es erfreute sich auch der politischen Zustimmung der entsprechenden Gremien, wurde Kulturdenkmal innerhalb des Denkmalbuchs, das im Land Hessen geführt wird. Und dagegen hat, nach geraumer Zeit, der Eigentümer Widerspruch eingelegt. Er ist damit auch durchgekommen, mit einem höchst erstaunlichen Argument, das gewissermaßen als Kompromißlösung seitens der uns vorgesetzten Landesdenkmalschutzbehörde serviert wurde: Man sieht von einer Ausweisung des Zürich-Hauses als Kulturdenkmal ab, weil man erkannt hat, daß der Begriff Kulturdenkmal im Zusammenhang mit einem solchen Gebäude innerhalb der Bevölkerung schwer vermittelbar ist. Klammer auf: Aus solchen Gründen hat sich van Gogh sein Ohr abgeschnitten – Klammer zu.«

Dieses Aussetzen des Denkmalschutzes wurde auf fünf Jahre begrenzt, dann aber noch einmal um dieselbe Frist verlängert. Zur Jahrtausendwende steht dann eine neue Entscheidung an. Stadtkonservator Schomann ist allerdings optimistisch, daß dann das Zürich-Haus in vollem Umfang unter Denkmalschutz gestellt werden wird.

Natürlich hatte der Eigentümer vor allem deshalb Einspruch geltend gemacht, weil es sich um ein citynahes und ausgezeichnetes Grundstück handelt und er sich die Option einer profitableren Verwertung erhalten wollte. Einen seltsamen Beigeschmack allerdings bekommt dieser Vorgang, weil die Bebauungspläne der Stadt Frankfurt eine intensivere Nutzung des Grundstücks gar nicht zulassen. Höher und größer als bereits geschehen wird man dort nie bauen können.

Nicht jeder Eigentümer ist stolz auf eine kühne Architektur der fünfziger oder frühen sechziger Jahre, nicht jeder erkennt den möglichen Imagegewinn, der darin läge, eine solche Immobile zu hegen und zu pflegen. Doch es gibt rühmliche Ausnahmen. Die Schweizer National Versicherung zum Beispiel. Sie hat ihr 1964 von Max Meid am Mainufer gebautes Hochhaus mit den fünf umspannenden Betonbügeln vor kurzem mit erheblichem finanziellen Aufwand modernisiert und dabei sorgfältig auf die Wahrung des äußeren Erscheinungsbildes geachtet. Dabei gab es vor einigen Jahren das Angebot eines norwegischen Investors, der das 30 Jahre alte Objekt für immerhin 180 Millionen DM kaufen wollte.

Vielleicht ist es vor allen Dingen diese Eigentümer-Identifikation mit einer außergewöhnlichen und in die Jahre gekommenen Architektur, die dem Denkmalschützer in einer von Kapitalinteressen bestimmten Stadt wie Frankfurt auf unvermutete Weise den Rücken stärken und Aufwind geben kann. So wie jemand eben einen Oldtimer fährt und dabei keine Investitionen scheut. Wichtiger als die Jagd nach dem jeweils neuesten Stand der

Technik könnte sich ja das Gespür für die historische Relativität jeder Lebensform erweisen. Vermutlich ist sogar nur auf diese Art ein wirklicher Begriff von Zukunft zu gewinnen.

Rudolf Schmitz ist Journalist und lebt in Frankfurt am Main.

Anmerkungen

1 Diese und alle folgenden Äußerungen von Heinz Schomann aus einem am 10.4.1997 mit dem Frankfurter Stadtkonservator geführten Interview.

2 Werner Durth/Niels Gutschow, *Architektur und Städtebau der fünfziger Jahre.* Schriftenreihe des Deutschen Nationalkomitees für Denkmalschutz, Band 33. Bonn 1987, S. 147f.

3 Enrico Santifaller, »Steht das Zürich-Haus schief?«, in: Dieter Bartetzko (Hg.), *Sprung in die Moderne. Frankfurt am Main, die Stadt der 50er Jahre.* Frankfurt/New York 1994, S. 84.

Hadwiga Fertsch-Röver / Gerhard Kraus

Nachwort

Die 17 Beiträge dieses Buches entstanden aus einer Sendereihe des Hessischen Rundfunks, die von Juni bis Oktober 1997 in den »hr1 Nahaufnahmen aus Stadt und Land« ausgestrahlt wurde. Der Sendereihe ging eine Höreraktion voraus. Unter dem Motto »Mein Denkmal – Hessischer Kultur auf der Spur« riefen wir unsere Hörer zur Beteiligung auf. Wir baten um Hinweise auf schützenswerte Objekte, die den Blicken der Denkmalschützer bisher entgangen waren oder mehr Beachtung und Pflege verdienen, als ihnen bisher zukommen. Außerdem forderten wir die Hörer auf, uns auf private Initiativen zur Rettung eines Denkmals aufmerksam zu machen. Das Echo auf diese hr-Aktion, die vom Sparkassen- und Giroverband Hessen-Thüringen unterstützt wurde, war außerordentlich. Allein im Laufe eines Monats erreichten uns rund 170 Hinweise.

Die Mitarbeiterinnen und Mitarbeiter der hr-Studios in Kassel, Fulda, Wetzlar, Bensheim und Frankfurt hatten alle Hände voll zu tun, diesen Tips und Anregungen nachzugehen. Die Ergebnisse der Höreraktion wurden in den »Nahaufnahmen aus Stadt und Land« in hr1 berücksichtigt und beispielhaft vorgestellt. Außerdem griffen die Journale in hr4 (Südhessen-Journal, Osthessen-Journal, Mittelhessen-Journal, Rhein-Main-Journal und Nordhessen-Journal) sowie die Sendung »Unterwegs in Hessen« in hr1 viele der eingegangenen Anregungen auf. Der hr beabsichtigt, weiterhin »am Ball zu bleiben« und ausgewählte Projekte auch längere Zeit publizistisch zu begleiten.

Eine Auswahl der Hörerhinweise ist im Anhang des Buches nachzulesen. Wir haben uns auf die Denkmäler konzentriert, auf die von Einzelpersonen hingewiesen wurde und die in der Öffentlichkeit nur wenig bekannt sind. Leider konnten wir dabei Vorschläge, die nach Redaktionsschluß Mitte Juni 97 dieses Buches bei uns eintrafen, nicht mehr berücksichtigen.

Wir danken an dieser Stelle allen Hörerinnen und Hörern für ihre Beteiligung!

Im Anhang des Buches sind zusätzlich alle Adressen zu finden, die für den Denkmalschutz in Hessen wichtig sind. Dazu gehört auch ein Überblick über die örtlichen Heimatvereine und Initiativen, die sich für die Denkmalpflege in Hessen engagieren.

Ohne die Mithilfe und das Engagement der Mitarbeiter des Landesamtes für Denkmalpflege Hessen wären Höreraktion und Sendereihe so nicht möglich gewesen. Sie unterstützen uns bei den Recherchen, gaben zeitraubende Interviews und lieferten viele wichtige Hinweise.

Besonders möchten wir Dr. Christoph Mohr danken, der uns mit fachkundigem Rat und Tat zur Seite stand. Als einen Cicerone der hessischen Denkmalpflege haben wir Dr. Michael Neumann kennengelernt, der die Wege zu den architektonischen Juwelen der fünfziger Jahre und den Schätzen der Verkehrs- und Technikgeschichte wies. Dr. Monika Vogt danken wir für die publizistische Unterstützung unserer Aktion und Astrid Steller für ihre Hilfe bei der Erfassung der Hörerhinweise. Dem Sparkassen- und Giroverband Hessen-Thüringen danken wir für die Partnerschaft bei der Verbreitung unseres Höreraufrufs.

Frankfurt, im Juni 1997

Hadwiga Fertsch-Röver ist Journalistin und lebt Frankfurt am Main.
Gerhard Kraus ist Redakteur beim Hessischen Rundfunk und lebt in Frankfurt am Main.

hr-Höreraktion »Mein Denkmal« – Anregungen und Hinweise

Amönau
»Lusthäuschen« (kleines Fachwerkhäuschen) auf einer Mauer verfällt – bekannt, weil von Otto Ubbelohde als Illustration von *Rapunzel* gemalt (Otto Niedzilla)

Bad Homburg
Drei typische Häuser der ehemaligen Judengasse – heute Wallstraße – drohen zu verfallen (Clemens Selzer)

Bad Nauheim
Zur Erhaltung von fünf Gradierbauten sammelte der Förderverein Bad Nauheim 150000 DM (Förderverein der Kulturstadt Bad Nauheim e.V.)

Bad Soden-Allendorf
Torbogen besungen in »Am Brunnen vor dem Tore« – Geplante Rekonstruktion in Gefahr (Uwe Friedrich)

Bad Soden-Salmünster
Friedhofskapelle – offener Rundbau in der Konzeption des freien, ungeometrischen Stils der sechziger Jahre (Georg-Wilhelm Hanna)

Bad Vilbel
Schule im Ortsteil Heilsberg – in den fünfziger Jahren kindgerecht erbaut – stand unter Denkmalschutz, soll jetzt aber abgerissen und Gelände verkauft werden (Katharina Schwab)

Breuna
Jüdischer Friedhof und Synagoge (Karl Cöster)

Dipperz
Romanisches Taufbecken (Michael Mott)

Dreieich-Buchschlag
Denkmalgeschützter alter Ortskern durch neue Bebauung bedroht (Dagmar Brunsch, Susanne Glinkowski)

Ehrenberg/Rhön
Über die stillgelegte Eisenbahnlinie bei Ehrenberg-Seiferts gibt es noch immer eine Bachbrücke mit Fischtreppe (Ingolf Fink)

Erlensee
»Schlößchen« im Stadtteil Rückingen – Wer ist für die Renovierung zuständig? (Elke Elverfeld)

Erzhausen
Alter Bahnhof im Landhausstil von 1904 – verfällt und sollte denkmalgeschützt werden (Rosemarie Leyendecker)

Eschwege
Gastwirtschaft »Goldener Engel« ist 400 Jahre alt – war früher Pferdewechselstation, Vorrichtungen für Pferde noch vorhanden (Inge Hinderfeld)

Falkengesäß-Beerfelden
Diamantschleiferei – noch bis 1970 in Betrieb – sollte erhalten bleiben (Elke Schmutz)

Frankfurt-Höchst
Problemhäuser in der Altstadt, stehen unter Denkmalschutz, werden aber nicht saniert (Renate Grossbach)

Frankfurt
Alter Friedhof in Sachsenhausen, Brückenstraße – nur noch Teile vorhanden, und die sollen jetzt Hotelneubau weichen (Bigi Jacobs)

Goethesches Petrihäuschen in Rödelheim am Niddawehr ist Denkmal – wird nicht geschützt (Christel Seyfert) – Es gibt Interesse, einen Förderkreis für Goethe-Denkmäler ins Leben zu rufen (Sylvia Rumscheidt)

Leerstehendes und dem Verfall preisgegebenes Wohnhaus aus der Biedermeierzeit in der Eschersheimer Landstraße zwischen Nr. 50 und 56 sollte erhalten werden (Susanne Lindner)

Letzte original erhaltene Holzbaracke für Zwangsarbeiter aus dem Zweiten Weltkrieg in der Eschersheimer Landstraße 219 – steht auf ehemaligem US-Gelände, und Erhaltung ist nicht gesichert – sollte als Mahnmal erhalten bleiben, da es kaum Zeugnisse für die Lage der Zwangsarbeiter in Frankfurt gibt (Herr Wegner)

Mendelssohn-Bartholdy-Denkmal im Frankfurter Stadtwald Nähe Oberschweinstiege wurde einst von Bürgern gestiftet – jetzt kümmert sich niemand darum (Frau Schmitz-Freiwald)

Wöhlerhaus in Alt-Rödelheim verfällt – Wöhler war Gründungsmitglied der Frankfurter Sparkasse (Gudrun Horstmann)

Freigericht-Somborn
Schloß Hof Trages ist renovierungsbedürftig (Ria Knopp)

Friedberg-Ossenheim
Von Eltern selbstgebaute Zwergschule aus den fünfziger Jahren (Juliane Clausen)

Friedberg
Usabrücke droht zu verfallen – Denkmal des frühen Eisenbahnbaus (Erich Ackermann)

Fulda
Clubhaus der Wasserfreunde Fulda aus den 50er Jahren ist in schlechtem Zustand – sollte renoviert und genutzt werden (Frau Masche)

Kreuzigungsanlage auf dem Kalvarienberg von 1735-1738 von Verfall und mutwilliger Zerstörung bedroht – Rhönclub ruft zu Spendenaktion auf (Jürgen Reinhardt)

Gelnhausen-Meerholz
Mausoleum von 1818 im Schloßpark – eines der wenigen klassizistischen Gebäude in Hessen, Eigentumsverhältnisse unklar (Kurt Hanselmann)

Gießen
Regattastrecke auf der Lahn vor über 100 Jahren entstanden (Rolf Beck)

Grebenheim-Ilbeshausen
Teufelsmühle von 1700 verfällt (Gisela Steinbichl)

Hammersbach
Hirzbacher Kapelle – ältester Sakralbau im Hanauer Land – scheint gerettet (Förderverein Hirzbacher Kapelle e.V.)

Hanau
Ehemalige Brennelemente-Fabrik als Industriedenkmal (Peter Skonricka)

Ehemalige Kasernen der US-Armee sollten als Zeugnis der deutschen Nachkriegsgeschichte erhalten werden. (Reinhard Merlau)

Haunetal
Überreste alter Burg bei Wehrda von ca. 1133 —Erhaltung ungewiß (Harald Neuber)

Herbstein-Stockhausen
Mausoleum derer von Riedesel – ca. 150 Jahre alt – sollte erhalten werden (Heimatverein Großenlüder)

Herleshausen
Burg Brandenburg, an der thüringischen Landesgrenze im ehemaligen Todesstreifen, war in der Nachkriegszeit Symbol für die Teilung Deutschlands (Manfred Beck)

Heusenstamm
Arbeiterhaus bei Hofgut Pöttershausen – Abriß droht (Heiner Wilke-Zimmermann)

Hofgeismar
Transformatorenhaus zum Hotel für Tiere umgebaut und damit gerettet (Arbeitsgemeinschaft Heimatgeschichte Gottsbüren e.V.)

Hofheim a. Ts.
Haus Bärengasse 17 soll abgerissen werden – Bürgervereinigung will das verhindern (Brigitte Friedrich – Bürgervereinigung Hofheimer Altstadt e.V.)

Kassel
Atelierhaus auf dem Rammelberg – interessantes Architekturzeugnis völlig vergessen und verkommen – könnte wiederhergestellt und genutzt werden (Annemarie und Jochen von Bahrfeld)

Zeughaus – um es vor dem Verfall zu retten, wurde Verein mit knapp 400 Mitgliedern gegründet – 450000 DM wurden investiert – reicht nicht für das große Gebäude (Herr Urstatt)

Lahntal-Caltern
Zisterzienserinnenkloster mit Konventsbau, Klosterbrunnen und Klostermauer sollte erhalten werden (Heinz Loth)

Meinhard-Hitzelrode
Ehemaliges Forsthaus ist dem Verfall ausgesetzt, obwohl es unter Denkmalschutz steht (Rolf Lorenz)

Neuenstein-Gittersdorf
Ehemalige Tuchfabrik von 1890 (Claus Burghardt)

Niedenstein-Kirchberg
Dorf 975 Jahre alt – bekannt durch »Wartberg-Kultur« – als Ganzes schützenswert (Horst Liese – Geschichts- und Heimatverein Wartberg/Kirchberg)

Oberreifenberg
Burg soll vor Verfall geschützt werden (Hermann Josef Klosterhofen)

Petersberg
»Bahnersiedlung« beispielhaft für öffentlichen Wohnungsbau (Jochen Blümel)

Burgruine in Steinau, besteht aus Wallanlagen und Gewölberesten, sollte in Denkmalkataster aufgenommen und schutzsaniert werden (Herr Amshoff – Geschichtsverein und archäologischer Arbeitskreis Fulda)

Pfungstadt
Raststätte von 1955 – von Prof. Ernst Neufert als Modellraststätte mit schöner Dachkonstruktion erbaut – nicht in Denkmaltopographie enthalten (Reiner Lenz)

Rockenberg-Münzenberg
Einstiger Judenpfad durch die Wetterau gerät in Vergessenheit (Dorothee Enders, Hildegard Nöthen)

Rodgau-Weiskirchen
Ehemalige Synagoge sollte in die Kreis-Denkmal-Liste (Winfried Sahm)

Ronneburg
Fachwerksynagoge in Altwiedermus von 1866 sollte erhalten werden (Gisela Lorenzen)

Rotenburg a.d. Fulda
Katzenkopfhäuschen (kl. Aussichtshäuschen) verfällt – wird 1998 100 Jahre alt – Arbeitskreis ländliche Kleidung ruft zu Hilfs- und Spendenaktionen auf (Horst Hucke)

Runkel
Alter Bahnhof ist heruntergekommen und sollte geschützt werden (Frau Möller-Vogt)

Schlüchtern
Klassischer Bruchsteinverladeturm – altes Industriedenkmal, um das sich kein Mensch kümmert (Anonym)

Seligenstadt
Jugendstilhaus in der Steinheimer Straße soll abgerissen werden – war früher Gaststätte mit schönem Garten – Blick auf Haus und Garten vom Main aus bemerkenswert (Winfried Ruppel)

Spangenberg
Stillgelegte Tankstelle mit verglastem Rundbau (Anonym)

Trebur
Romanische Laurentiuskapelle aus dem 9. Jhd. schützenswert (Wolfgang Kraft, Dr. Claudia Roth – Förderkreis Laurentius)

Treysa
Lokschuppen des ehemaligen Betriebswerkes an der Strecke Kassel—Frankfurt – einmalige Bauform mit gemauerten Oberlichtern und nach hinten abfallendem Pultdach – Zeugnis der Technik- und Verkehrsgeschichte (Howard Westoll)

Wasserkuppe/Rhön
Ehemalige Radargeräte der Amerikaner sollten als Grenzlandmuseum erhalten werden, als Symbol für das einst geteilte Hessen-Thüringen (Angelika Buch, Thilo E. Sprengel)

Weilrod-Emmershausen
Zwei Bäume sind zu einem Stamm zusammengewachsen (Horst-Günter Herde)

Weiterstadt
Alte Mühle im Ortsteil Sensfelder Hof – steht war unter Denkmalschutz, dennoch sieht sich niemand zuständig (Helmut Bormet, AWO-Ortsverein Gräfenhausen)

Wettenberg
Karolingische Station im Wald bei der Schmelzmühle (Ilse Bergner)

Wiesbaden-Schierstein
Fußgänger-Dyckerhoffbrücke sollte als Denkmal geschützt werden (R. Schröder)

Fachwerkhäuser in der Altstadt – liegen zum Teil noch unter Putz und sollten freigelegt werden (Adolf und Sybille Schneider)

Wiesbaden
Ehemalige Synagoge ist von Hochstraße überbaut. »Förderkreis aktives Museum« erinnert daran mit Holzgestellen und aufgemaltem Grundriß (Henrik Lessing – Förderkreis aktives Museum)

Seit Jahren leerstehendes Gründerzeithaus am Kaiser-Friedrich-Ring 52 mit 12-15 Wohneinheiten verfällt (Inge-Lore Rohloff)

Verzeichnis wichtiger Adressen der hessischen Denkmalpflege

Denkmalschutzverwaltung in Hessen
I. Oberste Denkmalschutzbehörde

Hessisches Ministerium für Wissenschaft und Kunst
Rheinstraße 23-25
65185 **Wiesbaden**
Tel: 06 11/16 56 40

II. Untere Denkmalschutzbehörde
Regierungsbezirk Darmstadt

Landkreise:
Bergstraße
Der Kreisausschuß – Bauaufsichtsamt/Untere Denkmalschutzbehörde
Gräffstraße 5
64646 **Heppenheim**
Tel: 0 62 52/15-0

Darmstadt-Dieburg
Der Kreisausschuß – Kreisbauamt/Untere Denkmalschutzbehörde
Albinistraße 23
64807 **Dieburg**
Tel: 0 60 71/2 90

Groß-Gerau
Der Kreisausschuß – Bauaufsicht/Untere Denkmalschutzbehörde
Wilhelm-Seipp-Straße 4
64521 **Groß-Gerau**
Tel: 0 61 52/1 20

Hochtaunuskreis
Der Kreisausschuß – Kreisbauamt/Untere Denkmalschutzbehörde
Taunusstraße 5
61348 **Bad Homburg**
Tel: 0 61 72/1 80

Main-Kinzig-Kreis
Der Kreisausschuß – Kreisentwicklung/Untere Denkmalschutzbehörde
Barbarossastraße 20
63571 **Gelnhausen**
Tel: 0 60 51/ 8 53 23

Main-Taunus-Kreis
Der Kreisausschuß – Bauaufsicht/Untere Denkmalschutzbehörde
Am Kreishaus 1-5
65719 **Hofheim**
Tel: 0 61 92/20 10

Odenwaldkreis
Der Kreisausschuß – Kreisbauamt/Untere Denkmalschutzbehörde
Michelstädter Straße 12
64711 **Erbach**
Tel: 0 60 62/7 01

Offenbach
Der Kreisausschuß – Amt für Denkmalschutz und Raumordnung/Untere Denkmalschutzbehörde
Berliner Straße 60
63065 **Offenbach am Main**
Tel: 0 69/8 06 81

Rheingau-Taunus-Kreis
Der Kreisausschuß – Kreisbauamt/Untere Denkmalschutzbehörde
Bahnhofstraße 12
65307 **Bad Schwalbach**
Tel: 0 61 24/8 90

Wetteraukreis
Der Kreisausschuß – Bauamt/Untere Denkmalschutzbehörde
Europaplatz
61169 **Friedberg**
Tel: 0 60 31/8 30

Städte:
Bad Homburg vor der Höhe
Der Magistrat – Bauaufsichtsamt/Untere Denkmalschutzbehörde
Marienbader Platz 1
61343 **Bad Homburg**
Tel: 0 61 72/10 00

Darmstadt
Der Magistrat – Kulturamt/Untere Denkmalschutzbehörde
Bessungerstraße 125-127
Haus C
64295 **Darmstadt**
Tel: 0 61 51/13 24 11

Frankfurt am Main
Der Magistrat – Dezernat Planung/Denkmalamt
Braubachstraße 15
60311 **Frankfurt am Main**
Tel: 0 69/2 12-3 61 99

Hanau
Der Magistrat – Stadtplanungsamt/Untere Denkmalschutzbehörde
Am Markt 14-18
63450 **Hanau**
Tel: 0 61 81/29 51

Oberursel (Taunus)
Der Magistrat – Stadtplanungsamt/Untere Denkmalschutzbehörde
Rathausplatz 1
61440 **Oberursel** (Taunus)
Tel: 0 61 71/5 02-0

Offenbach am Main
Der Magistrat – Bauaufsichtsamt/Untere Denkmalschutzbehörde
Stadthof 13
63065 **Offenbach am Main**
Tel: 0 69/8 06 50

Rüsselsheim
Der Magistrat – Stadtplanungs- und Bauaufsichtsamt/Untere Denkmalschutzbehörde
Marktplatz 4
65428 **Rüsselsheim**
Tel: 0 61 42/ 60 01

Wiesbaden
Magistrat der Landeshauptstadt Wiesbaden – Stadtplanungsamt/Untere Denkmalschutzbehörde
Gustav-Stresemann-Ring 15
65189 **Wiesbaden**
Tel: 06 11/31 64 94

Regierungsbezirk Gießen

Landkreise:
Gießen
Der Kreisausschuß – Bauaufsicht/Untere Denkmalschutzbehörde
Ostanlage 39
35390 **Gießen**
Tel: 06 41/30 10

Lahn-Dill-Kreis
Der Kreisausschuß – Bauaufsicht/Untere Denkmalschutzbehörde
Karl-Kellner-Ring 51
35576 **Wetzlar**
Tel: 0 64 41/40 70
Wilhelmstraße 18
35683 **Dillenburg**
Tel: 0 27 71/9 70

Limburg-Weilburg
Der Kreisausschuß – Umweltamt/Untere Denkmalschutzbehörde
Schiede 43
65549 **Limburg**
Tel: 0 64 31/29 60

Marburg-Biedenkopf
Der Kreisausschuß – Kreisbauamt/Abteilung Denkmalschutz
Im Lichtenholz 60
35043 **Marburg**
Tel: 0 64 21/40 50

Vogelsbergkreis
Der Kreisausschuß – Kreisbauamt/Untere Denkmalschutzbehörde
Bahnhofstraße 79
36339 **Lauterbach**
Tel: 0 66 41/8 50
Färbergasse 1
36304 **Alsfeld**
Tel: 0 66 31/79 20

Städte:
Gießen
Der Magistrat – Hochbauamt/Untere Denkmalschutzbehörde
Ostanlage 25
35390 **Gießen**
Tel: 06 41/30 60

Limburg
Der Magistrat – Stadtbauamt/Untere Denkmalschutzbehörde
Werner-Senger-Straße 10
65549 **Limburg**
Tel: 0 64 31/20 30

Marburg
Der Magistrat – Stadtplanungsamt/Untere Denkmalschutzbehörde
Barfüßertor 4
35037 **Marburg**
Tel: 0 64 21/20 11

Wetzlar
Der Magistrat – Bauordnungsamt/Untere Denkmalschutzbehörde
Turmstraße 5
35578 **Wetzlar**
Tel: 0 64 41/40 51

Regierungsbezirk Kassel

Landkreise:
Fulda
Der Kreisausschuß – Kreisbauamt/Untere Denkmalschutzbehörde
Wörthstraße 15
36037 **Fulda**
Tel: 06 61/6 00 61

Hersfeld-Rotenburg
Der Kreisausschuß – Bauamt/Untere Denkmalschutzbehörde
Lindenstraße 1
36199 **Rotenburg an der Fulda**
Tel: 0 66 23/81 70

Kassel
Der Kreisausschuß – Bauverwaltung/Untere Denkmalschutzbehörde
Bahnhofstraße 24-26
34369 **Hofgeismar**
Tel: 0 56 71/8 00 10

Schwalm-Eder-Kreis
Der Kreisausschuß – Bauaufsichtsamt/Untere Denkmalschutzbehörde
Parkstraße 6
34567 **Homberg (Efze)**
Tel: 0 56 81/77 50

Waldeck-Frankenberg
Der Kreisausschuß – Kreisbauamt/Untere Denkmalschutzbehörde
Südring 2
34497 **Korbach**
Tel: 0 56 31/5 40

Werra-Meißner-Kreis
Der Kreisausschuß – Kreisbauamt/Untere Denkmalschutzbehörde
Schloßplatz 1
37269 **Eschwege**
Tel: 0 56 51/30 21

Städte:
Bad Hersfeld
Der Magistrat – Stadtplanungsamt/Untere Denkmalschutzbehörde
Klausstraße 1
36251 **Bad Hersfeld**
Tel: 0 66 21/20 11

Fulda
Der Magistrat – Stadtplanungsamt/Untere Denkmalschutzbehörde
Schloßstraße 1
36037 **Fulda**
Tel: 06 61/10 20

Kassel
Der Magistrat – Bauverwaltungsamt/Untere Denkmalschutzbehörde
Rathaus
34112 **Kassel**
Tel: 05 61/78 71

Weiterführende Adressen

A

Heimatmuseum Allendorf/Lumda
An der Kirche
35469 **Allendorf/Lumda**

AG Hähnleiner Geschichte
Gernsheimer Straße 37
64665 **Alsbach-Hähnlein**

Geschichts- und Heimatmuseum Alsfeld e.V.
Rittergasse 3-5
36304 **Alsfeld**

Regionalmuseum Alsfeld
Rittergasse 3-5
36304 **Alsfeld**

Spielzeugmuseum Alsfeld
Kirchplatz 9
36304 **Alsfeld**

Heimatmuseum Amöneburg
Schulstraße 6
35287 **Amöneburg**

Waldeckischer Geschichtsverein e.V.
Schloßstraße 24
34454 **Arolsen**

Heimat- und Museumsverein Mengeringhausen e.V.
Landstraße 50
34454 **Arolsen**

Geschichtsverein Büdingen
In der Langgewann 58
63654 **Büdingen**

Heimatverein Bürstadt
Hans Goll
Friedhofstraße 10
68642 **Bürstadt**

Verein Heimatpflege Klein-Gerau
Gartenstraße 11
64572 **Büttelborn-Klein-Gerau**

Heimat- und Geschichtsverein Worfelden
Georg-Klink-Straße 7
64572 **Büttelborn-Worfelden**

C

Heimatmuseum Bürgeln
Baumgartenstraße 18
35091 **Cölbe**

D

Hessische Historische Kommission Darmstadt
Schloß (Hess. Staatsarchiv)
64283 **Darmstadt**

Hessische Kirchengeschichtliche Vereinigung (Zentralarchiv der EKHN)
Ahastraße 51
64285 **Darmstadt**

Historischer Verein für Hessen
Schloß (Hess. Staatsarchiv)
64283 **Darmstadt**

Kulturbund des DGB-Kreises Darmstadt e.V.
Rheinstraße 50
64283 **Darmstadt**

Heimatmuseum Buchenau
Neue Landstraße 58
35232 **Dautphetal**

Arbeitskreis Alte Kirche Hommertshausen
Hardtbergstraße 19
35232 **Dautphetal**

Feuerwehrmuseum Dietzenbach
Rathenaustraße 16
63128 **Dietzenbach**

Heimatmuseum Dietzenbach
Darmstädter Straße 11
63128 **Dietzenbach**

Heimatverein Dietzenbach 1963
Darmstädter Straße 11
63128 **Dietzenbach**

Kutschenmuseum im Hess. Landgestüt
Wilhelmstraße 24
35683 **Dillenburg**

Wirtschaftsgeschichtliches Museum in der »Villa Grün«
Schloßberg 3
35683 **Dillenburg**

Oranien-Nassauisches Museum im Wilhelmsturm und Verteidigungskasematten
Schloßberg
35683 **Dillenburg**

Dorfmuseum
Grabenstraße 3
65599 **Dornburg**

Dorfmuseum
Dornburgstraße 4
65599 **Dornburg**

Bürgerverein Buchschlag e.V.
Rudolf-Binding-Weg 19
63303 **Dreieich**

Dreieich-Museum
Postfach 40 11 45
63303 **Dreieich**

Freunde Sprendlingen
Verein für Heimatkunde e.V.
Joinviller Straße 43
63303 **Dreieich**

Geschichts- und Heimatverein e.V.
Dreieichenhain
Postfach 40 11 31
63303 **Dreieich**

E

Fahrzeugmuseum Dreieich
Bahnhof Egelsbach
Bahnstraße
63329 **Egelsbach**

Geschichtsverein Egelsbach
c/o Herrn Werner Luft
Geschwindstraße 19
63329 **Egelsbach**

Gutenberg-Gedenkstätte
Kurfürstliche Burg
Burgstraße 1
65343 **Eltville am Rhein**

Heimatmuseum der Stadt Eltville
Kurfürstliche Burg
Burgstraße 1
65343 **Eltville am Rhein**

Erbacher Heimatzimmer
Markt 1
65346 **Eltville am Rhein**

Kloster Eberbach
Verwaltung der Staatsweingüter im Rheingau
Schwalbacher Straße 56-62
65343 **Eltville am Rhein**

Burgverein Eppstein e.V.
Cuntzstraße 13
63817 **Eppstein**

Arbeitsgemeinschaft Einhardsbasilika e.V.
Lauerbach
64711 **Erbach**

Deutsches Elfenbeinmuseum Erbach
Otto-Glenz-Straße 1
64711 **Erbach**

Gänsgretlverein Gi-Gack e.V.
Am Drachenfeld 11
64711 **Erbach**

Gräfliche Sammlungen im Schloß Erbach mit dem angegliederten Afrikanischen Jagdmuseum
Schloß
64711 **Erbach**

Historischer Verein für die Kreisstadt Erbach e.V.
In den Bergen 24
64711 **Erbach**

Geschichtsverein Erlensee e.V.
Beethovenstraße 6
63526 **Erlensee**

Ev. Kirchengemeinde
Hauptstraße 28-30
65760 **Eschborn**

Heimatmuseum Eschenburg
Marktstraße 1
35713 **Eschenburg**

Familienkundliche Gesellschaft für Nassau
und Frankfurt e.V.
Mosbacher Straße 55
65187 **Wiesbaden**

Hess. Fremdenverkehrsverband e.V.
Abraham-Lincoln-Straße 38-42
65189 **Wiesbaden**

Historische Kommission für Nassau
Mosbacher Straße 55
65187 **Wiesbaden**

Kulturvereinigung Volksbühne Wiesbaden
Theaterkolonnade
65189 **Wiesbaden**

Verein für Nassauische Altertumskunde und
Geschichtsforschung e.V.
Mosbacher Straße 55
65187 **Wiesbaden**

Kulturpädagogische Lebens- und
Werkgemeinschaft Leimbach e.V.
Junker-Hooss-Straße 4
34628 **Willingshausen**

Abbildungsnachweise

Wonge Bergmann 214; Carl Eberth 189; Institut für Stadtgeschichte, Frankfurt am Main 195; Cristine Krienke 124; Landesamt für Denkmalpflege Hessen, Wiesbaden 33, 44, 49, 69, 109, 110, 123, 178, 212; Renate Lehring 27; Liebig-Museum, Gießen 171; Michael Mott 156; Museum der Stadt Rüsselsheim, Fotoarchiv 89; privat 136, 147, 206; H. Reeck 182; Römisch-Germanische Kommission, Frankfurt am Main 39; Christoph Schoeffer 94, 98; Heinz-J. Schlüter 173; Schulze-Barkow 88; Stadtarchiv Kassel 20

Bürgerverein Buchschlag e.V.
Rudolf-Binding-Weg 19
63303 **Dreieich**

Dreieich-Museum
Postfach 40 11 45
63303 **Dreieich**

Freunde Sprendlingen
Verein für Heimatkunde e.V.
Joinviller Straße 43
63303 **Dreieich**

Geschichts- und Heimatverein e.V.
Dreieichenhain
Postfach 40 11 31
63303 **Dreieich**

E

Fahrzeugmuseum Dreieich
Bahnhof Egelsbach
Bahnstraße
63329 **Egelsbach**

Geschichtsverein Egelsbach
c/o Herrn Werner Luft
Geschwindstraße 19
63329 **Egelsbach**

Gutenberg-Gedenkstätte
Kurfürstliche Burg
Burgstraße 1
65343 **Eltville am Rhein**

Heimatmuseum der Stadt Eltville
Kurfürstliche Burg
Burgstraße 1
65343 **Eltville am Rhein**

Erbacher Heimatzimmer
Markt 1
65346 **Eltville am Rhein**

Kloster Eberbach
Verwaltung der Staatsweingüter im Rheingau
Schwalbacher Straße 56-62
65343 **Eltville am Rhein**

Burgverein Eppstein e.V.
Cuntzstraße 13
63817 **Eppstein**

Arbeitsgemeinschaft Einhardsbasilika e.V.
Lauerbach
64711 **Erbach**

Deutsches Elfenbeinmuseum Erbach
Otto-Glenz-Straße 1
64711 **Erbach**

Gänsgretlverein Gi-Gack e.V.
Am Drachenfeld 11
64711 **Erbach**

Gräfliche Sammlungen im Schloß Erbach mit dem angegliederten Afrikanischen Jagdmuseum
Schloß
64711 **Erbach**

Historischer Verein für die Kreisstadt Erbach e.V.
In den Bergen 24
64711 **Erbach**

Geschichtsverein Erlensee e.V.
Beethovenstraße 6
63526 **Erlensee**

Ev. Kirchengemeinde
Hauptstraße 28-30
65760 **Eschborn**

Heimatmuseum Eschenburg
Marktstraße 1
35713 **Eschenburg**

F

Heimatmuseum von 1924 e.V.
Urbanusplatz
65439 **Flörsheim am Main**

Historischer Verein Rhein-Main-Taunus e.V.
Urbanusplatz
65439 **Flörsheim am Main**

Interessengemeinschaft Heimatmuseum Rodenstein e.V.
Allee 4
64407 **Fränkisch-Crumbach**

Bürgervereinigung Höchster Altstadt
Wed 13
65929 **Frankfurt am Main**

Deutsche Bahn AG
Abteilung B8
Friedrich-Ebert-Anlage 35
60327 **Frankfurt am Main**

Gemeinschaftswerk der Evangelischen Publizistik e.V.
Postfach 50 05 50
60394 **Frankfurt am Main**

Hessischer Rundfunk
Anstalt d. öffentlichen Rechts
Bertramstraße 8
60320 **Frankfurt am Main**

Heimat- und Geschichtsverein Obertshausen
Oppenheimer Landstraße 104
60598 **Frankfurt am Main**

Frankfurter Historische Kommission
Karmelitergasse 5
60311 **Frankfurt am Main**

Kultur-Treff e.V.
Frankenallee 39
60327 **Frankfurt am Main**

Kulturvereinigung der Jugend e.V.
Alfred-Brehm-Platz 16
60316 **Frankfurt am Main**

Landesverband der jüdischen Gemeinden
Hebelstraße 6
60318 **Frankfurt am Main**

Künstlerhaus Mousonturm
Waldschmidtstraße 4
60316 **Frankfurt am Main**

Oberpostdirektion Frankfurt
Presseabteilung
Friedrich-Ebert-Anlage 36
60325 **Frankfurt am Main**

Gesellschaft für Deutsche Postgeschichte
Postfach 70 04 20
60554 **Frankfurt am Main**

Römisch-Germanische Kommission
Palmengartenstraße 10-12
60325 **Frankfurt am Main**

Sozialzentrum Marbachweg
Dörpfeldstraße 6
60435 **Frankfurt am Main**

Verein für Geschichte und Altertumskunde
Museum für Höchster Geschichte
Höchster Schloßplatz 16
65929 **Frankfurt am Main**

Frankfurter Verein f. Geschichte und Landeskunde
Karmelitergasse 5
60311 **Frankfurt am Main**

Heimatmuseum
Altes Rathaus
Lindenstraße
35719 **Frechenhausen**

Heimat- und Geschichtsverein
Freigericht e.V.
Pestalozzistraße 3
63579 **Freigericht**

Friedberger Geschichtsverein
Stadtarchiv
Haakstraße 16
61169 **Friedberg**

Fuldaer Geschichtsverein
Schloßstraße 1 (Kulturamt)
36037 **Fulda**

G

Förderkreis Weindorf Johannisberg e.B.
Postfach 34
65366 **Geisenheim**

Förderkreis Geisenheim e.V.
Nothgottes Straße 9
65366 **Geisenheim**

Geschichtsverein Gelnhausen
Bretanostraße 16
63571 **Gelnhausen**

Freunde des Heimatmuseums
Geschichtsverein
Miroldesstraße 17
63571 **Gelnhausen**

Heimatmuseum der Stadt Gernsheim
Schöfferplatz
64579 **Gernsheim**

Bauernmuseum Hof Haina
Marburger Straße 255
35396 **Gießen**

Liebig-Museum
Liebigstraße 12
35390 **Gießen**

Oberhessisches Museum und Gailsche
Sammlungen
Altes Schloß
Brandplatz 2
35390 **Gießen**

Oberhessischer Geschichtsverein Gießen e.V.
Ostanlage 45 (Stadtarchiv)
35390 **Gießen**

Heimatmuseum Ginsheim-Gustavsburg
Hauptstraße 25
65472 **Ginsheim-Gustavsburg**

Heimat- und Verkehrsverein Ginsheim-
Gustavsburg e.V.
Franz-Schubert-Straße 10
65462 **Ginsheim-Gustavsburg**

Heimatmuseum Amt Blankenstein
Hainstraße
Im Haus des Gastes
35075 **Gladenbach**

Deutsches Glockenmuseum
auf Burg Greifenstein
Talstraße 19
35753 **Greifenstein**

Heimatmuseum Altes Haus
An der Kirche
35753 **Greifenstein-Holzhausen**

Breubergbund e.V.
Am Wittungsacker 7
64401 **Groß-Bieberau**

Förderverein Stadtmuseum Groß-Gerau
Brüsseler Ring 7
64521 **Groß-Gerau**

Heimat- und Geschichtsverein
Langenhain e.V.
Am Kasernbach 40
65719 **Hofheim am Taunus**

Lorsbacher Heimat- und
Geschichtsverein e.V.
Talstraße 19
65719 **Hofheim am Taunus**

Verein für Heimatgeschichte Marxheim e.V.
Kassernenstraße 11
65719 **Hofheim am Taunus**

»Wanaloha« Verein für Heimatgeschichte
1984 e.V. Wallau
Pfarrbornstraße 2
65719 **Hofheim am Taunus**

Heimatverein Wildsachsen e.V.
Alt-Wildsachsen 29
65719 **Hofheim am Taunus**

Heimat- und Geschichtsverein
Drosselweg 3
36154 **Hosenfeld-Blankenau**

Hünfelder Kultur- und Museumsgesellschaft
Am Kirchplatz
36088 **Hünfeld**

Heimatmuseum
Unter den Linden 2
35410 **Hungen-Obbornhofen**

I

Kulturring Idstein e.V.
Schloßgasse 12
65510 **Idstein**

Stadtmuseum im Killingerhaus
König-Adolf-Platz
65510 **Idstein**

K

Geschichtsverein Karben
Hauptstraße 83
61184 **Karben**

Anthroposophisches Zentrum Kassel
Wilhelmshöher Allee 261
34063 **Kassel**

Hessischer Museumsverband
Kölnische Straße 44-46
34117 **Kassel**

Kultur-Fabrik Salzmann e.V.
Sandershäuser Straße 34
34123 **Kassel**

Kulturinitiative Harleshausen e.V.
Wolfhagerstraße 409
34128 **Kassel**

Kulturwerk bildender Künstler e.V.
Oberste Gasse 24
34177 **Kassel**

Kulturzentrum Schlachthof e.V.
Mombachstraße 12
34127 **Kassel**

Landeswohlfahrtsverband Hessen
Hauptverwaltung – Archiv
Postfach 10 24 07
34027 **Kassel**

Verein für Hessische Geschichte und Landeskunde e.V. Kassel
Mönchebergstraße 19
34125 **Kassel**

Arbeitsgemeinschaft Kelkheimer Geschichte
Fischbacher Straße 29
65779 **Kelkheim**

Kulturgemeinde Kelkheim im Taunus e.V.
Im Herrnwald 12b
65779 **Kelkheim**

Kelsterbacher Porzellan Fayence und Steingut
Mörfelder Straße 33
65451 **Kelsterbach**

Chorstiftsmuseum
Suttonstraße 1
65399 **Kiedrich**

Heimatmuseum Großseelheim
Marburger Ring 31
53274 **Kirchhain**

Verein für Heimatkunde Königstein im Taunus
Hauptstraße 3
61462 **Königstein im Taunus**

Geschichtsblätter für Waldeck
Hopfenberger Weg 16
34497 **Korbach**

L

Heimatmuseum Waldgirmes
Friedenstraße 20
35633 **Lahnau**

Heimatmuseum Caldern
Zum Felsenberg 4
35094 **Lahntal**

Geschichtsverein Lampertheim
Mannheimer Straße
68623 **Lampertheim**

Langener Altstadtinitiative
Borngasse 19
63225 **Langen**

Musealer Bereich im Alten Rathaus
Wilhelm-Leuschner-Platz 3
63225 **Langen**

Stadtarchiv Langen
Südl. Ringstraße 80
63225 **Langen**

Geschichtsverein Langenselbold
Postfach 12 07
63502 **Langenselbold**

Heimatmuseum im Fridericianum
Heimatkundl. Arbeitskreis
Im Katzengraben 16
35321 **Laubach**

Heimat- und Kulturverein Ruppertsburg
Mönchsgasse 12
35321 **Laubach**

Kultur-AG Gonterskirchen
Marburger Straße 4
35321 **Laubach**

Kultur- und Tourismusbüro
Rathaus
35321 **Laubach**

Hohhaus-Museum
Berliner Platz 1
36341 **Lauterbach/Hessen**

Lauterbacher Museum
Berliner Platz 1
36341 **Lauterbach/Hessen**

Stadtmuseum Leun
Limburger Straße 3
35638 **Leun**

Heimatkundliche Sammlung der Stadt Lich
Kirchplatz 4
35423 **Lich**

R

Heimatmuseum Raunheim
Mainstraße 25
65479 **Raunheim**

Heimatverein Raunheim e.V.
August-Bebel-Straße 16
65479 **Raunheim**

Daniel-Martin-Haus
Dorfmuseum von Schwabendorf
35282 **Rauschenberg**

Christen in der Offensive
Postfach 12 20
64385 **Reichelsheim/Odenwald**

Heimatmuseum
Rathausplatz
64385 **Reichelsheim/Odenwald**

Kultur- und Sportverein 1945
Weckesheim e.V.
Am Sportplatz 9
61203 **Reichelsheim/Wetterau**

Kultur- und Sportgemeinschaft 1945
Georgenhausen
Sportheim
64354 **Reinheim**

Förderverein für Heimat und Geschichte
Crumstadt im Ried
Im Fingenweg 8
64560 **Riedstadt**

Heimat- und Museumsverein Erfelden
Wingertstraße 4
64560 **Riedstadt**

Heimat und Geschichtsverein Leeheim
Backhausstraße 28
64560 **Riedstadt**

Philipp-Schäfer-Museum
W.-Leuschner-Straße 28
64560 **Riedstadt**

Heinrich-Orth-Museum
Poppenheimer Straße 1
64560 **Riedstadt**

Heimatmuseum Wolfskehlen
Altes Rathaus
64560 **Riedstadt**

Heimat- und Geschichtsverein Wolfskehlen
Oppenheimer Weg 6
64560 **Riedstadt**

Arbeitskreis für Heimatkunde
Nieder-Roden e.V.
Bachgasse 5
63110 **Rodgau**

Heimatmuseum Nieder-Roden
Turmstraße
63110 **Rodgau**

Heimat- und Geschichtsverein
Weiskirchen e.V.
Goetheplatz 4
63110 **Rodgau**

Heimat- und Geschichtsverein Rödermark
Traminer Straße 56
63322 **Rödermark**

Heimat- und Geschichtsverein e.V.
Bergstraße 25
63549 **Ronneburg**

Historischer Verein Roßdorf e.V.
Traisaer Weg 30
64380 **Roßdorf**

Weinmuseum Brömserburg
Postfach 12 25
65377 **Rüdesheim am Rhein**

Ferdinand-Freiligrath-Museum
Hotel Krone
65385 **Rüdesheim am Rhein**

Siegfrieds Mechan. Musikkabinett
Oberstraße 29
65385 **Rüdesheim am Rhein**

Oldtimer-Museum Mensch und Automobil
Rheinallee 7/8
65385 **Rüdesheim am Rhein**

Kulturcafé GmbH
Mainstraße 11
65428 **Rüsselsheim**

Museum der Stadt Rüsselsheim
Hauptmann-Scheuermann-Weg 4
65428 **Rüsselsheim**

Burg Runkel
65594 **Runkel**

S

Fremdenverkehrsverein e.V. Radheim
Im Heiligen Born 9
64850 **Schaafheim**

Heimatmuseum Schlitz
An der Vorderburg
36110 **Schlitz**

Heimat- und Geschichtsverein e.V.
Weimarer Straße 29
61137 **Schöneck**

Vogelsberger Heimatmuseum
Vogelsbergstraße 95
63679 **Schotten**

Naturschutz-Informationszentrum
Vogelsberg
Auf dem Hoherodskopf
63679 **Schotten**

Kulturkreis GmbH
Marktplatz 1
65824 **Schwalbach am Taunus**

Verein für Geschichte e.V.
Sauererlenstraße 38
65824 **Schwalbach am Taunus**

Ev. Kirchengemeinde Treysa
Am Angel 19
34613 **Schwalmstadt**

Verkehrs- und Verschönerungsverein
Seeheim
Kastanienweg 10
64342 **Seeheim-Jugenheim**

Förderkreis Historisches Seligenstadt
Im Grauborn 19
63500 **Seligenstadt**

Heimatbund Seligenstadt e.V.
Große Rathausgasse 3
63500 **Seligenstadt**

Verein zur Förderung des
Landschaftsmuseums e.V.
Aschaffenburger Straße 80
63500 **Seligenstadt**

Ehemalige Benediktinerabtei und
Landschaftsmuseum
Klosterhof 1
63500 **Seligenstadt**

Heimatmuseum Siegbach
Hohe Straße 6 (Alte Schule)
35768 **Siegbach**

Heimat- und Industriemuseum
Bahnhofsallee 26a
35606 **Solms**

Heimatkundliche Arbeitsgemeinschaft e.V.
– Oberndorf-
Am Dillmen 1a
35606 **Solms**

Besucherbergwerk Grube Fortuna
35606 **Solms**

Feld- und Grubenbahnmuseum/Museum der Fördertechnik
Grube Fortuna
35606 **Solms**

Evangelisches Pfarramt Schweinsberg
Pfarrgasse 5
35260 **Stadtallendorf**

Heimatmuseum Staufenberg
Kornblumenstraße 8
35460 **Staufenberg**

Geschichtsverein Steinau
Brüder-Grimm-Straße 47
36396 **Steinau a.d. Straße**

Heimat- und Kulturverein
Hauptstraße 24
36396 **Steinau a.d. Straße**

Stockstädter Heimatmuseum
Obergasse
64589 **Stockstadt am Rhein**

Kulturkreis Sulzbach e.V.
Hauptstraße 30
65843 **Sulzbach**

T

Museum im Wehener Schloß
Weiherstraße 6
65232 **Taunusstein**

Gesellschaft für Heimat und Geschichte Trebur
Friedhofstraße 23
65468 **Trebur**

Heimatmuseum Trebur
Altes Rathaus
W.-Leuschner-Platz
65468 **Trebur**

U

Heimatmuseum im Alten Zollhaus
Lindenplatz
35327 **Ulrichstein**

V

AG Kuratorium Heimatmuseum Viernheim
– Rathaus –
68519 **Viernheim**

W

Heimat- und Geschichtsverein Wächtersbach e.V.
c/o Herrn Gerhard Jahn
Wernerstraße 11
63607 **Wächtersbach**

Kulturgemeinschaft Wittgenborn e.V.
Sportheim
Waldersberger Straße
63607 **Wächtersbach**

Museum Burgschmiede
Kirchstraße 1
65620 **Waldbrunn**

Heimatmuseum Steinfischbach
Altes Gemeindebackhaus
Usinger Straße
65529 **Waldems**

Bürgerinitiative Alt-Weilburg
Postfach 11 34
35771 **Weilburg**

Heimat- und Bergbaumuseum
Schloßplatz 1
35781 **Weilburg**

Köhelmuseum im Höhlenhaus
Kubacher Kristallhöhle
An der Kreisstraße Kubach-Freienfels
35781 **Weilburg**

Museumsgebäude im Tierpark Weilburg
Forstamt Weilburg
Frankfurter Straße 31
35781 **Weilburg**

Heimatverein Gräfenhausen
Schneppenhausen e.V.
Hölderlinstraße 8
64331 **Weiterstadt**

Rhönstädter Heimatstube
Schultheißenstraße 15
35789 **Weilmünster**

Heimat- und Geschichtsverein Krofdorf-Gleiberg
Postfach 11 42
35435 **Wettenberg**

Froschgass-Museum
Rodheimer Straße 34
35435 **Wettenberg**

Heimatmuseum Wißmar
Schulstraße 8
35435 **Wettenberg-Wißmar**

Dorfmuseum Oberrosphe
Im alten Forsthof
Im Rosphetal
35083 **Wetter**

Dorfstube
Rechtenbacher Straße 2
35581 **Wetzlar**

Wetzlarer Geschichtsverein e.V.
Engelsgasse 3
35578 **Wetzlar**

Industriemuseum
Lottestraße 8-10
35578 **Wetzlar**

Jerusalemshaus
Schillerplatz 5
35578 **Wetzlar**

Lottehaus
Lottestraße 8-10
35578 **Wetzlar**

Reichskammergerichtsmuseum
Hofstatt 19
35578 **Wetzlar**

Optisches Museum Wild Leitz
Firma Wild Leitz GmbH
35578 **Wetzlar**

Stadtmuseum
Lottestraße 8-10
35578 **Wetzlar**

Heimatmuseum
Untergasse 3
35583 **Wetzlar**

Familienkundliche Gesellschaft für Nassau
und Frankfurt e.V.
Mosbacher Straße 55
65187 **Wiesbaden**

Hess. Fremdenverkehrsverband e.V.
Abraham-Lincoln-Straße 38-42
65189 **Wiesbaden**

Historische Kommission für Nassau
Mosbacher Straße 55
65187 **Wiesbaden**

Kulturvereinigung Volksbühne Wiesbaden
Theaterkolonnade
65189 **Wiesbaden**

Verein für Nassauische Altertumskunde und
Geschichtsforschung e.V.
Mosbacher Straße 55
65187 **Wiesbaden**

Kulturpädagogische Lebens- und
Werkgemeinschaft Leimbach e.V.
Junker-Hooss-Straße 4
34628 **Willingshausen**

Abbildungsnachweise

Wonge Bergmann 214; Carl Eberth 189; Institut für Stadtgeschichte, Frankfurt am Main 195; Cristine Krienke 124; Landesamt für Denkmalpflege Hessen, Wiesbaden 33, 44, 49, 69, 109, 110, 123, 178, 212; Renate Lehring 27; Liebig-Museum, Gießen 171; Michael Mott 156; Museum der Stadt Rüsselsheim, Fotoarchiv 89; privat 136, 147, 206; H. Reeck 182; Römisch-Germanische Kommission, Frankfurt am Main 39; Christoph Schoeffer 94, 98; Heinz-J. Schlüter 173; Schulze-Barkow 88; Stadtarchiv Kassel 20